新本格ミステリはどのようにして生まれてきたのか？

編集者　宇山日出臣　追悼文集

編　太田克史（星海社）

星海社

新本格ミステリはどのようにして生まれてきたのか？

編集者　宇山日出臣　追悼文集

序　文

綾辻行人、法月綸太郎、我孫子武丸、麻耶雄嵩らを新人として世に問い、新本格ミステリ・ムーブメントを立ちあげ、講談社文芸図書第三出版部の部長時代には京極夏彦を筆頭に数々の人気作家を輩出したメフィスト賞を設立。令和の現在に至るまでの日本のミステリ・シーンを語る上で欠かせない偉大な仕事を成し遂げた名編集者・宇山日出臣。宇山日出臣は、不世出の編集者でした。

宇山が編集者として87年に世に送り出した綾辻行人の『十角館の殺人』からスタートした新本格ミステリ・ムーブメントは、その後小説のみならず、漫画、ゲーム、舞台、ドラマ、映画などさまざまなジャンルを席捲し、メフィスト賞受賞者からは三島由紀夫賞作家や直木賞作家を始め、枚挙に暇のないほどの人気作家を輩出し、30年以上の長きに亘って駆動し続ける日本文学史上最大最長の文学運動となりました。

そんな宇山さんは今を溯ること15年前の2006年の夏にお亡くなりになりました。僕こと星海社社長・太田克史は宇山さんの遺志を受け継ぐ一人として、今も編集者としての日々を送っています。宇山さんから大切に引き継いだミステリのバトンを、あの夏からちょうど15年が経った今を機会として、宇山さんを愛し、宇山さんの成し遂げてきた仕事に関わってきた皆でしっかりと受け止め直し、改めてミステリの未来を切り拓くために、今回の追悼文集を企画いたしました。

小説家の追悼文集ならばいざしらず、編集者の追悼文集が編まれるのは異例中の異例の事態です。そして編集者としての宇山さんも、そんな「異例」が大好きな人でした。なぜならば、ミステリは「異例」の文学でもあるからです。宇山日出臣を知る人はもちろん、今はまだ宇山日出臣のことを知らないあなたも、「異例」を愛するあなたは、きっと宇山さんの仕事を好きになってくれるはずです。

宇山日出臣の終わらない伝説の一部に、あなたもぜひ、合流してください。

二〇二一年夏　　編集者・星海社代表取締役社長　太田克史

目次

編集者・宇山日出臣の仕事と歴史

佳多山大地

新本格ミステリを生み出した編集者はその生涯においてどのような仕事を為し遂げてきたのか？

長きに亘った編集者としての宇山のキャリアを概観する。

宇山日出臣が不帰の客となって、今年（二〇二二年）で早十六年。有縁の人が参加して、こうして出来上がった『新本格ミステリ追悼文集』を、その話題の主は雲の上からくすぐったそうな顔をして眺めているだろうか――。

周知のとおり、「宇山日出臣」はエディターネームである。『斜め屋敷の犯罪』の編集を担当したのを機に信頼関係で結ばれた島田荘司が、姓名判断により命名したものだ。すでに本邦ミステリ史の栄えある一部となった宇山のことを、特に年若いミステリファンは本名の宇山秀雄よりもこのエディターネームのほうで目にする機会が多いはずである。

宇山日出臣が生まれたのは、戦時中の一九四四年四月九日。いずれ彼自身がその勃興に深く関わる新本格ムーブメントの震源地、古都京都で産声をあげた。地元の同志社大学を卒業後、大手商社の三井物産に入社したのには、父親の意向も働いていたと聞く。が、もともと〝SF読みの少年〟だった読書好きの病はどうにも抑えがたく、わずか二年半で講談社に転職することになる（一九六九年十一月二十四日入社）。この際の大きな理由が、中井英夫の『虚無への供物』を文庫化したかったから、というのはあまりにも有名だ。転職当時二十五歳の宇山は、講談社創業六十周年（二年後の一九七一年）の記念事業として文庫創刊に動き始めていた文芸局文庫出版部に配属され編集者人生をスタートさせると、七四年三月、ついに念願だった文庫版『虚無への供物』を刊行する。以後、初対面の人によくする挨拶のひとつが、「『虚無への供物』を文庫にした、宇山です」だった。

一九八〇年代前半に携わった大きな仕事が、おそらく世界初のショートショート専門誌「ショートショートランド」（一九八一年創刊）の編集だった。宇山は〈星新一ショートショート・コンテスト〉の発案者でもあり、同コンテストから太田忠司や斎藤肇など、やがて来たる新本格ムーブメントに参加する才能も発掘していたのだ。

一九八五年に「ショートショートランド」が休刊すると、宇山は当時の出版界で言われたところの〝ノベルス戦争〟に独自の路線を敷いて参戦する。

カッパ・ノベルス、ノン・ノベル、カドカワノベルズなどの後塵を拝していた創刊六年目の講談社ノベルスから、一九八七年当時二十六歳の無名の新人、綾辻行人をデビューさせたのだ。やがてミステリ史を画することになるこの〝事件〟は、一人の大学院生の未来を変えると同時に、SFが専門だと任じていた自らの編集者人生をも決定的に変えることになった。そう、宇山日出臣の二つ名といえば、「新本格の仕掛け人」！　現在も続くメフィスト賞の創設（一九九五年募集開始）、さらにジュブナイル・シリーズ〈ミステリーランド〉の創刊（二〇〇三年配本開始）と生涯「ミステリ編集者」の仕事に情熱を傾けた——。

宇山が新本格ムーブメントを仕掛けた時期、じつに盟友と言っていい編集者が東京創元社にいたことは幸運だった。翻訳ミステリ出版が社業の中心だった東京創元社で『日本探偵小説全集』十二巻（一九八四年配本開始）を企画し、鮎川哲也賞の発足（一九九〇年）に奔走した戸川安宣だ。一九四四年生まれの宇山と、宇山より三つ年下の戸川。この二人がそろっていなくては、そもそも新本格ムーブメントは起こらなかったかもしれない。並び立つ両雄は、二人ともにミステリ編集者としてジャンルの発展に長年貢献したことを評価され、第四回（二〇〇四年）本格ミステリ大賞特別賞を同時に授与された。

　二〇〇五年四月三十日、宇山は講談社を定年退職する。定年の挨拶を記した郵便ハガキには、「今は二人乗りのヨットに乗りこみ寄港地も知れない航海に出るような気持ちでおります」とある。定年後は愛妻と二人きりの航海――と詩的に書いていても、宇山は引き続き〈ミステリーランド〉に監修者的立場で関わり、鬱病とも闘いながら生涯一編集者たる気概を持ち続けていたはずである。が、翌年八月三日、神奈川県川崎市の自宅マンションに一人でいたところ急逝。享年六十三（満六十二歳）、死因は肝硬変。最期の姿は、ＣＤの山に倒れ込んだ格好で、いくらか飛び散った血痕があったという。不謹慎ながら遺体発見の状況を、こう説明することを赦してもらいたい――自宅は内側から鍵が掛かった〝密室状態〟だった。

　宇山日出臣が不帰の客となって、早十六年。編集者の仕事は、元来、表には出ないものである。残るのは、担当した作品とその作者の名前だけ。だが、ミステリ編集者としての破格の功績と、その人柄を知る同僚、作家ら有縁の人により「宇山日出臣」の名は残る。この、感謝の言葉の花束たる追悼文集は、宇山に捧ぐる供物である。

佳多山大地

追悼文

宇山日出臣を愛する人々が綴る、宇山日出臣。
それぞれの思いと証言から、不世出の編集者の姿が点描画のように浮かび上がる。

いつまでも、仲間

赤川次郎

宇山さんは、私にとって担当編集者というより「オペラ仲間」だった。

何ごとも「こり性」だった宇山さんは、私がミラノ・スカラ座の来日公演に感動して、「ぜひ観て！」

と、勧めたのがきっかけでオペラにはまった、とよく言っていた。

それが事実かどうかはともかく、アッという間に私など遙かに及ばないオペラフリークになっていた。ヨーロッパのあちこちでオペラを観て歩くツアーまでやってのけたのだから、なまじのファンではない。

もちろん、本業の作家と編集者としてお会いすることもあったが、話はたちまちオペラ談義となり、何の用で会ったのか忘れてしまうことも珍しくなかった。

よく、「赤川さんにあのときオペラを観ろと言われていなかったら、家の一軒も建っていた」と冗談まじりに言われたものだが、どこまで本当だったのだろう?

　実は、オペラも含めて、ヨーロッパの文化とその空気が、宇山さんにはもともと具《そな》わっていたような気がする。

　その証しの一つが、宇山さんの「ビール熱」(?)である。

　各社の編集者数人とヨーロッパを旅したとき、宇山さんの飲んだビールの量たるや、半端ではなかった。特に、ドイツ、オーストリア、東ヨーロッパなど、ビールがおいしいと言われる地域を巡ったせいでもあるだろうが、全くアルコールの飲めない私は啞然とするばかりだった。

　ホテルの朝食では、たいていウェイトレスが、両手にコーヒーポットとティーポットを持ってテーブルを回り、

「コーヒー、オア、ティー?」

と訊くのだが、宇山さんは平然と、

「ビール!」

とオーダーしたのだった。

　観光スポットでバスを降り、「各自、自由に見て回って、一時間後に集合」となる

と、みんな見物とお土産探しに歩き回るのだが、そんなとき、ふと窓の中を見ると、居酒屋でビールを飲んでいる宇山さんの姿があった。

ご自分でも「ヨーロッパモードに切り換ってるみたい」と言っていたが、ともかく旅行中、異様に元気だった。

バスで各地を回っていると、時差ぼけのせいもあって、ほとんどのメンバーは、ツアーガイドの説明を子守唄にぐっすり眠っているのだが、そんなとき、目をらんらんと輝かせて、一人説明に聞き入っているのが宇山さんだった。やはり、ヨーロッパの空気が合っていたのだろうとしか思えない。


もちろん、編集者としての宇山さんが、ミステリーの世界に「新本格」という新たな流れを発掘し、育てたことは、誰もなしえなかった大きな功績である。

そこに、「京都」という古都の風が吹いていたところに、私は宇山さんの持っていたヨーロッパの爛熟した文化への愛情のこだまを聞くような気がする。

私の宇山さんとの思い出は、趣味や遊びばかりだが、作家生活四十五年で付き合って来た担当編集者の中で、これほど個性的な、心を許せる人はいなかった。

最近でこそなくなったが、宇山さんが旅立たれてしばらくの間、オペラを観に行くと、休憩時間のロビーに、つい宇山さんの姿を捜している自分がいた。

いや、これからも、すばらしいテノールやソプラノに出会う度に、

「ああ、宇山さんに教えてあげたい!」

と思い続けるに違いないのである。

真っ赤な人

浅暮三文

あなたは今、どんな靴下を履いているだろうか。僕はコットン生地のネズミ色だ。なぜ靴下か。へへへ。私見だけど、靴下は寡黙ながら、その人の「人となり」を示していると思うからなのだ。

女性の場合はストッキングになるので色柄には気を使うだろう。一方、男性の場合は靴下がファッションである意識は薄く、なんとなく選ぶと思う。ビジネスマンなら化繊の黒か紺だろうし、一般的には白が多い。

しかしその人は違った。コットンの真《ま》っ赤《か》っか。足にチャンチャンコを付けているほど目立った。その人こそ宇山日出臣（僕が受け取った名刺は秀雄）さんであったのだ。

一九九八年の春。今から約二十年前の夕刻、僕は講談社の旧社屋、いわゆる音羽御殿一階の応接室（広くて何組も待機できる）にいた。前週、文芸第三出版部の秋元直樹氏（後の担当編集者となる）からメフィスト賞応募原稿を「本にしたい」と電話があったのだ。

あなたが処女作を世に問える場にいると想像して欲しい。天にも昇る気持ちだが「なにがどうなるのか、チャンスを逃さないように、なにをどうすべきか」と期待より煩悶が先立つのは、ご理解いただけるだろう。

電話では「とりあえず打ち合わせを」と言われている。なんだか含みがある。要するにチャンスで終わるか、スタートになるかなのだ。いわばこれは面接試験。どんなすばらしい小説を書こうとも過大なトラブルはやはり敬遠したいはずだ。ははあ、人柄なのね。

僕はウサギの子供が巣穴から初めて外へ出るように怖《お》じ怖《お》じしながら座っていた。そこへドアからつかつかと歩み寄る二人組があり、原稿の束を手に開口一番、一人が述べた。

「浅暮三文さんですか。素敵な道行きでした」

はて。何人か来訪客が待機している中、どうしてすぐに分かったのか、未だに不思議だが、こちらが視線を改めたとき、相手の靴下が目に入ったのである。

安堵した。「これは大丈夫だな」と僕は思った。「この人はエキセントリックだ」。というのも僕も同じ派閥に属していて、自身の野良犬のようなアンテナが、この人なら相互理解に及ぶと肌でキャッチできたのだ。

故郷を聞かれた。好きな小説も。音楽の趣味も、食べ物も、むろん僕の原稿についても。気に入ってもらいたい。だが調子を合わせた嘘はつきたくない。あとあと、ややこしくなるのは嫌だから。なにより愉快に思って欲しい。

あっと言う間に腕相撲をしているような時間が過ぎた。そして「それでは第八回メフィスト賞ということで」と、なんとかスタートのピストルが鳴ってくれたのだった。つるかめ。

ここから先は三人とも下戸でないと分かったので祝杯だ。すぐ横のイタリア料理店（今はなくなった）に座を移し、「何にしますか」と聞かれてワインでなくビールにさせてもらった。というのも人柄に関して第一関門を突破したらしいので、僕としては安価にたくさん呑みたかったのだ。

バッカスの酒宴となった。どのぐらいの時間を呑んだだろう。秋元氏が仕事を残しているのでと中座してから、宇山さんと二人で十本以上の瓶を開けていた。初めてお会いしたのに旧友と交歓しているようだった。愉快である。そして僕にとって晴れの舞台裏の時間である。話が終わるはずはない。

　痺れをきらした救援隊がきた。中座していた秋元氏をともなった上司の唐木氏が「申し訳ないですが、この辺りで。宇山は明日、出張なんです」そこに「このぐらいで勘弁してやってください」といったニュアンスがあったように思う。あらら、こちらのエキセントリック肌が露呈しちゃってる。

　その夜の帰り道、馴染みの酒場で気炎を上げたか、素直に帰ったか、記憶にない。あるのは「よし。とにかくなんとか動かすぞ」と港の苦力《クーリー》のような思いだけである。

僕は大学で経済学部だったから文学理論は武装していなかったのである。

　てんやわんやでゲラと悪戦苦闘し、直しを繰り返し、なんとかゴーサインが出る。

　その過程で宇山さんは一冊の岩波文庫をくれた。トーマス・マンの『トニオ・クレエゲル』だ。

「あのね、アサグレさん。これはね、三島や吉行淳之介が真っ赤に傍線を引いて勉強した本なんだ」。つまり、君はこれを座右にしなさいとの教唆なのだ。一読したが青春小説のお手本を示してくれたらしい。

　だが僕はミステリーも、実験小説も、自分が面白いと思うジャンルに手を伸ばし、筆を動かしたかった。宇山さんが「これから作家を維持していく方法」として指差してくれた里程標を間違ったのかもしれない。

『トニオ・クレエゲル』のあとがきには主人公トニオ・クレエゲルをして「道に迷った俗人」と訳者が評している。僕の処女作のモチーフそのものだ。だが同性愛の傾向も含むという（僕にはない）。ううむ。改めて思う。宇山さんはエキセントリックではない。天真爛漫なのだ。合掌。

フルスロットル

我孫子武丸

　宇山さんと直接仕事をした最後の原稿が『殺戮にいたる病』である。当時の自分ができることをある意味出し尽くした、それなりの手応えのあるものではあった。原稿を渡し、やり取りする間もかなり喜んでくれていたように記憶している。そして、見本ができたときだったかもっと後だったか、宇山さんと改めてゆっくり話す機会があったときに言われた言葉が、ずっと心に引っかかっていて忘れられない。

　宇山さんは車のエンジンの回転数に喩えてこういう意味のことを言った。

「あれは、まだフルスロットルじゃないよね。２０００回転くらい」

　数字は少し違うかもしれない。でも３０００いかない、みたいなニュアンスだった気がする。車が好きな宇山さんが、スピードでも馬力でもなく、回転数で喩えたことが何とも印象的だった。

いつものことではあるけれど、かなり手応えはあったものの100％満足していたわけではない。トマス・ハリスみたいな重厚なものを目標としていた部分もあり、そういうものと比較するとまだまだだなと思いつつ、力不足ゆえ仕方のないことと半ば諦めていたようなところもあった。

ダメ出し、というよりも「もっともっとできる人ですよね？　これくらいでいい、とどこか力を抜いてるんじゃないですか？」と言われたのだと理解した。

いつか必ず、「全力を出し切った原稿」を宇山さんに見せなければならない。そして「参りました」と言わせなければいけないのだ、とその時は思ったものだ。まだ伸びしろがあると思われている、そのことは逆に嬉しかった。

しかしそれから十数年が経ち、久しぶりに宇山さんが担当となるミステリーランドの書き下ろしを予定している間に、宇山さんは唐突にいなくなってしまった。

その後苦労して書き上げた作品も、「フルスロットルです」と自信を持って言える作品だったかというと疑問だし、それ以外のものにしてもどうだろう。かつては何となく、執筆を続け、経験を積んで見識も増えればよりよいものが書けるような気でいたが、成長よりも気力の低下や体力の低下の方が早いのではという気もする。あの時出せなかった「フルスロットル」が果たして、それを判定してくれる宇山さんのいない状態でこれから出せるものかまったくもって疑問だ。

……いや、そんな弱音を吐いていてはダメだと思うのだけれど、でももし今も宇山さんがいて正直に、「まだまだですね。もっとできるはずなのに」と言い続けてくれたらよかったのにな、ということは思わざるを得ない。

富士が見える病室からの葉書

綾辻行人

　宇山さんが亡くなってから、まる十五年が経った。——というこの時期になって「追悼文」を、と云われても、個人的には若干の戸惑いを禁じえない。

　十五年前の激しい悲しみや喪失感は、その後の何年かで徐々に薄らいでいった。振り返るとさまざまな想いが蘇ってくるが、そこには不思議と痛みはない。

　宇山さんのいない〝世界〟に心が慣れてしまったのか。いや、むしろ宇山さんが今なおしっかりと自分の心のどこかにいると感じるから、なのか。——いずれにせよ、十五年の時間は長く重く、そのくせいやに速く、優しくもあれば残酷でもある。

　一枚の葉書を見つけた。

　ある時期から手紙や葉書のたぐいはあまり手もとに残さなくなっていたのだが、

これは残してあった。
二〇〇二年二月二十二日に書かれた、宇山さんからの葉書である。宇山さんの奥さま・慶子さんも承諾してくださったので、次に全文を引き写しておこう。

何かとご心配おかけしてしまい申し訳ありません。
昨年の12月7日に病院に診てもらいに行くつもりが即、入院。しかも病室の3階からは出られない、という話を聞いた時には、ブラウンじゃないけど『発狂した宇山』になりそうでした。
病名は「激越型うつ病」とやらで、僕らしくていい病気だなあ等と考えていたのですが、重度のうつ病に入るそうです（ハラハラ）（ドキドキ）。
つい先程、先生から、明日から一週間テスト外泊（自宅）してみるかいとの話があり、即刻実行に移すことにしました。今のままの方が結局良かったんじゃないかという結論が出ないことを祈りつつ、筆をおきます。ではでは。
2月22日
富士が見える病室にて
宇山日出臣

入院の数日前、慶子さんからの電話で宇山さんの急な不調を聞き、相談を受けていた。昔からお酒を飲みすぎて沈没してしまうことはよくあったが、それ以外は知り合ったころと変わらずお元気そうだったのに。病はしかし、僕などには気づきえない精神《こころ》の深部に芽生え、進行していたらしい。

この葉書を読んだときは、ひどく複雑な気持ちになった。

いきなりの入院措置にも、告げられた病名にも、さぞやショックを受けられたに違いない。なのに、この文面――。こんなところにまでいかにも宇山さんらしいユーモラスなアピールが見られて微笑ましく感じる一方で、かえってそこから状況の深刻さが窺われて、どのように反応したものか悩ましかった。

幸いここに記された「テスト外泊」は成功して、やがて宇山さんは退院された。以後、投薬その他の治療を続けながら、企画を立ち上げてまもない〈ミステリーランド〉の仕事に戻られたのだったが、思い返すに、この入退院を境として、宇山さんの表情（をはじめとする全体的な雰囲気）は大きく変わってしまった。かつてはとても動きが豊かで楽しげだったのが、どこか力なく悲しげに（一因は薬の作用だったのかもしれないが）。それでも、〈ミステリーランド〉の新たな原稿が入ると、そのときはたいへん嬉しそうで、「○○さんからこんなのが来ました」と連絡をくださったものだった。

この、鬱病発症後の宇山さんとのおつきあいにおいて、僕が自分に課していた任務は「決して宇山さんにお酒を飲ませないこと」だった。病状を悪化させないための断酒を医師から厳しく命じられている、と聞いていたので、たとえば会食のときや何かのパーティの席上で、少しでも宇山さんがお酒を飲みたそうにしていたら、「だめです!」と諫めなければならなかったのである。

宇山さんがどれほどお酒が好きか、よく知っていた。お酒が入らないとなかなか自分の意見をストレートに表明できない、そんなシャイな人であることも。よくよく知っていただけに、いつもいつも「だめです!」と云わねばならない役目はつらかった。「少しだけなら」と許して、酔いで一時的にテンションが上がった宇山さんと〝今〟を楽しんでしまいたい、と思うような場面も多くあったのだけれど……これだけは最後の最後まで、そうはしなかった。「ごめんなさい」と心中で呟きながら、ときには相当に強く叱ったりもした記憶がある。

あのようにしたのは果たして、良かったのか悪かったのか。これだけ時間が経った今となっては、よく分からない。

今回この「追悼文」を書くにあたって、デビュー作『十角館の殺人』から『黒猫館の殺人』までの担当をしていただいたころの、愉快な宇山さんとのエピソードを書こうか、とも考えたのである。だが、何か書こうとするとどうしても、晩年の宇山さんの、いつもどこか悲しげだった表情が思い出されて結局、こんな文章になってしまった。

本書に収録したい、と云われて掘り出した十五年前の「弔辞」の原稿で、僕はこう書いている。「宇山さんが愛してきたもの、育ててきたものは、『本格』とか『新本格』とか、そういうレベルの一言で括られるものたちでは、決してなかったはず」——と。「新本格の仕掛け人」や「新本格の生みの親」という言葉に、宇山さんが閉じ込められてしまうのが嫌だったのだろう。この想いは、十五年後の今も変わらない。

そんなわけだから、『新本格ミステリはどのようにして生まれてきたのか?』という本書のタイトルに対してもやはり、僕は少なからず違和感を覚えてしまうのだが。——と、あえてここには記しておきたい。

宇山さんのこと

新井素子

あれは、いつ頃だったのかなあ。ずいぶん昔。もう、よく覚えていないんだけれど、講談社ノベルスが、おかしくなった時が、あった。おかしく……いや、なんか、舵を切ったんだよね。

私は、その当時、ほぼすべての講談社ノベルスを読んでいた。で、ある時期を境にして、講談社ノベルスの傾向が変になったのだ。

いや、この言い方はまずいな。〝変〟って言葉は、まずいでしょう。けど……ちょっとそうとしか言いようがなくて。

うん、ある日を境にして、講談社ノベルスが、妙に私好みになってしまった。それまでの傾向とはまったく違う作品が多くなり、同時に、厚くなったり量が増えたり。（で。私好みのミステリって、〝変〟な奴ばっかりだったので……これはもう、講談社ノベルスが変になったっていうのが、私にとっては一番腑に落ちる言い方なんだよね。）

　そして、新本格ムーブメントが起き、これがもう私、大好きで。

　で、私としては、思った訳だ。今の講談社には、なんか、私が好きなミステリに特化した編集者がいるんだ。そのひとが、こういう舵を切った。そうとしか思えない。

　そしてそれが、宇山さんだった。


　ここで一つ言っておきたいんだが。編集者は作家を選ぶ。当然である。編集者は、ある程度自分の裁量で原稿を依頼したい作家を選ぶ。そして、そういうことが続いてしまえば、その編集者が作る本には、何か、特定の傾向があるようになる。

けど、言わせて貰えれば、作家だって、編集者を選ぶんである。

「今までこんなものをやっている編集だから」、「この本を出した編集だから」、だから、作家は、その編集者がいる出版社を信頼する。いや、出版社じゃないよね。その本を作った編集を、作家は信頼する。

　宇山さんは、間違いなく、〝作家に選ばれた編集者〟であったと、私は思う。このひとがいるから、私はこの出版社で仕事したい、作家をして、そう思わせる編集者。

私と宇山さんには、仕事上の接点がまったくない。私は、ただ、ちょっと変なミステリが好きな読者であって、宇山さんは、変なミステリばっかりやたら手がける編集者。SF作家と、これはもうまったく関係がない。

でも。いろいろあって、私は、宇山さんと面識を得ることになった。その時のおしゃべりにより、とっても、意気投合。（中井英夫の『虚無への供物』を復刊したくて編集になったって、多分、宇山さん、仰ったと思う。あああ、これは、壺。壺にはいっちゃった。）


ところで、こんなことを書いている私は、SF作家を志す前、ミステリ作家志望だったりしたんである。何たって、小学生の時に憧れた作家っていえば、まず、エラリー・クイーンなんだもん。中学でSFにはまって、SF作家志望になったんだけれど。

ミステリ書きたい。これはもう、ずっとずっと思っている。宇山さんにも言った。けど……資質的に、どうやってもこれは私には無理で。（結局、小学生時代に書いたミステリは……一つも、完結しなかったんだよおっ！　その前に、そもそも、殺人を一つも起こせなかった……。どうやっても、誰も殺せなかった……。)

ああ、小説上で人類を絶滅させたり文明滅ぼすのに較べると、小説の中で、ひとひとりちゃんと殺すのは、なんて難しいんだろう。今の処、どんなにがんばっても、私には、無理。

でも。けど。いつか。いつか、私が、ちゃんと、小説の中でひとを殺せたのなら。その原稿を、宇山さんに見ていただいて……って、こんな話、したよねえ、昔。

その宇山さんが亡くなってもう十五年。


いつか。いつか、私が、ちゃんとお話上でひとを殺すことができたのなら。ちゃんと計画してねー、ばれないような工作も抜かりなく、でも、ちょっと、見立てとかマザーグースとかもやってみたい。夢は連続殺人だよね。

そんなものがもし書けたなら。天国の宇山さんに、見ていただきたいと思っている。

永遠の担当編集者

有栖川有栖

宇山日出臣さんが亡くなった齢になった。六十二歳。宇山さんが見ていたのと同じ風景を見ているのではないが、「そうか。こんな感じか」と思ったりする。

どういう経緯で最初にお目にかかったのかは、あちこちに書いたことがあるが、繰り返すと——

東京創元社からデビュー作の『月光ゲーム』(一九八九年一月刊)が出る少し前に、同社に「有栖川有栖という人と会いたい」と連絡が入ったのだ。

私の担当だった戸川安宣編集長(当時)に「ほら。『十角館の殺人』とか、一連の新本格を出している方です」と言われるまでもなく、お名前に覚えがあったので、興味を持ってもらえたことを喜んだ。まだ本が出ていないのに動きが早いな、と訝《いぶか》りつつ。

戸川さんからの電話が十一月だったのか十二月だったのかは覚えていない。宇山さんとの初めてのご対面は、昭和最後の師走だったはず。場所は大阪・新阪急ホテルのラウンジ。

「作品を読まないうちに非常識なご連絡をしましたけれど、あなたのペンネームが気に入ったので」

非常識とまでは思わなかった。生意気だが、本心（もちろん口に出してはいない）は「さすがですね。いい勘をしていらっしゃいます」だった。

ぴかぴかの新人であったけれど、あまり緊張はしなかった。宇山さんがソフトに接してくださったからだろう。それでもいくらかの気負いはあった。「東京創元社が摑んだこの子、大したことないな」と思われたくはなかった。

一方の宇山さんは、東京創元社がスタートさせた〈鮎川哲也と十三の謎〉という叢書《そうしょ》に起用した新人に早々とアプローチするにあたって、ちょっと遠慮なさっていたような気もする。戸川さんに対する敬意を感じた。

私たちの間に接点や共通点が見つかると、宇山さんは破顔した。私が中学時代に衝撃を受けた中井英夫の『虚無への供物』を文庫化したのが自分であることを明かし、私が驚いた時はうれしそうだった。

「僕はミステリが専門というわけでもないので」とおっしゃるので、ＳＦや怪奇幻想小説の話になったりもした。私は内心、「けっこう色んな話について行けるでしょ」と思っていた。

話しているうちに、宇山さんが京都ご出身の関西人であり、私と同じく同志社大学を卒業していることを知る。同門というのは打ち解けるきっかけになりやすいが、「学生時代はあの喫茶店によく行った」とか「あそこは今どうなっているのかな」といった話はまったく出ず。二人とも、相手が振らない限りそういう話をしないタイプで、実はそこが共通点だった。

初対面は和気藹々《あいあい》のうちに終わり、十七年間にわたる宇山さんとのお付き合いが始まった。奥様の慶子さんや私の妻も一緒にコンサートに行ったり、八ヶ岳の別荘に招かれてお世話になったり。楽しい想い出はたくさんある。

初対面のちょうど二年後に『マジックミラー』という長編を提出した。ほどなく宇山さんは部長になったので、直接担当していただいたのはこれと火村シリーズ第一作の『46番目の密室』、宇山さんが企画した〈ミステリーランド〉向けの『虹果て村の秘密』の三作だけである（担当でなくなってもゲラを読み、感想をくださった）。

感想はいつも「面白い」だったし、近い時期に他社から出した作品と比べて「こっちの方がいい」と言ってもらった。その度にほっとしたのだけれど、宇山さんの類稀《たぐいまれ》なる審美眼を知っているだけに、私はこっそり疑っていた。

——本当はご不満があるのでは？　君にしてはよく書けている、ということかも。

今となっては「どうなんですか？」と尋ねることもできない。だから、「これなら宇山さんも畏れ入るだろう」と自分で確信できる作品を書きたい、と思っている。高いハードルなので、いつ実現するか判らないが。

こんなふうに作家としての目標を与え続けている宇山さんは、私にとって永遠の担当編集者である。


以下は、宇山さんへ。

一九九二年に始まった火村シリーズ、まだ続いていますよ。「二人ともお人柄がいい」と褒めていただいたコンビは健在です。

あのシリーズでやれることもまだ色々ありそうなので、大事に書いていきます。いつか「こんなのも書けるのか！」と驚いていただけるように。探偵の名前がヒデオですしね。

魔法の筆跡

井上雅彦

はじめて会った時の宇山さんは三十八歳。しかし、当時の私には実年齢よりも遥かに若く見えた。一九八三年三月二十六日。この日は私にとってもかなりの特異日で、午前中が大学の卒業式、その午後が講談社主催の星新一ショートショート・コンテストの授賞式——すなわち、長い学生生活を終えて最初に出迎えてくれた最初の「大人」が、日本を代表するSF作家と出版社の文芸担当編集者という、これまでとは全く異なる世界の人種という状況。作家・星新一のほうは別としても、三人の編集者（講談社文芸第三）は、スーツに身を包み、言葉遣いも極めて紳士的ではあるものの、通常の会社員とは身のこなしも雰囲気も全く異なって見えた。その中でも、特別際立っていたのが宇山氏であり、記憶の中ではそもそもスーツなど着ていない（いや、写真を見る限りスーツは着ていたようだから、そう思わせるなにかがあったのか)。編集者というよりも、ひとりだけアーティストが混じっている。そんな印象すらあった。つい先ほど「長い学生生活」などと書いたが、実は若い頃の私は、少しばかり寄り道をして、僅かな時間だが芸能生活なども体験していた。実際に出会った映画人や撮影監督の中には、この時の宇山さんの持つ個性的な気配と、かなりの部分で共通する雰囲気を持つ方々がおられたことを、思い出しての印象でもあった。

授賞式の後は「二次会」として銀座のバーに繰り出して、星新一さんとお酒を戴くという貴重な機会を戴いたのだが、この時もこの個性的な編集氏が、大作家と若者の間に立って、実に細やかに動いてくださったのである。すこぶる「フィジカルに」文字通り「よく動いて」くれながら、時折、キラッと目を光らせて、本の話や映画の話を、絶妙なタイミングでパスしてくださる。宇山さんの印象は、この初対面の時から今まで変わることがない。

この賞を獲ったあとは講談社の文芸誌『ショートショートランド』に作品を載せるチャンスが与えられる。作品は宇山さんを含む三人の編集者の合議制で評価された。〇とか△とか描かれた記号の内側に、さらに〇や×の記号が二重に入っていて、これは現在の新人賞選考などでもよく見かけるAマイナスやBプラスなどの意味がある。その下にコメントが入って戻されてくる。無記名だが、どれが宇山氏のコメントかは「字」でわかる。あの独特な、一見子供のラクガキのような筆跡の判別つけ難い文字が「おもしろい」などと読み取れると有頂天になったものだ。それでも、他の人がひとりでも×をつけるとボツになる。現在、私の短篇集の表題作にもなっているショートショート「四角い魔術師」は、当初、他の方が×をつけていた。「ショートショートらしくない」「短篇を無理に圧縮したようだ」などとさんざんな評価だったが、そもそもそれを狙っていたので無理もない。昭和四十年代の様々な風俗をできうる限り盛り込んだもので、今でこそ昭和レトロの先駆けのように思われるだろうが、書いたのは昭和五十年代。ノスタルジーを感じるには早すぎるとも思われただろう。ところが、この作品を宇山氏だけは高く評価してくれていた。すべて私の「狙い」を理解してくれたうえで、海外の作品や橋本治のミステリなどを引き合いに出して、この作品の良さを熱烈に主張してくれた。井上の作品は「異形のモノの博覧会」。それは、本作のみならず、これまで宇山さんに見せてきた作品を総称して表現してくださった言葉だったが、そのおかげで、私は自分の本来の資質に気づかされたのだった。本来、ボツになる筈のこの作品が『ショートショートランド』終刊号に載ることができたのは、宇山さんの強い推しによる。しかし、この号を出した時から、講談社文芸第三はショートショートを離れた。宇山さんは長篇のノベルス担当になった。通常なら、縁が切れても不思議ではない。それが、この業界の常。当時の私は短い小説を天職と思っていたこともあり、居場所は無いと覚悟していた。しかし、宇山さんとの縁は切れなかった。今思えば不思議だが、無駄話の長電話なども普通に交わしていた。吸血鬼について教えて欲しいなどと訊いてきたこともある。やがて、ショートショートの同期である斎藤肇に《新本格ミステリ》の話が来る。もしも私が書くのなら、サーカス団員専門の養老院で連続殺人が……などと『竹馬男の犯罪』の構想をうっかり話してしまった時の、あの宇山さんのキラッと輝いた目の色。うれしそうな顔。

「宇山が大喜びするような原稿を待っています」――独特の筆跡で書かれたカードを戴いたきり、最後にお声掛け戴いた講談社ミステリーランド『夜の欧羅巴《ヨーロッパ》』は完成した本を見てもらうことができなかったが、この筆跡を見るたびに、宇山さんの目の輝きが甦る。心地よい声色が甦る。今でも新しいものを書く前には、必ずこの文字を眺める。この魔法のような言葉を、自分自身に問いかけながら。

ブンサンのウヤマ

井上夢人

宇山さんの声を初めて聴いたのは一九八二年の秋だ。友人と二人で江戸川乱歩賞を貰って作家デビューしたばかり。ほとんどド素人の僕たちは、すべてのことにドギマギしていた。編集部に電話一本掛けるだけでも、かなりの勇気がいる。

「あのう、岡嶋二人と申しますが、ええと、小説現代の岡さんはご在席でしょうか?」

二作目の短篇小説に取りかかっていた。短篇は「罠の中の七面鳥」というのを、やはり小説現代に書いたばかりだ。短篇未経験の僕たちには、どう書けばいいのかまるでわからなかった。わからないまま、必死で一本書いた。間を置かずに二本目を書くように言われている。

「岡は席を外しているようですが、岡嶋二人さんですか?」

ペンネームでのやりとりにもまだ慣れていない。ドキドキしながら、はいそうです、と応える。

「ちょうどよかった」

ちょうど……？

電話の相手は、こちらの戸惑いにも構わず畳みかける。

「ぼくはブンサンのウヤマと言いますが、岡嶋さんに連絡したいと思っていたところだったんです」

「はあ……」

飴をしゃぶりながら話しているわけでもないだろうが、電話の声はどこか舌っ足らずで甘えているように聞こえた。

〈ブンサンのウヤマ〉という言葉が日本語に聞こえなかった。訊き返す間も与えず、相手は勝手に話を進める。

「ショートショートランドという雑誌を作っておりまして、そこにご登場いただけないだろうかと思うんですが」

「登場？」

「ええ、ショートショートをですね、一つお願いしたいと」

この人は何を言っているんだろうと、耳から離した受話器を眺めた。

約束の期日までに原稿が上がりそうにないから少し待ってもらえないかと、小説現代の担当に伺いの電話を掛けたのだ。その電話を横取りして、この人はショートショートを書いてくれと言う。

短篇を書くことでさえパニックを起こしている僕たちに、この上ショートショートを書けなど見込み違いも甚だしい。僕たちは長篇を書いて賞を貰ったのだ。その長篇だって落選したヤツを入れても四本しか書いてない。短い小説など僕たちにとっては難しすぎる。

書いたことないんです、と言うと電話の相手は笑いを含んだ声で、大丈夫です書けます、などと言う。会ったこともないあなたが、なんで僕たちの能力を断言するのか。

ただ不幸なことに、ド素人の僕たちは仕事の断り方を知らなかった。せっかく作家になれたのに、断ったりしたら作家失格の烙印を押されてしまうような気がした。で、わけがわからないうちに、いつのまにか掌篇小説を一本書くことになってしまったのだ。

〈ブンサンのウヤマ〉は「文芸図書第三出版部の宇山」だった。そういえば受賞作の長篇は文二から出た。文二、文三——だとすれば、文一とか文四とかもあるのだろう。
　僕たちは、ほとんど青息吐息な状態の中で初めてのショートショートを絞り出し
た。原稿用紙十枚などという檻のような制限をどうやってミステリーにすればいい
のか悩み、ほとんど謎々パズルのようなものを書いた。九枚を問題篇に、残りの一
枚を解答篇にして、その橋渡しの部分に「読み進む前にちょっと考えて下さい」と
〈読者に挑戦〉のような天の声を置いた。
「わあ。面白い！」
　宇山さんが喜んでくれたことで、僕たちはようやく安堵した。同時に、しばらく
はショートショートなんてもう書かないぞと心に誓った。
　だから送られてきた掲載誌のページを開いたとき、僕たちは愕然とした。なんと
作品タイトルの上に、

〈新企画〉あなたに挑戦

という肩見出しが打たれていたのである。

嘘だ。そんなことがあるか。何かおかしい。話が違う。

慌てて宇山さんに電話を掛けた。

「あの、新企画って……」

「いいでしょう？」と宇山さんは満足そうな声で言った。「やっぱり岡嶋さんにお願いして正解でした。毎号の目玉になりますよ」

「め、目玉？」

「エラリー・クイーンですよね。共作作家のミステリーはこれですね」

「いや、その……」

はしゃぐ宇山さんにどう対抗していいのかわからなかった。

「毎号って、僕ら、そんなの無理ですし」

「いや、大丈夫ですよ。ショートショートランドは季刊誌ですから。三ヵ月に一本書いていただけばいいだけです。ね？　三ヵ月に十枚ですよ。ちっとも無理じゃないでしょ？」

「………」

そして、やはりわけがわからないまま、僕たちは掌篇の連作をやることになってしまったのだった。

それが——。

「快挙です。喜んで下さい」

と宇山さんから電話がかかってきたのは、その連作を続けて一年になろうというときだった。

「ショートショートランド、隔月刊になることが決定しました！」

言葉を失った。

隔月刊？　宇山さん、あなたは三ヵ月に一本書けばいいと言った。季刊誌だからと言ったのを忘れてないですよね。隔月刊ってなんですか。二ヵ月に一本になる？それを喜べ、ですって？

詐欺だ。

隔月刊になった直後、僕たちはショートショートランドに「聖バレンタインデーの殺人」という作品を書いた。その小説では〈秀雄〉という名前の裏切り野郎が毒殺される。

文三の宇山秀雄という担当編集者の名前をそのまま使った。なぜか本人の宇山さんは、その命名をとっても喜んだ。

猫とオペラと酒と…

宇神幸男

集合住宅の一階の、宇山さんのお宅は異臭がした。猫のおしっこの臭いである。宇山さんも慶子夫人も、嗅覚が鈍麻しているらしい。白くて毛の長い大型の猫が、二匹飼われていた。三十分もすると、こちらも鼻が馬鹿になり、気にならなくなる。

宇山さんと慶子夫人は、いかにもお似合いのカップルだった。宇山さんは気さくで気取りがなく、慶子さんはおっとりした、それでいて知的な女性である。そこに二匹の猫が加わり、本でいっぱいの部屋を二人と二匹で静かに守っている、という感じだった。

二匹の猫はあまり社交的ではなく、じゃれてきたりすることはない。むしろ兇暴な面があり、ひどい目にあった新本格ミステリの作家もいたそうだ。新本格といえば、宇山さんは新作を出すたびに中井英夫に送っていたが、ほとんど反応がなかったらしい。拙作については、夜中の一時過ぎに電話があり、「宇山くん、いま読み終えたよ。ギャフンだね」とおっしゃったという。私は欣喜雀躍した。宇山さんに連れられて中井英夫を訪ねた。肝臓を悪くしているにもかかわらず、中井氏はウイスキーを傾け、「赤江瀑か。『オイディプスの刃』、あれはよかったぞ。なあ、そうだろう」などと上機嫌で語る。久生十蘭、三島由紀夫、澁澤龍彦などについて、話は尽きなかった。

宇山さんはクラシック音楽の愛好家で、居間の壁面はCDの棚になっており、オーディオ装置も組み込まれていた。アンプもCDプレーヤーも超高級機ではないが、スピーカーは名機タンノイで、最も小型のイートンだった。再生音はまとまりがよく、人の声にえもいわれぬ色気があった。

二匹の猫のうち一匹はオペラという名前だったと記憶するが、宇山さんはオペラ鑑賞を好まれた。日本はまだバブル景気で、金余りなのか、ヨーロッパの歌劇場の引越し公演が相次いでいた。イタリアから、ドイツから、フランスから、東欧から、というぐあいである。チケットも高額で、「これじゃ、お金がいくらあっても足りません」と宇山さんはぼやく。しかし、その顔は嬉しそうだった。

この頃、講談社現代新書の宇野功芳著『クラシックの名曲・名盤』が刊行された。

現代新書の鷲尾賢也部長に相談された宇山さんが、「書き手は宇野功芳がいい」と薦めたのである。本はベストセラーとなり、宇山さんは宇野功芳を訪ねた。

嫌煙家の宇野氏の前で宇山さんは遠慮なく煙草を喫ったという。「でも、憎めない男だよ」と宇野先生は笑っておられた。宇山さんには初対面の人を魅了する何かがあった。

宇野功芳は指揮者でもあり、年に一、二回、サントリーホールや東京芸術劇場で演奏会があった。宇野先生とご縁がある私は、上京して欠かさず聴いていた。何度も宇山さんとご一緒したが、宇山さんは慶子夫人を同伴されることもあった。あるとき、大きな双眼鏡を胸に下げておられた。目を丸くすると、「岡嶋二人さんと野球を観戦した帰りです」とのこと。アフターコンサートはお酒である。宇山さんはビール党で、飲み始めると止まらない。しだいにろれつが回らなくなり、しまいには何を言っているのかわからなくなる。だからというわけでもないが、八歳年上なのに、宇山さんはあまり年長者という感じがしなかった。これは宇山さんならではの美点であり、人徳である。

小説の現地調査のために、新車のマツダのユーノスを貸してもらったことがある。愛車には指一本触れさせないという人もいるが、二つ返事で貸してくださった。こういう気前のよさも、宇山さんの美質である。余談だが、小説に「時速百キロの猛スピードで」と書いたら、ゲラに「百キロは猛スピードではない」と書き込みがあった。「宇山氏はスピード狂か？」と思ったが、場面はヨーロッパの高速道路だから、ご指摘の通りだった。

某出版社の新人編集者R嬢に面会を求められた。会うと、予想通り、書き下ろし長篇の執筆依頼である。宇山さんに伝えると、まだ他社には書かないでほしい、とおっしゃる。

後日、宇山さんから電話があった。「出版記念パーティがあり、R嬢に初めて会いました。これはまあ、仕方がないと思いましたよ。あれほどの美人なら、これは仕方がありません。許します」

お許しが出たので、二年後、長篇を完成した。ところが、なかなか出版されない。私の本は売れないからである。鮎川哲也先生に「売れないのは作家の勲章です」と手紙で慰められたことがあるが、あまりに売れないのも困る。宇山さんにR嬢に打診してもらい、なんとか刊行にこぎつけた。自信作だったが、本は売れなかった。

二年後、宇山さんに長篇を出してもらった。起死回生の意欲作だったが、やはり売れなかった。私は断筆し、元通りのただの酔っ払いになることにした。

盛夏のその日、会議を終えて自席に戻ると、部下の女性職員が、「ものかきの篠田と名乗る女性から電話がありました。用件はおっしゃいませんでした」と言う。この頃、篠田節子さんとは年賀状を交換するだけの関係になっていた。だから不穏な気がした。

没交渉になって八年近く経つので、宇山さんの急死は目が眩むほどの衝撃ではなかった。だが、慶子夫人のことを思うと、なんともいえない気分になった。鬱々と過ごしていると、宇野功芳先生から電話があった。「宇山って、偉い男だったんだな。新聞を読んでそう思ったよ」とおっしゃる。事実、新聞の訃報記事は扱いが破格に大きかった。

デビューから断筆まで七年ほどのおつきあいだったが、宇山さんには四国の僻遠の地に二度も来ていただいた。地元での私の出版祝賀会、そして結婚式。にもかかわらず、私はお通夜にも葬儀にも不義理をした。ただの酔っ払いの出る幕ではないと思ったからである。永く、悔いが残った。

知らず知らずに導かれ

歌野晶午

宇山さんに渡した原稿は、いつも細々とチェックが入って戻ってきた。

ある時などは全ページ余白がなくなるほど真っ赤っかで、これを全部直せたらゲラにすると言われた。つまり修正でどうにかなるようなレベルではないということで、この場合普通は「ボツ」の一言で終わりである。そんな商品価値ゼロの原稿をも時間を割いて目を通し、ダメな人間にもわかるよう懇切にダメ出しするのが宇山日出臣という編集者だった。

宇山さんとのやりとりは闘いだ。向こうはいつも真剣で斬り込んでくるから、こちらも真剣でさばいて返さないといけない。木刀で応じたら、刀身が受けきれず、殺される。

先のダメ出しには、新たなアイディアによるまったく別の物語で応じた。今度は原稿が真っ赤に染まることはなかった。

宇山さんとの真剣勝負を通じて僕は鍛えられた。新人の時に担当してもらった作家はみんなそうなのではないだろうか。


そうやって育ててもらったにもかかわらず、小説家として世に出た数年後、いろいろあって、僕はこの稼業から足を洗った。

朝の満員電車に一時間揺られて九時五時勤務時々残業昼休みに将棋給料日後の週末に飲み会という、いわゆる普通の会社員になった。

そこでもいろいろあって、一年足らずで退職することになった。

そろそろ次の就職先を決めないとまずいよなあと思いながらも、朝目覚めてまずすることは新聞の求人広告のチェックではなく蒲団の中でコントローラーを握るというゲーム廃人状態だったある日、宇山さんから電話をもらった。

「元気でやってる？　何の仕事をしてるの？」

「今は、つなぎで短期のアルバイトを」

「だったら時間は作れるね。校閲の仕事をしない？」

ということで、宇山さんが担当している小説の校閲を請け負うことになった。

まず、中堅作家の作品が届いた。トリックに難があり、そもそもこんなトリックを弄さなくても物語を成立させることはできそうなので、そういう方向で再構成したほうがよいように感じたが、校閲の立場でそれを言うのは僭越なので、誤字や誤用は厳密にチェックしたが、トリックについては決定的な問題点だけの指摘にとどめた。

次に、ベテラン作家のゲラが届いた。すらすらと物語が進行し、書き慣れているなあと感心させられる一方、取ってつけたようなトリックにご都合主義の展開で、推理小説でこれはありなのかと疑問に思ったけれど、これも表には出すことなく、仕事人に徹した。

さらに一つ、二つと仕事をして、どれももっといい作品に変えられるはずなのにチクショーと消化不良が進行したところに、新人作家の作品が届いた。冒頭を読んで嫌な予感がし、作業を進めるにしたがって、絶望的に気が重くなった。

これ、本になるの？　生原稿ではなく、ゲラになっているのだから、そうなんだろうな。けど、これ、ちょこちょこっとゲラに手を入れただけではどうにもならないぞ。なにしろ、小学生でも納得しないトリック、物語を引き延ばすためだけの連続殺人、登場人物の言動が支離滅裂、伏線なしの超展開、ちぐはぐな物語の構成、状況を把握できない文章——。

一から作り替える必要があることは明らかだった。しかしもう全取っ替えできる段階ではない。データで入稿している現在とは違い、オペレーターが手打ちで入力していた時代である。それに、この作品の問題を根幹から指摘するのは、与えられた役目を逸脱している。明らかに破綻している点は遠慮なく指摘したが、その先の領域に踏み込むことはぐっとこらえ、それで仕事を終わらせた。

だが、どうにも納得がいかなかった。もやもやがどんどん膨らんで眠れない。

そこで僕が何をしたかというと、押入れで眠っていたワープロを引っ張り出したのである。そして、この作品の冒頭部分を自分なりに再構築したものを、自分の文体で一気呵成《かせい》にタイピングし、印刷して、ゲラと一緒に宇山さんに戻すという暴挙に出た。こういうふうに直してはどうかという提案ではない。そんなコメントはつけていない。

やり場のないもやもやを吐き出しただけだ。宇山さんに、面と向かってではなく、文章で愚痴ったのだ。それも、不満を直接書き連ねたのではなく、小説という回りくどい表現で。

しばらくののち、その作品が本になり、僕のもとに届いた。冒頭部分は、僕が再構築したようにはなっていなかった。宇山さんはそもそもあれを先方に見せてはいないだろう。あれが僕の愚痴だと察せない人ではない。

なので根本的にはゲラの時と何も変わっていなかった。こちらが指摘した瑕《きず》は修復されていたが、それはうわべを取り繕ったにすぎない。

無力感、無念、悔恨、屈辱、怒り——さまざまな感情でぐちゃぐちゃになった状態で、僕は宇山さんに電話した。

「校閲の仕事は、もう結構です」

そして、こう続けた。

「自分で書いたほうが精神衛生上いいですから」


しばらくののち、僕は自分の小説を書いて宇山さんに渡した。

さらにしばらくして、その作品が、ある賞の候補になった。残念ながら受賞にはいたらなかったが、それなりの手応えがあったことで、こっちの世界に戻ってきてよかったと心から思えた。

僕は宇山さんに感謝を伝えた。デビューさせてもらい手間をかけて育ててもらったのに筆を折ってしまい、それは恩を踏みにじるような行為だったのだが、にもかかわらず、もう一度書くチャンスを与えてくれたのだ。そう、名伯楽に二度もデビューさせてもらうという光栄に浴したのだ。

「校閲の仕事も、ありがとうございました。他人の原稿を微細に読むことで、ものすごく勉強になりました」

するとと宇山さんはニヤリと笑ったのだった。

「歌野さんを焚きつけるために校閲の仕事をやってもらったんだよ」

「魔法学校の宇山先生」

江坂遊

トンヅッドトントン、ツンドットパンパン、ツテタンツテトン、トンツッドパンパンパン。

コンガで幻惑的なリズムを叩いているのは小柄な浅黒い青年。その後をついていくと、坂の上に二人の紳士が待ち構えていて、そこでいきなり『ショートショートランド』建国宣言が発表されました。

「なまぐさい事件や肩ひじはったお説教で埃っぽい世界、こんな国が一つくらいあってもいいのではないか」

続いてコンガを叩いていた青年が前に出て自己紹介を始めました。

「宇宙のウ、山谷のヤマでウヤマです。魔法学校の先生を仰せつかりました。ブラボー。皆さんに立派な魔法使いになっていただけるよう厳しくしごきます」

トンヅッドトントン、ツンドットパンパン、ツテタンツテトン、トンツッドパンパンパン。

「はい、打って」

とまぁ、宇山さんとはそんな出会いだったように思います。随分、昔のことなので少々の記憶違いがあるかも知れませんが。まぁ、そんな感じでした。

トンヅッドトントン。

『ゆめきゅう、おぐり、ひさお、ブラッドベリ』が、書かれるものにありますね、ノスタルジアが」

「勉強します」

ツンドットパンパン。

「いただいたこの作品で、本当にいいんですね」

「新作を送ります」

ツテタンツテトン。

「ぜひ、長編を書いてください」

「はい、でも星先生からショートショートは売れればいい暮らしができると言われました」

トンツッドパンパンパン。

「パターンとしてはよくあると思うが、今一つ説得力というか、なるほど、といった感じに書けていないように思います。女性が一人、傘をさしているところなんか、いいんだけどなあ」

このコメントの上には魔法記号が一つ、大きな三角の中に大きな○が描かれていました。『ランド』から返送されてきた原稿を容れていた大封筒にはこんな記号がいつもついていました。


これは新しい洗濯表示マークでもボードゲームのチップでもなくて、『ランド』の編集チームが投稿作品を評価するのに使っておられた特殊な記号です。公開は時効ということでお許しください。わずかな修行中の書き手にしか知られていないのではないかと思われます。

送った原稿が戻されてきたときに、編集者一人ひとりが作品ごとにこの魔法の記号と、短い採点コメントを添えてくださっていました。毎回、数人の指導教官から通信簿をもらっていたようなものです。それは本当によくできた「書き手育成システム」でした。そう、わたしの『ランド』の思い出は、この記号に一喜一憂した五年間につきることになります。

○と、○に△が入っているもの、つまり七段階評価で三段階目までが合格というサインです。たぶん。○の中に×、△の中に○、△の作品は書き直し要。×については、一人でもこれをつけていれば掲載はされないボツ作品という区分になります。○や△の中に入っている図形の大きさやその位置で、叱咤激励の感情が伝わってくるのですから、面白いサインを考案されたものです。添えられていたコメントも少し紹介しましょう。

○につけられたコメントは実にシンプルでした。

「ラストの意味がハッキリしている」

「話の持って行き方がよい」

コメントの長さは短くてもショートショートの著名な定義を基準にして、厳しくみてもらえたことがうかがえました。これが返ってくると、『ランド』の発売日まで幸せな日々が続くというわけです。

○の中に△があるコメントはこんな具合です。

「せっかくのユーモアが乗りきれていないので割り引く」

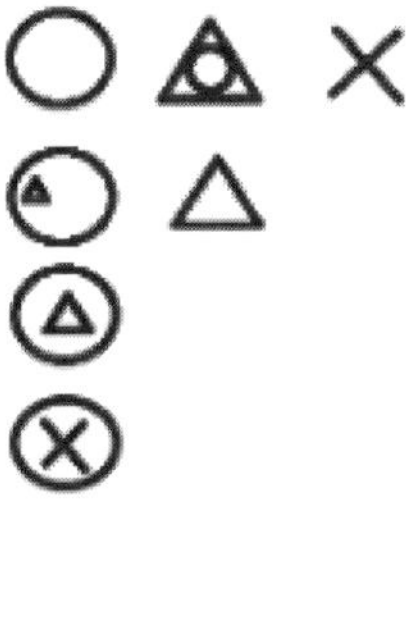

「ユニークだが、おきざりにされる読者の面倒もみてくれればさらによし」

個性を伸ばそうとしてくれているのがよく分かりました。
△の中に○があるコメントは先に紹介したように比較的長くて、激励型でした。
「知りたいことが残るが、それが話の魅力を損ねていないどころか、面白みになるのだから、どうなっているのか」

結局採用されなかったのですが、良いところを見つけてくださっているので、次は○をとろうとついまた乗せられてしまうのです。励みになりました。

×ですが、○と同じくシンプルでした。

「社会の弱者に配慮が行き届いていない作品は書いてほしくない」

「同じ作者が書いたものではない気がする」

手厳しい評価に、こんな作品は掲載してもらえないのかと学習できました。×の評価は倫理観や社会性などで常軌を逸した作品につけられていました。実験的な作品はついつい自分を偽って書いてしまいがちだったのです。また、自分の中にないものは、見破られて容赦なく×がついて戻ってきましたね。「書き手育成システム」は「人間育成システム」でもあったのです。

もちろん、数人それぞれに違う記号がついている場合があり、評価傾向はおのずと分かってきました。宇山先生は人を惑わす怪奇なミステリアスものをとってくださるなとか、別の先生は、くすりと笑える幻想的なお話をよく推してくださっているとか、ＳＦはきっちり謎の解明をしておかないと辛口点だ、とか分かる仕掛けにもなっていました。

　そんなわけで、わたしは自身でもこの記号をつけて自己採点する習慣が身についています。ショートショートの評価基準を学ばせてもいただいていたわけです。本当に感謝しています。

　さて、この「書き手育成システム」を評価するとですね、もちろん○ということになります。ほかの記号は考えられません。あっ、この追悼文らしからぬものについて空の上からあの記号が落ちて来ました。

　あぁ、これは手厳しい。


「魔法学校の宇山先生」

江坂遊

不思議な編集者

太田忠司

講談社旧本館は、一九三三年に建築された鉄筋コンクリートの建物だ。堂々としたその佇まいは当時二十歳を過ぎたばかりで地方住まいの若造だった僕には威圧感が強すぎて、前に立つだけでも恐ろしい場所だった。

意を決して中に入り、むやみに天井の高い待合室で心細く待っていると、やがて三人の編集者がやってきた。僕が作品を送りつづけていたショートショート専門雑誌「ショートショートランド」の編集長と編集者だった。彼らは僕を近くの喫茶店に誘うと、持ってきた分厚い封筒を渡した。これまで送った原稿が入っていた。

一九八一年に星新一ショートショートコンテストで「帰郷」が優秀作に選ばれたとき、同時にこの雑誌が創刊された。プロの作家だけでなくコンテスト受賞者にも掲載の機会があった。良い作品が書けたら載せてもらえる。それを励みに書きつづけた。

結果が、これだった。中には掲載してもらえた作品もある。だがほとんどが、こうして返された。

「期待はしてますから、これからも頑張ってください」と言って、編集長ともうひとりが去った。

僕と、ひとりの編集者が残った。

すっかり意気消沈している僕に、その編集者は言った。

「もう一度、その原稿見せてもらえますか」

彼は原稿にその場で眼を通すと、細かな部分について意見を言いはじめた。とても詳細な意見だったと思う。「思う」というのは記憶に残っていないからだ。こてんぱんに打ちのめされている頭には、その言葉をインプットできるキャパはなかった。ただ、その真摯な態度は心に強く残った。同時に疑問に思っていた。どうしてこの編集者は、プロでもない人間にこんなにも細かくアドバイスしてくれるのだろう、と。不思議だった。

言いたいことを言ってしまうと、彼も去った。ひとりきりになった僕は、先程までの落胆が薄れているのに気付いた。代わりに感じていたのは、ちゃんとひとりの作家として相手をしてもらえたという充実感だった。その後も原稿を送りつづけ、何度か上京して返却されるということを繰り返したが、それができたのも、その編集者が読んでくれているという確信があったからだった。

しかし「ショートショートランド」は五年で休刊となった。僕は発表の場を失ってしまった。僕の「作家人生」は、ここで終わる。もう、その先はないように思えた。

当時、講談社ノベルスは『十角館の殺人』の成功によって若手のミステリ作家を次々とデビューさせていた。いわゆる新本格の始まりだ。その流れを作った編集者は、ショートショートコンテスト出身者の中にも書ける者がいるのではと考えた。そして僕にも声がかかった。本格ミステリを書きませんか、と。

僕はその誘いを受けることにした。サラリーマン生活の合間を縫うようにして時間を作り、初めての長編ミステリを書いた。二年かかった。書き上げたときには心底へとへとになっていて、これが没になったら作家になることを諦めようと決めていた。

一九九〇年の年明けに完成した原稿を編集者に送った。当時の彼は読まなければならない原稿が常時数千枚は溜まっていると聞いた。だから僕の原稿も当分は読んでもらえないものだと覚悟していた。

しかし「原稿読みました」という連絡を受けたのは、それから三日後のことだった。思わず「早いですねえ」と言ったら「なぜか太田さんの原稿だけ、すぐにも読みたくなったんです。どういうわけでしょうねえ」と電話の向こうで彼は笑っていた。そして続けて、

「で、四月の講談社ノベルス八周年フェアに出したいんで、すぐにもゲラを起こしたいんですが、校正も急いでお願いできますか」と言った。

あのとき、僕の没原稿に細かくアドバイスしてくれた不思議な編集者——宇山日出臣氏は、こうして僕をプロ作家にまでしてくれたのだった。

大江健三郎が宇山さんに靴を買った話

大塚英志

多分ぼくの人間的な欠損ではあるのだろうが、文壇とか論壇とかアカデミズムというものに馴染めず、物を描いていれば何らかの「業界」の人間関係に身を置かねばならないのだが、そういうものが根から嫌いで生きてきた。以前、物を捨てられないオタクにミニマリズム的な断捨離を語らせるという余計なお世話のインタビューがきたことがあったが、おおよそ、人間関係だけは断捨離を徹底してきた。だが例外的に、まあこっちの世界も悪くないよ、と人の輪に招き入れてくれようとしてくれた人もいて、それが江藤淳と宇山さんだった。

ぼくが短い期間、いわゆる文芸誌に物を描いたのは江藤に文壇に招き入れられたからで、同様に『メフィスト』に連載し、恩田陸さんと吉川英治文学新人賞にノミネートされた今となっては自分でもよくわからない出来事は、つまりは宇山さんの招待で、束の間のインサイダーだったからだ。正確に言えば、ぼくが招き入れられたのは江藤の周りの小さなアジールであり、あるいは、宇山さんがつくった同様の場所であって、「文壇」や「業界」とは少し違うものだった。

だから彼らがいなくなればその場所も消える。

「去る」必要さえなく、僕はまたどこにも属さない人になった。

「江藤」と敬称略なのは最後まで氏と「会う」ことをぼくが拒んでいたからで、宇山さん、と「さん」付けなのは幾度かお目にかかっているからという違いだが、その時は必ず白倉由美が一緒で、手紙のやりとりを宇山さんと彼女がしているのを見てはいたが、どういうものかは詳しく知らない。だから、ぼくの宇山さんの思い出も白倉から聞かされていたものになってしまう。

印象に残るのは大江健三郎に靴を買ってもらった話だ。

宇山さんが大江の文庫の編集をしていた時のことだという。宇山さんと大江が打ち合わせの後、一緒に駅まで付いてきてふいに足のサイズを宇山さんに尋ね、そして目の前で靴屋に駆け込むと「これ」と言って靴を差し出したのだという。

しかも、二度、あったという。

そういう編集者との付き合いの仕方が大江の常だったのかどうか、文壇の内部事情を知らないぼくにはわからない。ただ大江なりの好意の示し方だったのだろうとは想像する。もちろん大江にも会ったことがないが、それでも大江が宇山さんに靴を差し出すその姿と、宇山さんの顔があれこれ想像されて楽しい。

そもそも何故、編集者へのお礼が靴なんだろうか、とか、大江のコミュニケーションに於ける不器用さとシャイな宇山さんの組み合わせとか、その勝手な想像が、「思い出」とも言えぬぼくの宇山さんの「思い出」だ。

靴の話は白倉から幾度も聞いたので、殆どぼくの中ではお伽話のようなものになっている。けれど、人の記憶というものはそういう小さなお話の中にあるものだと思う。

そして宇山さんという人はそういう「お話」の中にとても収まりのいい、つまり、こちら側にちょっと居心地の悪さを感じていた人だったのかなと、これも勝手に考えもする。

宇山さんとSF

大森望

　宇山さんと初めて会ったのは、僕がまだ新潮文庫の駆け出し編集者だった一九八五年。ＳＦフェア用の書き下ろし長篇『宇宙船∞《メビウス》号の冒険』の原稿をもらうため、川又千秋氏の西早稲田のマンションに日参していたとき、たまたま宇山さんが居合わせて、川又さんに紹介されたのが最初だったと思う。宇山さんは講談社ノベルスの『星狩人』シリーズの担当で、川又さんと一緒にしじゅう明け方まで新宿を飲み歩いていた。

　もちろん〝新本格ミステリ〟はまだ影もかたちもなく、当時の僕は、「ふうん、講談社にもＳＦにくわしい人がいるんだなあ」とぼんやり思っていた。実際、有栖川有栖氏の証言によれば、初めて顔を合わせた八八年末、宇山さんから「僕の専門はＳＦです」と自己紹介されたという。「相手はミス研出身で本格ミステリマニアやろうから、ここはゴリゴリ行くのは違うと思ったんでしょうね」と有栖川さんは解説しているが、僕が初めて会った頃の宇山さんは、まさにＳＦ編集者だった。そのあたりの事情は、最相葉月『星新一　一〇〇一話をつくった人』（新潮文庫）に詳しい。以下、引用を交えて紹介する。

一九六九年に三井物産を退職して講談社に入社し、創刊直前の講談社文庫出版部に配属された新米編集者、宇山秀雄の最初の大仕事は、星新一の自宅を訪ね、三一書房から出ていた『エヌ氏の遊園地』の文庫化権をもらうことだった。

〈宇山の入社後初めての名刺が、そのとき新一に渡された。それまで誰に会っても、まだ名刺ができていませんと嘘をついて渡さなかったのは、どうしても最初の一枚を新一に渡したかったからだ〉という逸話は、（真偽はともかく）ものすごく宇山さんらしい。

講談社文庫十周年「推理・ＳＦフェア」記念イベント、ショートショート・コンクールを発案したのも宇山さん。ふたたび『星新一』を引くと、

〈宇山によれば、講談社などの新規参入で第三次文庫戦争といわれた時期にもかかわらず、講談社文庫にＡＸ（日本の推理、ＳＦ、ミステリ）とＢＸ（海外の推理、ＳＦ、ミステリ）という二つのレーベルができたのは、新レーベルをつくれるほど星

新一ひとりの文庫の売り上げがあったからだという。宇山が新一に熱狂する理由は十分証明されたと社内では広く認識されていたため、コンクールの企画もすんなりと通った〉

講談社文庫の整理番号は、もともと日本文学がA、海外文学がBだったが、それぞれから枝分かれするかたちで、一九七四年に新分類のAXとBXが誕生。両分類は、著者別五十音順分類が導入される八二年まで続いた。

AXの第一弾は、宇山さん念願の企画、中井英夫『虚無への供物』(七四年三月刊)。早くも翌月には、小松左京の自選短篇集『さらば幽霊』が出ている。その他、SFでは、半村良の『妖星伝』シリーズを筆頭に、眉村卓、豊田有恒、田中光二、山田正紀、かんべむさしなどの作品がAXから刊行された。もっとも、AX分類の全二百四十六冊のうち、SFと呼べるのはせいぜい三十冊ぐらい。七三年に『日本沈没』が国民的大ベストセラーになったこともあり、この当時は日本SFが出版界を席巻していたが、その主役は講談社文庫ではなく、角川文庫だったのである。

話を戻すと、一回こっきりのお祭りのはずだったショートショート・コンクールは、〈文庫の投げ込みチラシで宣伝しただけだったにもかかわらず〉五千四百三十三通の応募が集まる大成功となり、宇山さんは、〈下読みに回していた原稿をいったん全部引き上げ、自宅に持ち帰って最初から自分で選考をやり直した〉とか。

この人気を背景に、八一年四月、世界初のショートショート専門誌〈ショートショートランド〉が創刊されるが、季刊誌一冊のために独立した編集部はつくれない。そこで、SF専門の編集部として、新たに文芸図書第三出版部が創設され、文庫出版部から異動した宇山さんたちが編集に携わることとなった（第一が純文学、第二が大衆文学、第三がSF）。

のちに新本格ブームの震源地となる〝文三〟は、講談社ノベルスのためではなく、実はショートショート雑誌とSFのために生まれた部署だったわけだ。この文三から講談社ノベルスが創刊されたのは翌八二年。初期には、山田正紀『闇の太守』や横田順彌『奇想天外殺人事件』が出ている。冒頭で書いたとおり、大森はこのへんのSF編集者期に宇山さんと出会い、親しく接していただくことになる。

僕が新潮社を辞めてフリーになった一九九一年前後から、新本格ブームとともに宇山時代が到来。仕事上の付き合いも増え、なんだかんだで一時は毎週のように顔を合わせて、朝まで飲んだり、一緒にスキー旅行に行ったり、夜中にカウンターでラーメンを食べながら宇山さんの愚痴を聞いたりしていた。

考えてみれば、僕が新本格にずっぽりハマったのは、つねに突拍子もないものを好み、「ＳＦが専門です」と公言する宇山さんのフィルターを通過したミステリだったからかもしれない。ＳＦ育ちの大森が新本格黎明期の興奮を新本格第一世代の作家たちと共有できたのは、宇山さんのお導きだったのである。そう思えば、宇山さんがのちに（ＳＦファン出身の）殊能将之を見出したのも必然か。その殊能将之もすでに亡いが、宇山さんが播いた種は確実に芽を吹き、いまや大きなジャングルに育っている。

まるでただ、眠りにつくように

乙一

講談社ミステリーランドを刊行する際、宇山さんとお仕事をさせていただきました。「かつて子どもだったあなたと少年少女のための――」をコンセプトに掲げた児童書シリーズです。この企画に参加できたことを僕は誇りに思います。

十代後半の頃、新本格ミステリ小説のブームが起きました。数多くの傑作が誕生し、あとがきに書かれていた宇山さんへの謝辞を見て、そのお名前を知りました。当時、福岡県で高専に通っていたのですが、そんな地方に住む読者が把握してしまうくらい、宇山日出臣という編集者の存在は印象的でした。

文芸図書第三出版部が生み出す講談社ノベルスの傑作群。メフィスト賞で発掘される新人作家たち。高専と家を行き来する退屈な日々を過ごしていた僕は、バスの中で宇山さんの作った本を読み、心の支えにしていました。

二十代半ばで上京し、東京で暮らし始めた頃、講談社の方とご挨拶する機会がありました。そこではじめて宇山さんと対面したのです。当時はネットの情報も限られており、宇山さんの顔写真を見たことがなかったので、目の前の人物が宇山日出臣と名乗った時の衝撃は、形容しがたいものがありました。小説の登場人物が、物語の中から出てきたかのような不思議な感慨を抱きました。

ミステリーランドのお誘いを受けたのは、初対面から数週間後のことだったと記憶しています。二〇〇三年初夏、二十五歳の時でした。宇山さんがお亡くなりになる三年前のことです。

宇山さんからお電話をいただき、イタリアンレストランで二人で食事をすることになりました。ミステリーランドの企画をお聞きして、その場で参加を承諾しました。他の執筆陣の錚々《そうそう》たるお名前に尻込みしましたが、この機会を逃すと、一生後悔するような気がしたのです。

食事の席で僕は「宇山さんに申し訳ないことをしたな」という思い出が一つだけあります。飲み物をどうするかと聞かれ、海外のビールを注文したのです。宇山さんはその時、ソフトドリンクを頼んでいました。僕はよく事情を知らなかったので、宇山さんはお酒を飲まない方なのだろうと思いました。

冷えたビールのグラスがテーブルに運ばれてきた時、それを見つめる宇山さんの視線には、緊張や葛藤のようなものがありました。会話をしている時も、僕の前にあるビールから視線を外しませんでした。

知らなかったのです。宇山さんがかつて酒豪だったことを。体を壊し、決死の覚悟でアルコール断ちしていたことを。それなのに、目の前で見せつけるようにビールを飲んでしまった形になってしまいました。後で諸々の事情を把握し、ひどいことをしてしまったと胸が痛みます。ごめんなさい。

宇山さんとの対話で印象にのこっているのは、『星新一ショートショート・コンテスト』のことです。新本格ミステリのムーブメントを起こす以前、宇山さんは星新一先生と親交が深く、ショートショートのコンテストを主催していたと食事の席でうかがいました。

僕は『星新一ショートショート・コンテスト』の受賞作を、中学生の時、むさぼるように読み漁っていました。目の前にいるこの人が主催し、応募原稿を選定していたのかと、おどろきました。

「『〝海〟』という受賞作をおぼえてますか?」

中学時代の記憶を引っ張り出して質問しました。

宇山さんが、はっとした様子で僕を見ました。

「ああ、あれは美しかったなあ」

懐かしむような表情になり、どこか遠くに思いを馳せるように、おっしゃいました。

『星新一ショートショート・コンテスト』第五回最優秀作『〝海〟』。星新一先生から最大の賛辞を受けた傑作。中学生の時、僕はその作品を読んで大いに困惑し、かんがえさせられ、小説の奥深さを知りました。

物語の内容は、ある日、海が広がりはじめて、大陸も、人類の営みも、すべてを飲みこんでいくというものでした。しかし人々はその現象に抵抗することなく、恐怖も描かれず、運命を受け入れるかのように、粛々と海へと身を委ねるのです。まるで、ただ眠りにつくように。

人生の中で、だれかと『〝海〟』という作品について話す日があるなんて。

「他の受賞作は忘れてるのに、なぜかあの話だけはずっと覚えてるんですよ」

「ずいぶん昔にやった仕事なのに。覚えてくれている人がいて良かった。うれしいなあ」

宇山さんは満足そうにされていました。

二〇〇六年五月。講談社ミステリーランド『銃とチョコレート』を無事に刊行することができました。その三ヶ月後のことです。僕は結婚することになり、宮城県にある妻の親類の家へ挨拶に行きました。はじめてお会いする人々に囲まれ、祝福を受け、夜が更けたころ、訃報が届きました。講談社の方から電話があり、宇山さんが亡くなられたと、うかがったのです。

本の刊行までに何度かお会いさせていただきましたが、その時、一緒に過ごした思い出は僕の宝物です。ありがとうございました。

たからもの

小野不由美

宇山さんに最初にお会いしたとき、わたしはまだ自分が小説を書くことになるなんて想像すらしていませんでした。

そのころ——綾辻さんのデビューが決まった前後から、宇山さんは盛んに京都に来られて、京大ミステリ研のメンバーに会っておられたと記憶しています。綾辻に続く作家を発掘したいという意図もおありだったのでしょうが、それ以上に、若い者に会ってミステリや小説の話をすることが無条件に楽しくてたまらない、というふうに見えました。そんな流れの中で、わたしはミステリ研のOGとして（同時に綾辻の配偶者として）初めて宇山さんにお目にかかったのでした。

いろんな小説の話を宇山さんとしました。ミステリの話、ホラーの話、そして児童文学の話。ケストナーやナルニアが好きです、という話をしたとき、跳び上がるようにして喜んでおられたことを鮮明に覚えています。そこから先は曖昧ですが、たぶんわたしは、それらの作品を主に大学の友人から借りて読んだこと、児童文学の多くは高価でなかなか手が届かないこと、ランサムの大ファンで、結婚したとき友人たちに、ランサムの全巻揃いをプレゼントしてもらったことを話したんだと思います。そうしたら宇山さんが、

「じゃあ、ぼくがナルニアをプレゼントしますよ」と、仰《おつしや》いました。

あまりにも気軽な調子で言われたのでびっくりしたし、すごく嬉しかった半面、なにぶん編集者さんとお会いするのは初めてで、どこまでを真に受けていいのかよく分からず、きっと「いずれ」という話なのだろうな、と思っていました。なにしろわたしは、そのころ作家でもなんでもない、ただの読者だったのですから。なのにそれから幾日もおかず、ナルニアの全巻揃いが我が家に届いたのです。しかも、文庫版ではなく、箱入りのハードカバーで！

ものすごく嬉しくて、お礼を申しあげたとき、ハードカバーだったことに感激しました、と言ったら、「当然でしょ」と言われました。箱入りのハードカバーがあるんだから、そっちで当然だ、と。ハードカバーいいよね、箱に入ってるのいいよね、素敵な本はそれだけで嬉しいよね、と。

小説だけでなく、本という媒体そのものがお好きなんだなあ、と思うと同時に、そう仰る宇山さん御自身はノベルスを作ってるんだなあ、と思いました。けれどもそんな宇山さんだからこそ、新本格の装幀はあんなふうになったのでしょう。それまでノベルスの表紙といえば、主要登場人物に女性キャラクターがいようといまいと女性の絵が描いてあるもの、という印象でした。その女性も妙に色っぽい感じで、当時、まだ若かった自分にとっては手に取りにくい媒体だったのです。そもそも「素敵な本」にはなろうとしていない――そんなふうに見えたのですが、それに対して新本格の装幀は、とてもお洒落《しゃれ》で綺麗でした。手に取るだけでちょっと嬉しい、手に入れて本棚に並べると、そこはかとなく宝物感があるよね、という感じがしたものです。

その後、わたしは宇山さんにうかうかと乗せられて、小説を書くことになってしまいました。自分でも想像だにしない展開で、そのまま作家としてやってきた自分がいまさらながら不思議です。

そして、そんなわたしが宇山さんと最後にさせていただいた仕事がミステリーランドでした。ミステリの叢書《そうしょ》、子供向けの、と聞いたとき、ナルニアのことを思い出しました。ハードカバーで箱入りで、と言われて宇山さんらしいな、と思いました。けれども、子供向け、と言っても幅があります。児童文学は「児童」と付いていても、必ず子供向けだとは限りません。「対象読者はどのあたりですか」とお聞きしたら、「ぼく」と一言。

なので本当に宇山さんに向けて書きました。原稿をお渡しして、とても喜んでいただいて、挿画をどうしようかという話になったとき、「村上勉さんはどう?」と仰ったのは宇山さんです。意外な名前に驚いたし、嬉しかった。自分がそもそも児童文学を読むようになったきっかけが、佐藤さとるさんの『だれも知らない小さな国』だったから。「そんなこと可能ですか」と言ったら、大丈夫、と宇山さんは笑いました。村上さんの絵が入った文庫版、それを宇山さんが作られたのだと、そのとき初めて知ったのです。

やがて綺麗な本ができてきました。少なくとも自分にとって、持っているだけで嬉しくなるような本、宝物を手に入れた、と思わせてくれる本です。いまでも『くらのかみ』を手に取ると、届いた段ボール箱の中からナルニアのハードカバーが出てきたときの感動がうっすらと重なって、とても幸せな気分になります。同時に宇山さんとの思い出が蘇って、すごく懐かしい気分になるのです。

恩人

恩田陸

世の中には、人脈とか、人事とか、キーパースンとかに敏感な人と、全くそうでない人がいる。私はもちろん後者だ。転勤族だし、地方出身者だし、いつも物事の中心にいたためしがない。大学時代も体育会系音楽サークル一色で全く世間と隔絶された生活を送っていたし、就職したのも生命保険業界という、これまた特殊な世界のバブル期という特殊な状況で、超多忙。サービス残業どころではなく、会社にいる時間のほうが圧倒的にそれ以外の時間よりも長い、という生活を送っていたので、やはり一般的な世間とは隔絶された社会人だった。

むろん、本だけは子供の頃からずっと読んでいたが、出版界のこととか、ミステリ業界のことなどかはこれっぽっちも知識がなく、最初に応募した小説でデビューしてしまったため、出版の世界にはなんの予備知識もなかったのである。

なので、宇山さんという凄い人がいる、新本格の産みの親で、それまでにもいろいろ伝説的な本を作っている、ということはデビューして、各社の編集者とつきあうようになって初めて知った。

お目にかかったのはほんの数回だけであるが、作家になれた恩人の一人が宇山さんであると、ずっと勝手に感謝している。

もちろん、新本格も講談社ノベルス創刊時からずっと読んできたし、ああ、やっぱりこういうミステリを好きな人はいっぱいいたのだ、やっぱりみんなこういうものを読みたいんだ、出してくれてありがとう、と強く思ったことを今でも新鮮に思い出せる。

が、もっとありがたかったのは、宇山さんが『虚無への供物』の文庫を出すために、それまで勤めていらした会社を辞めて、講談社に入ったという話を聞いたことだった。

ああ、あの本を作ってくれた、誰もが運命的な出会いを果たしたと思い出すであろう『虚無への供物』を、手に取りやすい文庫で出してくれた人なんだ。それだけではない、当時の講談社文庫の黒背のミステリやＳＦは、ほぼ宇山さんが手がけたものだと知って、自分が宇山さんの作った本から多大な影響を受けていることが衝撃だった。

中でも『海外SF傑作選』は、私の好みを決定づけたというか、のちの作家としての方向性まで決めたものだったのだ。

私は早川書房の『異色作家短篇集』と同じくらい、いや、小学生から中学生に掛けては、むしろこちらの『海外SF傑作選』のほうを偏愛していた。今でも手元にあるのは『人間を超えるもの』『未来ショック』『不思議な国のラプソディ』の三冊。特に、『不思議な国のラプソディ』がいちばんのお気に入りで、やはり私のルーツは、ミステリやSFの型にはまりきらない、こういう境界線上の「奇妙な味」系のものなのだと、今振り返ってみるとよく分かる。このシリーズがなかったら、私は今のようなタイプの作家にはなっていなかったのではないかと思うくらいだ。

宇山さん、ありがとうございます。間違いなく、私の小説のルーツのひとつはあなたの作った本にありますし、今も私の小説の中に生きています。

宇山さん渾身の企画、ミステリーランドは、私が最後になってしまいました。私のせいで完結までこんなに時間がかかってしまい、本当に申し訳ありません。

面白がることの天才

笠井潔

宇山秀雄さんとは、角川小説賞の授賞パーティで最初に出遇った。友人が「野性時代」編集部に持ちこんだ『バイバイ、エンジェル』の一挙掲載は一九七九年の春で、授賞式は晩秋だったと思う。式には哲学者の廣松渉氏にも来ていただいた。その十年前、廣松さんの推薦で「情況」誌に長文の評論が掲載され、わたしは二十歳で書き手としてデビューしている。

評論家としても小説家としても、デビューのきっかけは持ちこみ原稿の雑誌掲載で、新人賞などに応募したことはない。原稿を編集部に持ちこんだのがわたし自身でなかった点も、二十歳と三十歳のそれぞれのデビューに共通している。「情況」の古賀暹氏や「野性時代」の見城徹氏など、目のある人に原稿を読んでもらえたのは幸運だった。

評論家デビューの際の恩人に、小説家としてのデビューにも立ち会っていただければと思って、授賞式の招待状を送ることにしたのだが、パーティー会場で廣松さんは、「本当は僕も小説を書きたかったんだ」といって、いつものように豪快に笑っていた。期待を裏切ってマルクス主義の哲学や政治思想から離れ、小説家になろうとしている後進への気遣いだったのかもしれない。

その夜は各社の編集者から山ほど名刺を渡されたが、童顔の講談社文庫編集部員のことをよく覚えているのは、廣松さんとの立ち話を終えたすぐあとにあらわれたからだ。のちに宇山さんは、持ちこみ原稿の『十角館の殺人』を本にして、新本格ジャンルの誕生を先導する。さらに持ちこみ原稿の刊行を制度化するメフィスト賞まで創設してしまう。

評論家としても小説家としてもデビューは持ちこみ原稿だった書き手と、綾辻行人の持ちこみ原稿から編集者として新ジャンルを開拓していくことになる宇山さんだから、既成の評価の網目からこぼれてしまう立場や発想が共通していて、話が合ったのかもしれない。

授賞式で会った「奇想天外」や「SFアドベンチャー」の編集者とは、じきに連載の話なども進んだ。けれども宇山さんの依頼は書き下ろしで、矢吹駆連作の第二作を書かなければならないわたしには応じる余裕がない。とはいえ、その直後から頻繁に顔を合わせるようになった。

　名目は書き下ろし企画の打ち合わせだが、飲みながら文学論や思想論をかわしていた。場所は茉莉花やアンダンテなど新宿の店が多かったが、中井英夫氏のお宅や新婚の宇山家に招待されることもあった。

　八ヶ岳に隠棲するまでの一九八〇年代前半の時期に、毎週のように会っては飲んでいた編集者は、宇山さんと「文藝」編集部の高木有氏の二人だ。しかし高木氏や、角川の担当だった見城氏から自宅に呼ばれたことはない。この二人とは親しくても作家と編集者の関係だったが、宇山さんとは仕事ぬきの友人だった。

　最初に顔を合わせてから二年半して、ようやく宇山さんに一冊目の本を出してもらえた。ただし懸案の書き下ろし小説ではない。一九八二年に講談社から刊行したのは長篇ＳＦ論『機械じかけの夢』で、本音では小説が欲しかった宇山さんにとっては残念な結果だったろう。『復讐の白き荒野』の刊行は一九八八年のことで、最初に依頼されてから九年が経過していた。

　矢吹駆連作の第二作『サマー・アポカリプス』と伝奇ＳＦ長篇の『ヴァンパイヤー戦争』第一巻、評論では『機械じかけの夢』を刊行して気分的に余裕ができたわたしは、妻と長期の海外旅行に出かけることにした。今度はどこに行こうかと考えているとき、それならクレタ島がいいと勧めたのは、ギリシャ滞在歴が長い池澤夏樹だった。

シンタグマ広場横のホテルを根城に真夏のアテネをうろついてから、クレタ島西岸のひなびた漁村で部屋を借りることにした。断崖から見下ろす東地中海は絶景だったが、しかし初冬には村を出発することになる。避暑客用の貸間には暖房設備がないため、寒さに我慢できなくなったからだ。

勝手のわかっているパリに移って、学生運動時代の親友の戸田徹と合流し、『サマー・アポカリプス』の舞台になったピレネーの山村で一夏を過ごすことにした。ちなみにクレタ島の村は『オイディプス症候群』に登場している。

『サマー・アポカリプス』でナディアと駆が滞在するバルベス警部の実家にも、モデルの家がある。その寝室で昼過ぎまで寝坊していると、妻に起こされた。目を擦りながら二階の窓から見下ろすと、小型のレンタカーが玄関前に止まっている。待ちかねていた宇山夫妻の到着だった。

海外旅行は未経験だという宇山さんにその夏の予定を手紙で知らせ、ヴァカンスに誘ってみると、招待に応じるという返事がさっそく届いた。対象はなんであれ、面白がるという才能は抜群の人だった。面白そうなことには一直線という気軽さと行動力が宇山さんの身上で、それがなければ新本格ジャンルも生まれなかったろう。

　わたしと妻と戸田徹、それに宇山夫妻でアンドラやフォワやモンセギュールまでドライブしたことを覚えている。よく晴れた日で、南仏の空は真っ青だった。カタリ派の遺跡見学のためモンセギュールの岩山を頂上まで登った五人のうち、戸田と宇山さんはすでに世にない。三十八年前のモンセギュール訪問のことを思うと、時の流れに茫洋とした気分になる。

ノー・ミステリー

上遠野浩平

その頃ぼくは行き詰まっていた。作家になりたくて小説を書いては投稿して落選して、ということを繰り返していた。書きたいものがなんなのか、自分はどういうものなら書けるのか、そのへんがまったく見えておらずに、ただただ空回りしている印象だった。そんなときに兄から「こういうのも面白いんじゃないか」と薦めてもらったのが新本格系といわれていた推理小説群で、それまでその手の本をほとんど読んでいなかったぼくは、そこにある〝方向性〟に衝撃を受けた。それは当時の売れ線の主流からかなり離れた、擬似古典的で、美学的で衒学的な小説であり、いわゆる現実的で地に足の付いた一般的なミステリーとは違う何かだった。そしてそれらの作品の大半が、宇山さんの編集によるものだったのである。「こういうのも有りなのか」と勇気をもらったぼくは、自分は好きだが既に時代遅れとされていた表現を、それ以降あえて取り入れるのをためらわなくなった。もちろん個々の作品の先生方こそぼくの背中を押してくれたのだが、そのための足場を作って下さっていた宇山さんの仕事がなかったら、ぼくは自家中毒の果てに道を見失っていただろう。ぼくはミステリー全般に関して門外漢であり、目指しているものも性質がかなり異なる。しかしそれでも〝意志〟は伝わってきた。そこでぼくが悟ったこの世の真実は「自分とは違う誰かの行為こそが、新たな道への入り口となる」ということだった。ミステリーの熱狂的愛好者でなかったからこそ、ぼくはそこに未来と可能性を見出せたのだ。

しかしその後、作家になったぼくは宇山さんと仕事をする機会に恵まれることになるのだが、その際に困ったのが、まさにその〝違い〟によるものだった。個人的な見解だが、ミステリーというのは当然、謎についての物語であり、ここでポイントなのがその〝謎〟というのは、読者の大半に「これは不思議なことだ」と納得してもらえるものでなければならないということだ。しかしぼくの目指す小説というのは、なんだかよくわからないことを、延々とわからないまま流し続けて「何が謎なのか、はっきりとはわからない」というものなので、当然そこには謎の解決というミステリーの醍醐味も存在しない。しかし宇山さんはそういうのが欲しいという。

大変に悩みつつもなんとか仕上げて、結果としてその作品『酸素は鏡に映らない』は、ぼくとしてはとても満足のいく、納得できた仕事になったのだが、やはりというか不安は的中して、宇山さんは「ラストがぼんやりしている」という指摘をしてきた。しかしこれはそういう小説なので、としか言い様がなく、困りながらも「では最後にエピグラフを付け加えて、なんか終わりっぽい雰囲気を強調しよう」という修正を加えて、さあこれでどうでしょう、と再提出したのだが、なんということか——その間に宇山さんは急逝されていたのだった。結局作品はそのまま出すことになったのだが、はたしてそれで良かったのかどうか、今でもその気持ちは宙ぶらりんのままで、いっさい解決されていない。このことを宇山さんのお別れ会で愚痴ってしまったら、よりによって綾辻行人先生に「それは辛かったですね」と慰めてもらってしまって、ますます申し訳ないような気持ちになってしまった。

実際のところ、ぼくは今でも行き詰まっている。あの真っ暗闇の中で投稿を繰り返していたときと、先の見えなさという点では大して変わっていない。宇山さんからなんらかのバトンを受け取ることができたのかどうかも、正直わからずにもがき続けている。しかしそれでも、この自分の行為が以前の自分のように、ぼくとはまったく違っている誰かの道を切り拓くことにつながるのではないかと期待しつつ、この原稿も書いている。はたして成果はあるのだろうか。だが残念ながら、この疑問に答えが出ることをぼくは信じられない。この謎に関しては、永遠に解けず、謎のままで終わってしまうだろうと思う。そこにはもはやミステリーのセンス・オブ・ワンダーもなく、やや白けた断絶がある。しかしこういう訳知り顔で安易に悟ったような認識こそが敵であり、ぼくが戦わなければならない相手だと感じているのも事実だ。そんなに推理小説みたいにすぱっと割り切れませんよ、宇山さん、と今でもぼくは心のどこかで愚痴り続けている。応えは無論返ってはこないのだが、それでも問いかけをやめることもないのだろう。しかし、難しい……。

BGM "No Mystery" by Return To Forever

宇山さんが開いてくれた道

加納朋子

この夏何度か、某所のとある窓から一本の滑走路を眺める機会がありました。そこは小型飛行機がひっきりなしに離着陸するのを、高所から見下ろせるベストスポットなのです。眼下に見えるフェンスには、わざわざ脚立を持参して、高級そうなカメラを抱えた人たちが何人も張りついていました。ふふふ、こちらからの眺めの方が素晴らしいわよと、優越感に浸ったりもしました。窓は開かないので、撮影には不向きかもしれませんが。けれど、飛行機や輸送ヘリが離着陸するたびに、あまり興味を持たなそうな若い女性や老婦人も、スマホを取り出して窓越しに動画の撮影をしています。

先日見た母子連れは、未就学児と思しき男子三人と、お母さんに抱っこされた赤ん坊という組み合わせでした。普通なら、お母さん一人で長い待ち時間にとても苦労することでしょう。けれど、男の子たちのお利口だったこと。大きさだけが微妙に違うよく似た背中は、名前を呼ばれるまでずっと特等席の窓に張りついていました。

別な時には、大昔少年だった方々が同じ窓に張りついていて、飛行機にはやはり、多くの人を惹き付ける魅力があるのです。もちろん、私にとっても。

2021年の夏に行われた東京パラリンピックの開会式で行われた、〈片翼の小さな飛行機〉のパフォーマンスは、とても胸に沁み入りました。主演の少女の表現力も素晴らしく、こんな時だからこそ、見ることができて良かったと思いました。真っすぐでわかりやすいメッセージとは別に、ふと感じたことがあります。

――たとえ両翼が揃っていたとしても。勇気や、やる気があったとしても。飛行機はそれ単体では、空を飛べないのだな、ということ。

私が窓越しに見た空間には、飛行機だけでなく、雑草を刈り取る作業車の姿もありました。そこからは見えませんでしたが、きっと管制塔もあって、多くの管制官が日々働いているのでしょう。同じくハンガーには整備士がいて、そもそも飛行機を設計、製造した人たちがいて、空港だって誰かの手により造られ整備されていて……。

多くの人の手によって飛ばしてもらっているのは、私たち書き手も同じです。先のたとえで言うなら、本格ミステリの書き手を空へと導くための滑走路を敷設し整えたのは、宇山日出臣氏と戸川安宣氏のお二方でしょう。

東京創元社出身の私にとって、宇山さんはデビュー後しばらく、少し遠い存在でした。パーティーの日、ホテルのラウンジでそうそうたる方々と和やかにお話しされている様子などを遠く拝見し、「おお、あれがかの有名な」とミーハー心を募らせたりもしていました。けれどその後、様々なイベントでお会いする機会も増え、宇山さんや奥様の慶子さんのお人柄に触れることができました。あの頃は楽しかったなあと思い返す光景の真ん中に、しばしばこの素敵なご夫婦の姿があったのです。

宇山さんとお仕事をしたのは、あの講談社ミステリーランドが最初で、そして最後でもありました。それもご依頼いただいたところだけ。まるで理想の秘密基地について語る子供のような眼をして、コンセプトを説明されていたことをよく覚えています。

それは本当に魅力的なご提案で、その場で二つ返事でお引き受けしたまでは良かったのですが……。書き始めてすぐ、いきなり壁にぶつかってしまいました。子供の頃の自分と向き合うことが、思いのほか、辛かったのです。他にもいくつか要因はあったのですが、書きかけたこの作品は一向に先へと進みませんでした。

――そうして結局私は、間に合わなかったのです。

『ぐるぐる猿と歌う鳥』を出していただいたのは、宇山さんが亡くなられて一年後のことでした。

後日、慶子さんから「とても良かった」と読後のご感想をいただいた際にも、「間に合わなくて、申し訳ありませんでした」と頭を下げることしかできませんでした。

宇山さんが作ってくれた、空へ征くための道を、今も私はよたよたと走っています。相変わらず飛び立つのに時間がかかり過ぎる、とんでもないポンコツな飛行機ですが。それでもいつの日か、どこからか見てくれている誰かを惹き付けるフライトができたらいいなと、切に願っているのです。

すれ違いっ放し

菊地秀行

この本では、沢山の方々が宇山日出臣氏との邂逅を語るに違いない。その成果も、氏の生んだ代表者たる新本格ミステリの錚々が滔々と語るに違いない。

更に新本格の守護者にして仕掛け人の他に、宇山氏には、沈滞していたショート・ショートの分野を活性化させたという大功績がある。つまり、新本格の仕掛け人は、SF、ホラー、奇妙な味の作品群の再生者でもあったのだ。

ミステリーはともかく、ショート・ショートなら、何処かで私と触れ合ってもおかしくはない。

現にショート・ショート界の重鎮、新鋭の活躍の場たる「ショートショートランド」は、私のデビュー前年に創刊されていたのだが、デビュー後も遂に声はかからなかった。実はこっそり依頼を待っていた私は、

とイライラし、ついには、掲載作群を片っ端から、

「まだ来ないなあ」

「なんだこんなの。オレの方がよっぽど面白いぞ」

とこき下ろして憂さを晴らしていた（皮肉なことに、私の商業誌デビューは、双葉社の「ＳＦワールド」掲載のショート・ショートであった）ものである。

そのうち、私は『妖戦地帯1』をもって講談社デビューを果たしたが、これも宇山氏の担当ではなく、やがて別のミステリーシリーズの発進に当たり、はじめて、この名物編集者と顔を合わせたのであった。

これ以降、宇山氏が担当として組んだ企画は、「講談社ミステリー」がある。作家と編集者の結びつきはこうして確たるものになっていく。

ところが、どっちもダメだったのである。私は二冊とも書き上げることが出来なかった。

「ミステリー」のときは、大枚の前渡し金だけ頂戴して、それっきり。我ながら、剃髪でもと反省したが、宇山氏は何も言わなかった。怒りのあまり――というより呆れてしまったのかも知れない。

そのうち宇山氏はその才能にふさわしく、現場を離れてしまった。つまり偉くな

ったのである。文芸第三の部長であった。私の担当者を「バカモノ」と罵る役職だ。

作家と担当者としての関係はここまでだったが、後にもう一作――宇山氏の大型企画「ミステリーランド」のために一冊――『トレジャー・キャッスル』を書き下ろしている。

ところが、二〇〇三年に開始された（最終巻の発売は、なんと二〇一六年！）この企画の進行中に、当の宇山氏が亡くなってしまったのである。

確かに体調が優れないとは聞いていたが、ある日、彼の愛車（車種はさっぱりわからないが、青のスポーツ・タイプであった）に同乗し、首都高速をふっとばして、そのドライビングの鮮やかさとスピード狂ぶりに舌を巻いたことのある私は、少しの異常も感じなかったし、いつ会っても飄々たる姿は変わらなかったのである。

従って、私は仰天した。

「なにィ!?」

と叫んで、しばらくポカンと口を開けていたことは覚えている。しかし、まさか。

細かい事情は省くが、私は亡くなった翌日に、宇山氏のお宅へ伺った。作家の山口雅也氏がいたのは覚えている。私などより遥かに交友が深かった氏は、

「宇山さん、ゆっくり休みなよ」

と悲しげに声をかけていた。

宇山氏は柩に安置されていたが、顔は見えた。

確かに彼のはずなのだが、私には、はっきりそうだとは言えなかった。これはいつもの癖で、誰かの通夜に出かけると、死者が何処かに隠れているような気が、必ずするのである。柩を囲む書架の間から、

「はっはっは、引っかかりましたね」

とあの子供のような笑顔が現われないものかと、私は宇山邸にいる間、考え続けていた。

極端に人嫌いの私にとって、宇山氏のような人物は、驚くべき存在だった。〝新本格の仕掛け人〟と呼ぶのは簡単だが、「新本格」というレーベルを立ち上げ、そればかりか世間に承認させる努力を考えたとたん、頭がおかしくなるくらいだ。無名の新人を見つけ、作品を書かせて、それを会社に認めさせ、何百円という値段をつけて販売する。かくて、何十人という新人が作家に化けていったのだ。

何かね、これは？

宇山日出臣というひとりの男が、それをやってのけた。

作家もひとりで小説を書くが、それとは桁が違う。何だったんだ、あの人は？

先述した「ミステリーランド」の十三年に亘る刊行は、無論、上からの指示もあるだろうが、宇山氏の死後、刊行の責を負った編集者たちが、「宇山さんの企画を潰《つぶ》すな」と一丸となった成果と聞いている。他人《ひと》の足を引っ張ることばかり考えている私にとって、こういう事態はそれこそミステリであった。

実は謎は解けている。宇山氏の笑顔と口調を思い出せば、それが答えだとわかる。

それでも、わからない。彼の成し遂げたことを考えるたびに、謎は深くなるばかりだ。

高み

北村薫

一九八七年といえば、もう三十年以上前になってしまった。俵万智の『サラダ記念日』が話題になり、日本人がロンドンの競売でゴッホの「ひまわり」を五十三億円で買い、野球では西武ライオンズが黄金時代を迎えていた。そんな年だ。

夏もようやく終わり、風の色もかわった九月二十日のこと、朝日新聞のコラムに、綾辻行人という新人の紹介が出た。作品は『十角館の殺人』。《巻末で島田荘司が「あの懐かしい本格物の時代へと帰っていく」ことを予感させる「皮切りの一編となる」と》語っているという。しかも作中に「バールストン・ギャンビット」という言葉が出て来るようだ！

それは雑誌『ＥＱ』に、エラリー・クイーンの評伝を複数で訳載した時、前任者から意味不明としてバトンを渡されたわたしが、命名の由来と意味について、訳注を付し、こういうことだよ――と、解説した用語であった。あれを読んでくれた人がいた、仲間がいたのだと、思った。空の高い、気持ちのいい日だった。町の、時を経て今はなくなった本屋まで歩いて、その本を買いに行った。講談社ノベルスなので、田舎でも売っていたのだ。

それが、宇山日出臣氏の力によって世に出たものであることも、朝日新聞のコラムを書いたのが氏の盟友、東京創元社の戸川安宣氏であることも、全く知らなかった。

宇山氏が開いてくださった流れに乗り、一九八九年、わたしの本も書店に並んだ。出してくださった戸川氏から、うれしい知らせがあった。

「講談社の宇山さんが、編集者としてではなく、一読者としてお会いしたい――といっていましたよ」

これほどありがたい言葉はない。しかし、当時わたしは覆面作家として他との接触を断ち、隠れ蓑の中にいた。宇山氏のことは、しばらくは戸川氏を通して耳にするだけだった。

「宇山さんはね、人もうらやむところに勤めていたんだけど、中井さんの『虚無への供物』を文庫化したいばっかりに、講談社に入り直したんですよ。講談社文庫が創刊されようという時で、面接でその思いを熱く語ったそうです」

塔晶夫は――中井英夫は、本を愛する多くの人にとって、特別な存在だ。その思いは、三浦しをんの就職小説『格闘する者に○《まる》』に、こう書かれている。主人公は、K談社の面接を受ける。《本は、どんなのを読んでいますか》と問われた。

「はい、日本の小説が多いです。最近では中田薔薇彦《ばらひこ》を読んでます」

「売れないなあ」

探偵小説にその名を残し、孤独の中で真摯《しんし》に自分の美的世界を表出しようとあがき続けた偉大な小説家を、横合いから口を挟んだニヤけた野郎は一言で片付けた。（中略）売れる売れないだけで物事を論じて、よくも出版社で働いていられるものだ。

「御社から一冊だけ文庫が出ているはずですけれど」

「ははは一。未《いま》だに残ってんだ。すぐ絶版だろ。読んだことないけど」

そうだろうとも。今まで経験したことがないほどの軽蔑《けいべつ》を覚えた。

裏返せば、そのまま宇山氏への賛辞になる。掛け替えのない人だったとあらためて思う。宇山氏の面接の時には、こんな相手がいなかったのだ。出版界のために、それを喜びたい。

中井英夫は、薔薇十字社から出た『大坪砂男全集Ⅱ』の月報にこう書いている。


かつて高名な推理作家が江戸川乱歩から大坪より才能に乏しいといわれた昔を思い出して立腹し「その大坪なる者はいまどこにおるか」などと記しているのを侘しい気持で読んだのだが、いま、それに答えよう。

大坪砂男は空の高みにいる。


見事な仕事は永遠に残る。心地よい戦慄を覚えずにはいられない。

宇山氏の、ひとつの時代を開き築いた歩みを思う時、我々は逝った氏を思い、その愛した中井英夫の、この言葉を復誦せずにいられない。

編集者宇山日出臣は、——空の高みにいる。

高み

北村薫

秀雄さん

京極夏彦

僕は、宇山さんから「宇山日出臣」の名刺を貰《もら》っていない。

いや——貰っていないのだから、そうしたアイテムがあるのかどうかすら知らないのだが、名刺を戴いた際に、宇山さんが一度出しかけた名刺を引っ込めて、

「あなたにはこっちがイイね」

と、仰《おっしゃ》ったのは能《よ》く覚えている。その後、含羞《はにか》んだような笑みと共に差し出された名刺には、講談社文芸図書第三出版部部長の肩書きがあった。

僕のデビューが決まった時期、宇山さんは未《ま》だ部長に就任していない。思い返すに内示は出されていたのだろうが、部長は別の人だった。担当だった唐木《からき》さんを介して紹介されたのは部長になられてから後のことである。お会いしたのは六月の初めだったと思うので、多分部長になられて直《す》ぐのことだったのだろう。

その時、僕は大層畏《かしこ》まっていたから、宇山さんが名刺を選んだ意味など、到底推《お》し量《はか》れるものではなかった。それ以前に、意味などなかったと考える方が普通だろう。名刺が複数ある場合、刷り上がったばかりの新しい名刺を選んで渡すというのは、至極当然のことである。でも、その後宇山さんはこう続けた。

「こっちはネェ。ある方に戴いた、とても有《あ》り難《がた》い名前なんだけど、面映《おもは》ゆいというか、最近」

——重たい気がしちゃってね。

何のことだか解らなかった。

その後、宇山さんは眼を細めて、

「京極さんはさ、こうやって名刺を渡さない人になってね」

と言った。益々《ますます》意味が解らなかった。

「会社員でもフリーでも、兎《と》に角《かく》名刺渡して仕事するでしょ。それはまァ仕方ないことなんですけどね。所属や肩書きが判らないと困るんだろうから。僕も会社員だから、仕方ないんだけどサぁ——でも、僕が小説家なら作らないナぁ。名刺ナシで通用する在り方がイイよねぇ。だから京極の個人名刺なんか作らないで欲しいナ」

僕は真意を量れぬまま、はあ、と答えた。

宇山さんの逸話や宇山さんとの想い出は数限りなくあるのだけれど、少し関係ないことを綴《つづ》る。

僕には、宇山さんに迚《とて》も能《よ》く似た友人がいた。体格も、物腰も、顔付きまで似ていた。たどたどしい喋《しゃべ》り方も、肝心な局面でシャイになってしまう辺りも、変梃《へんてこ》なものを好む感性も、少々臍《へそ》曲がりな感じも、柔軟なのに意外に頑固《がんこ》だったりするところも、極めて似ていた。高校時代に知り合って、どういう具合か卒業後も付き合いは続き、一時は寝食を共にし、デビュー後は雑務を手伝って貰っていた。

これは偶々《たまたま》なのだが、僕が暇潰しに初めて小説を書いた時、その男もまた、申し合わせたかのように小説を書いていたのだ。

多少気持ちの悪い偶然に笑い合い、交換して読んだ。彼は、講談社に持ち込む前の——つまり改稿前の『姑獲鳥《うぶめ》の夏《なつ》』を読んだ、ただ一人の人物でもあるのだ。

気持ちの悪い偶然というのは重なるもので、驚いたことにというか困ったことにというか、双方、「小説」の二文字を冠した題名を付けていたのだった。僕の第一作は、プロトタイプの段階では『小説・姑獲鳥の夏』という題だったのだ。

「〝小説〟は要らないだろ。読めば判る」

二人同時にそう言った。

初稿を読んでくれた宇山さんも、笑い乍《なが》ら、

「〝小説〟は要らないンじゃなぁい？　だって、読めば判るでしょ」

と、言ったのだった。僕は心の中で笑った。宇山さんはこう続けた。

「僕の注文はそれだけかなあ。後、図面入れたり、章にタイトル付けたりするとそれらしくなるけど、要らない？　目次とかは作り易くなるんだよね」

恐る恐る何も要りません、目次も要りませんと答えると、そうだよね、諒解《りようかい》しましたと、宇山さんは何故か嬉しそうに言ったのだった。

「後は、そう、著者略歴だとかは――どうします？」

略す程の来歴がないですと答えると、宇山さんはまた嬉しそうな顔をした。

それから僕は、宇山さんに誘われて様様な場所に行き、多くの人に引き合わされた。そういう時の宇山さんはいつも酔っていて、愉《たの》しそうだった。ある時。

「惨劇の舞台はさ、燃えちゃうのがいいね。最後は燃え落ちて欲しいんだナぁ」

少し据わってきた眼の宇山さんは三回程そう言った。僕は、あまりにも宇山さんが愉しそうだったので、その時次作として用意していた『鉄鼠《てつそ》の檻《おり》』の舞台を最後に燃やすことにした。宇山さんはその夜のことを忘れていたようで、『鉄鼠の檻』を上梓した際、燃えちゃうのはイイよねえと破顔して仰った。可笑《おか》しかった。

酒場で小説の話をしている宇山さんは、いつも莞爾《にこにこ》していて幸せそうだった。

でも——。

宇山さんは月に一度くらい、電話をくれた。大体は簡単な事務的連絡で、部長職にある人が伝えてくるような内容ではなかった。本来は担当の役割である。どうやらそうした連絡自体は電話をする口実に過ぎなかったようだ。

宇山さんは簡単に用件説明を済ませると——というか極めて簡単な連絡事項ばかりだった訳だけれど——毎回、悩みごとというか愚痴というか、弱音というか、その手のことを滔々《とうとう》と語るのが常だった。具体的な事例の相談ではなくて、概《おおむ》ね仕事が辛いとか、管理職は厭《いや》だとかいう抽象的な内容だった。

「京極さんは前職では中間管理職だったんでしょ。どうでした」

どうと言われても困るのだった。慥《たし》かに僕は、起業する前は広告代理店の制作部副部長ではあったのだが、それは単にそうだったというだけのことだ。

「僕はネ、現場がいいよ。部長職はつまらないし、向いてないんだよね」

語るだに、宇山さんの声は沈んで行くのだった。

気持ちは解らないでもなかった。そうしたタイプの悩みは比較的能《よ》く耳にするものであって、取り分け奇異なものではない。

僕自身は、グラフィックデザインも小説も、組織の設計や運営も、皿洗いも便所掃除も同じように捉え同じように処理してしまう性質《たち》だったので、そうした懊悩《おうのう》は殆《ほとん》どなかった。だからといってアドバイスなんかが出来る筈《はず》もない。そもそも宇山さんは処世の心得なんかを知りたい訳ではないのだ。だから僕は、ただ宇山さんの話をうんうんと聞くだけで、役に立つようなことは何も言わなかった。否定もしなかったが同情もせず、慰めもしなかった。そして決して——励まさなかった。

宇山さんがそうしたことを他の人にも話していたのかどうか僕は知らない。だが宇山さんが電話して来るのは、大抵、部長としての功績を讃えられたり、編集者時代の慧眼を誉められたりした時なのだった。

宇山さんに似た僕の友人は、鬱病だった。

彼は、死んだ。新しい抗鬱剤の治験中に自死したのだった。

宇山さんから電話が来る度、もしかすると僕は深層で彼のことを思い出していたのかもしれない。宇山さんと僕とは、だから何とも奇妙な関係ではあったのだ。少なくとも出版社の管理職と小説家という図式に当て嵌《は》まるものではなかった。

その宇山さんも突然逝《い》ってしまった。淋しい。

宇山秀雄さん、僕は今も——名刺を作っていません。

秀雄さん
京極夏彦

海から流れ着いた手紙

国樹由香

今回の企画を伺ったとき、いち漫画描きである身で宇山日出臣さんとの思い出を語るなどおこがましいのではとずいぶん悩みました。

とはいえ私にとって宇山さんは忘れることなど出来ない大きな存在であり、楽しく刺激的な時間をほんの僅かでもご一緒させてもらえたことに心からの感謝を込め、文章を書かせていただくことにした次第です。

振り返ること一九九〇年代初頭、連れ合いの喜国雅彦（漫画家）と私は、新本格ミステリの沼にハマり次から次へと耽読しておりました。

幸運なことに一九九四年には沢山の新本格ミステリ作家の皆さまと知り合い、親しくなります。その流れで出会えたのが宇山さんでした。出版社のパーティー会場だったでしょうか、

「新本格ミステリ界隈で知らぬ人はいない、あの！」と激しく胸が高鳴ったのを昨日のことのように覚えています。柔らかな物腰がとても嬉しかったことも。

我々夫婦は江戸川乱歩や横溝正史に夢中な子どもでした。様式美ともいえるあの世界が大好きだったのです。そんなこだわりが強すぎて、しばらくミステリから離れてしまった時期もありました。

それを引き戻してくださったのは間違いなく宇山さんの手がけられた新本格ムーブメントです。

「こんな物語を新作で読めるなんて！」

当時の私には映画よりテレビより漫画より娯楽だった新本格。

しかもです。学生時代に繰り返し読んだ中井英夫の『虚無への供物』文庫化に貢献なさったのも宇山さんだと知り、感動で言葉もありませんでした。

あくまでもミステリファンの立場でお会いしていた我々ですが、そのうちミステリ専門誌でいくつか連載を持つようになります。

喜国雅彦の『メフィストの漫画』はそのひとつでした。宇山さんが創設したメフィスト賞でおなじみの小説誌「メフィスト」での連載。ミステリテイストのギャグ漫画でしたが、宇山さんのマニア心もくすぐっていたようで幸せでした。

ところが更なる幸せが待っていたのです。私までメフィスト誌で連載決定。動物漫画を長く描いていたので
「作家さんと暮らす動物たちを取材して漫画に出来たら」

と思ったりしていましたが、あくまでも夢のまた夢。まさか実現するとは思っていなかったのに、お茶をしているとき何気なくその話をしたら宇山さんが
「いいんじゃないかな」

と一言。それで決まりです。ミステリ小説専門誌でありながら、のどかな動物エッセイコミックにゴーサインを出してくれる懐の深さと頭の柔軟さ。感無量で眩暈《めまい》がしそうでした。

何人かの作家さんのお宅には宇山さんも同行してくださいました。その頃は「前部長」だったにもかかわらず積極的に取材を助けてくださり、感謝しか。

パーティー会場などとは違い、少人数での取材です。行き帰りに普段話さないような会話もしました。宇山さんが何と言われたか失念したのですが、私はこう答えたのです。

「喜国さんが死んでしまったら、私も死にたいです」

そしたら宇山さんはとても驚いた表情で
「何でそんな悲しいこと言うの。みんながいるでしょう」

と言われました。この会話はいまだ取れない小骨のように私の喉に引っかかっており、思い出すたび自分の青さと安易さが恥ずかしくなります。今だったら、もっとよく考えてお返事出来るのに。

宇山さんは同じく伝説の編集者である戸川安宣さんと、我が家を訪問してくださったことがあります。探偵小説まみれの本棚をお見せしつつミステリ談義に花を咲かせた記憶が。

宇山さんはお連れ合いとの仲睦まじさも有名でした。この文章を綴りながら思い出すのは、素敵なご夫妻のツーショットです。そのパートナーシップに憧れていましたし、それは今でも変わりません。

二〇〇四年に宇山さんは戸川さんと本格ミステリ大賞特別賞を受賞されます。おふたりの新本格への功績からして、当然すぎる結果です。

そんな本格ミステリの名を冠に持つ賞を、我々夫婦の共著本『本格力　本棚探偵のミステリ・ブックガイド』にいただけたとき、夢のまた夢再びだと思いました。

二〇一七年のことです。メフィスト誌で夫婦それぞれ続けていた二作目に舞い込んだ吉報でした。

宇山さんが切り開いたムーブメントなくしてはありえなかった賞を、ただの読者として楽しんでいた我々が時を経て受賞するなんて。ボトルに入れて海に流したメッセージが拾い上げられ読まれたくらいの奇跡に思えます。

ディストピアのようなこの数年ですが、読書はいつだって自由の翼を持っています。エバーグリーンである本格ならなおのこと。喜国さんは宇山さんに
「いつか書いてね」

と原稿を依頼されていました。講談社ミステリーランドでミステリ小説を書いてねという依頼です。今も我が家にある依頼書を見るたび
「これを実現させないと、遠い未来に合わす顔がない」

と思ってしまう私なのでした。

宇山さん、心からありがとうございました。

宇山さんと星新一

最相葉月

宇山秀雄さんには、『星新一 一〇〇一話をつくった人』の取材でお目にかかっただけだ。しかも刊行を待たずにお亡くなりになってしまったので、拙著をお読みいただいていない。そんな自分に追悼文を書く資格があるのだろうかと思いながら十四年ぶりに自著を読み返したところ、宇山さんが星新一の作家人生において要となる仕事をされていることが次々と思い出され、これはエピソードが重複しても今一度、宇山さんと星新一の関係を新しい読者の方にご紹介すべきだろうと考えて、本稿をお引き受けした。

宇山さんはもともと星新一の全作品を読破するほどの熱烈なファンだった。星先生のことならなんでも聞いてくださいと、快く取材を引き受けてくださった。

昭和四十四年に講談社に入社し、創刊準備中の講談社文庫に配属されるや、宇山さんは部長を説得して東京戸越にある星の自宅を訪ねた。昭和四十一年に三一書房から刊行された『エヌ氏の遊園地』を講談社文庫に入れたい、とお願いするためだった。

　この日、宇山さんは入社して初めての名刺を星に渡している。一枚目は星先生に渡すと心に決め、それまでは誰に会ってもまだ名刺はできていないと嘘をついていたのである。

　純文学の編集者に「ＳＦをやめて文学を書きなさい」といわれたり、ショートショートは文学か否かという議論に巻き込まれたりすることもあった星は、作品を純粋におもしろがる新人編集者に期待するものがあったのだろう、文庫化を快諾した。こうして昭和四十六年十一月、『エヌ氏の遊園地』は講談社文庫ミステリ・ＳＦ部門最初の一冊となる。

「あれは、星さんからぼくへのプレゼントでした」。宇山さんはそう微笑んでいた。

それからまもなく星は、角川書店が『気まぐれロボット』（理論社）を文庫にしたいといっているが、宇山君やってくんないかい、と連絡を入れている。宇山さんは嬉しくて部長に伝えるが、そこまで読者年齢を下げるのはどうかと、あえなく却下されてしまう。

私の取材にあわせて確認してくださったのか、「最新の文庫を買ったら、百四刷ですよ。大魚を逃した気分ですね」と悔しがっておられた。ちなみにその部長は岩波書店から講談社に移ってきた、ＳＦにもミステリにもまったく関心のない人だったそうだ。

星新一の後半生でもっとも重要な仕事が、宇山さんが仕掛けたショートショート・コンテストである。昭和五十六年の講談社文庫創刊十周年に向けた特別企画「推理・ＳＦフェア」を記念するイベント「ショートショート　コンクール」として企画され、選考委員は星新一ひとり、副賞は「星先生と行くエジプト旅行」という豪華さだった。

講談社などの新規参入で第三次文庫戦争といわれた当時、講談社文庫にＡＸ（日本の推理、ＳＦ、ミステリ）とＢＸ（海外の推理、ＳＦ、ミステリ）という二つのレーベルができたのは、新レーベルができるほど星新一の売り上げがあったためである。宇山さんの企画がすんなり通ったのも、それだけの実績を認められていたからだろう。

オイルショック以降、ショートショートの重要な発表媒体であった企業ＰＲ誌が激減して書く場所が減っていたこの頃、再びショートショートがクローズアップされるとあって星は大いに喜び、二つ返事で引き受けた。

　文庫にはさみ込むチラシで宣伝しただけなのに、応募総数は予想をはるかに超える五千四百三十三通に達した。原稿用紙十数枚の作品とはいえ絞り込むのは容易ではない。小説現代新人賞を受賞してからまだ書く場所がなく、筆一本では食べられない新人作家たちが「下読みさん」として一次選考を行ったものの、みなショートショートを読み慣れておらず、反応は今ひとつ。やむなく宇山さんは下読みに回していた原稿をいったん引き上げ、自宅で最初から選考をやり直した。

　編集部で厳選して星に持ち込まれた候補作は、三百数十編。迷った作品は入れておいてといわれたため膨れ上がってしまったのだ。星自身も、星新一が選ぶとわかって応募している人たちだから気は抜けない。宇山さんは星が並々ならぬ情熱を傾けていることをそばで感じとっていた。この時の受賞作に、のちに放送作家として活躍する藤井青銅や佐々木清隆の作品があった。

　一度限りのイベントのはずだったコンクールが、装い新たにショートショート専門誌「ショートショートランド」の連載企画「星新一ショートショート・コンテスト」として継続したのは、コンクールの反響が予想以上に大きかったためである。新しくＳＦ専門の文芸図書第三出版部ができ、宍戸芳夫さんを部長として、文庫出版部からは宇山さんと小島香さんらが異動し、雑誌の編集とコンテストの運営に携わることになった。

　五千編以上の応募作を全員が一度は読もうと決め、三人は必死に読んだ。一か月で四万枚、一日に一千枚以上。宍戸さん曰く、「文庫出版部のほうから、部長が席にいてくれないと困りますと怒られたんだけど、ほんとうに楽しかった。徹夜で読みましたよ」。

　昭和五十六年春に創刊された「ショートショートランド」第一号は、初版七万部が即日完売した。表紙は和田誠、執筆者には阿刀田高、かんべむさし、谷川俊太郎、岸田今日子、北杜夫、都築道夫、眉村卓、吉行淳之介、村上龍、赤塚不二夫といった名前が並ぶ。阿刀田は、「講談社の雑誌の歴史の中でこれが最高」と絶賛したという。

　じつはこの雑誌に、星のショートショートはめったに掲載されていない。自分が書くと星新一の雑誌になってしまう。ショートショートの普及のためには自分は書かないほうがいいと考え、選考に専念したのだ。応募原稿の余白にはいろんな色鉛筆の書き込みがあり、何度も読み返しているようだったという。

　第二回以降の受賞者には太田忠司、井上雅彦、斎藤肇、奥田哲也、矢崎存美らがおり、彼らは宇山さんがのちに創刊する「メフィスト」はじめ多方面で活躍する。ただしショートショートだけでは作家として成立しにくく、多くが長編小説へとスタイルを変えた。

宇山さんは、星がとくに才能に惚れ込んだ大阪在住の江坂遊をよく覚えていた。受賞作「花火」を収録した江坂のショートショート集『仕掛け花火』を講談社ノベルスから刊行した際は、星と江坂の三人でささやかな祝いの会を設けている。この日、出版への祝いとして約束した江坂の第二作『あやしい遊園地』の解説が、星新一最後の作品となった。

宇山さんは、星新一が一〇〇一話を達成したあとの『つねならぬ話』など、余計な描写や形容をそぎ落とした俳句のような晩年の作品群について、「小説の原点に辿り着かれたのではないでしょうか」と評価していた。

山場のない、淡々とした描写だけであっさりと終わるエンターテイメント性のない作品が増え、最近の星新一はよくわからない、もう書けなくなったのでは、という声も聞かれた。だが宇山さんはそうは考えなかった。あのまま書き続ければ、シュールで不条理な、安部公房のような純文学に近い作品が生まれていったのではないか、ともいった。

奇しくも、安部公房は星のデビューの頃を知る編集者たちがライバル視した作家だ。二人の因縁については拙著に譲るが、星をデビュー作からすべて読み込み、共に後進を育て、ショートショートの普及のために伴走した編集者だからこその言葉ではないだろうか。

星新一は執筆過程を編集者に見せず、完成原稿をポンと渡す作家だった。編集者としてはさみしい関係だろうが、それでも心を許した一握りの編集者がいた。宇山さんは間違いなくその一人であり、だからこそ宇山さんには「私の本は文学じゃない。七五三の千歳飴」なんて自虐的な冗談もいえたのだろう。

最後に、私ごとになるが、拙著刊行の二年後、北九州市が創設した小中学生対象の「子どもノンフィクション文学賞」の選考委員に就任した。事務局のがんばりもあって、今や国内外から一〇〇〇通以上の応募がある大きな賞になった。

選考で私が心がけているのは、一作につき三回は読むこと。理由ははっきりしていて、星新一がコンテストの際、必ず三回読んでいたと新井素子さんにうかがったためだ。これは思った以上に大変なことで、最後の最後、四度目の熟読で決定したあとはヘトヘトになる。

文学賞には新しい才能を発掘してプロの作家を育てるという目的があるが、小中学生ではそうとは限らない。ノンフィクションの裾野を広げるためと思ってはいるが、一期一会となることも多い。近年ようやく出版デビューする子どもたちが現れたのは嬉しいことだが、たとえ作家になれなくても、作品を書き上げて第三者に評価された経験が日々を生きる力になればと願うようになり、私自身もこの仕事に励まされていることに気づいた。

星新一や宇山秀雄さんもきっとそうだったのでは。コンテストを支え、育てた人々の想いに少しだけ近づけたような気がしている。

新（人に）本（を）書く（ように仕向ける人）

斎藤肇

「星さんは入選と優秀作のどちらにするか迷ってたんですけど、ボクが優秀作に推したんです」

宇山さんの印象はこの言葉から始まった。『奇数』で星新一ショートショートコンテストの優秀作に選ばれ、九段の会社帰りに講談社まで原稿の持ち込みを始めた頃のことだ。

還暦を過ぎた今なら、この言葉自体の胡散臭さも分かる。けれど、作家を志望する若い（当時）田舎者（継続中）には分かろうはずもない。反射的に「一生ついて行きます」モードが発動して、この呪縛から逃れられなくなったのだった。

宇山秀雄（あえてこの名で呼ぶ）さんは、私にとってそういう人だった。

大学を卒業し、顧客のシステム保守をするフィールドSEとして働きながら、私は子どもの頃からの目標である小説家を目指していた。

件《くだん》のコンテストで受賞できた昭和五十八年、当然ながら持ち込みだってする。この時に相手をしてくれたうちのひとりが、『ショートショートランド』の編集者だった宇山さんで、冒頭の台詞もここで聞いたのである。

大きく人生の変わった年だった。この持ち込み活動を機に、受賞仲間たちと同人誌活動をすることになり、こちらも私の人生に大きく影響することになるのだが、これは長くなるので割愛。

ともかく、プロを意識した仲間たちは皆、宇山さんに読んでもらいたくて頑張って作品を仕上げ、講談社に通ったのだ。

しかし『ショートショートランド』はあえなく廃刊にいたる。私は会社も辞めてしまっていた。

この時、宇山さんは講談社ノベルスの部署に異動する。社交辞令だろうが、「ノベルスになりそうな原稿を書いたら見せて」ときた。ショートショートばかりを書いてきた身にはハードルが高い。のだが、私はやはり宇山さんに原稿を読んで欲しかった。

つまり長編に挑戦しようという気持ちが高まるわけだ。どのみちプロになろうというからには、長編のスキルは必須だ。まずは乱歩賞を獲ろうと、学生時代から温めていたアイデアを書く、と、その前に長編というものの練習をと、サントリーミステリー大賞のための原稿を書いて投稿。さらに満を持して乱歩賞応募。

だが、もちろん受賞するはずもなかった。いずれも予選は通過したものの、候補にさえ届かなかったのだ（この年の前後に、予選通過者を確認してみるなら、後にプロになった人の名前がいくつも見つかる。この頃の新人賞では求められていなかったが、後の時代であれば力を発揮できた人たちがくすぶっていたのだ）。

さて、新人賞の原稿であるが、もしも手書きであったなら大量にコピーする作業に臆して諦めたかもしれない。が、私の原稿は同人誌を作るため（いや、執筆のため）に奮発した、当時としては高額のワープロで作成されており、印刷さえすればコピーを作れる。宇山さんに読んでもらうのも簡単だったのである。

もっとも、宇山さんの評価もさほど高くなかったと思う。

だが、時代は動こうとしていた。

この頃なのだ。あの、『十角館の殺人』が宇山さんの手元にあり、出版のタイミングを待っていたのは。後に新本格（この言葉を、私は宇山さんに提案した記憶がある。）

宇山さんは、それは前例があるからと渋った。だからか最初の頃には、ネオクラシックとかなんとかルビがついていたと思う）と呼ばれるムーブメントは、おそらくまずは表面化していない作者がたくさんいた、という状況によって作られた。だが、この状況をぶち壊すには、十分なインパクトのあるきっかけが必要だった。そうして、そのきっかけをもたらしたのが綾辻行人の登場であり、それを一過性で終わりにしないための、新人の大量投入という宇山戦略だったのである。

ここで私は、作品数を揃えるためにカウントされたに違いない。予選くらいは通れる力量の、わりかし利用できそうな作家候補。そこで宇山さんは言う、

「本格ミステリを書いてください。これは、注文と思ってもらってかまいません」

ああ、なんという恐ろしい口説き文句だろう。まだ素人同然の私を簡単に舞い上がらせ、しかも没にだって出来る口約束。

だが、世はバブルへとひた走る時代。本もよく売れた。もちろん『十角館の殺人』も。まあ、おかげで私も数のうちとしてデビューできた。やはり作品（ないし作者）をたくさん並べるのは重要だったのだ。後に鮎川賞作家が合流し、ムーブメントは勢いづく。わが同人誌仲間たちも流れに乗って本を出してゆく（太田忠司、奥田哲也、井上雅彦といったところ）。宇山戦略がはまったのだ。

ところで私のデビュー作『思い通りにエンドマーク』、実のところ宇山さんは気に

入らなかったらしい。

「ボクは迷ったんですけど、中澤部長がゴーサイン出したので」

実は私、この段階で半ば見限られていたのかもしれない。

でも、そんなことさえ気づかず、それこそ宇山さんが亡くなるまでずっとその重力圏から逃れられないままだった私。思えば恐ろしい人であった。

が、なにより恐ろしいのは、宇山さんの言動は、あくまで計算ではなく天然だったのではないか、と今でも思えてしまう（まったく憎めない）あたりなのだ。

新（人に）本（を）書く（ように仕向ける人）

斎藤肇

お会いできなかった宇山さん

佐藤友哉

お会いしたことがない人の告別式に出席したことがあります。数人の親切な編集者が、宇山氏の告別式が行われる斎場まで連れて行ってくださったのです。

そのとき僕は慣れない喪服に身を固めつつ、さまざまな不安をかかえていて、中でも最も大きなものが、はたして告別式に出てもよいのかというものでした。

僕は生前の宇山氏と交流する機会を持てなかったばかりか、新本格ミステリの歴史観が欠落していました。歴史観がないということは、学ぶべき過去、立つべき場所がないということです。そしてこれはミステリにかぎった話ではありませんが、歴史観を持たない者は、めちゃくちゃな空騒ぎをやるほかなく、僕はまさにそのようなタイプのミステリをメフィスト賞に投稿し、宇山氏が在籍していた時代の文三

（講談社文芸図書第三出版部）からデビューしました。とはいえデビュー後も宇山氏とお会いすることもなく、新本格ミステリの歴史と向き合おうともしてこなかった自分が、告別式に出席する資格があるようには思えませんでした。

　それゆえでしょうか、斎場の記憶はほとんどありません。ただひとつ覚えているのは、とても多くの方々が参列されていたあの光景です。身内の葬式くらいしか見たことのなかった僕は、偉人の死というものを初めて体験するとともに、自分は場違いであることを悟り、祭壇に手を合わせるとすぐに退場しました。

　それから時は流れ、僕はいくつかの別れを経験しました。お世話になった編集者や、ともに戦ってきた仲間を最後まで見送ったあと、喪服姿でグリーン車に乗り、缶ビールを開けながらネクタイを緩めたときなどにふと思うのは、自分の立場がすっかり変わったということ。今の自分は、斎場の片隅でおろおろしている新人作家ではなく四十代の中堅作家で、信頼する編集者や、後輩と呼べる人たちがいるということ。たいした仕事はしてこなかったけれど、それでもだれかに影響をあたえ、今もまだ小説家として生きているということ。そんな自分の人生は、あるひとつの歴史の上に小さく輝く一点であり、ひょっとしたらそれは、新本格ミステリの歴史かもしれないということ。

そう思っているのは僕だけで、すべては気のせいなのかもしれません。だとしても、「新本格ミステリの父」たる宇山氏の追悼文集の末席に名を連ねられたのは事実であり、僕はそれを永遠に誇りに思います。

今や僕も結婚し、小学生の男の子がおります。彼の愛読書ははやみねかおる氏で、どうやら僕よりも、はるかにしっかりした新本格ミステリの歴史観を持っているようです。血脈相承。僕にもバトンをつなぐことができた。宇山氏とお会いすることは叶わなかったけども、縁はあったのだ。子供にはそろそろ、『密閉教室』をすすめてみようと思います。

初対面の不思議な一夜

篠田真由美

これまで他でも書いたり語ったりしたことだが、自分と宇山さんとの関わりというと、どうしてもここから始めないわけにはいかない。一九九一年に第二回鮎川哲也賞に応募して、最終候補に残った『琥珀の城の殺人』が翌九二年に改稿の上東京創元社から刊行され、中井英夫氏の口添えでそれを読んだという彼から連絡をもらったのがその年の十二月。電話口で他にどんな話をしたか鮮明な記憶は無いのだが、「あなたは僕の方の人だと思って」ということばに、なんだか不思議なことをいう人だなあと首をひねった。

さらに「ミステリはなにが好きですか」と聞かれたので「『虚無への供物』です」と答える。そのときの自分はミステリに関してはまったくの不勉強だったのだが、早稲田大学生協の平台で装丁に惹かれて手にした『虚無』は、お守りのように執筆中も繰り返し読み直していた。「どの版で読まれました」「講談社文庫です」「あれは僕が作りました」その声が明らかに誇らしげであったことだけは覚えている。

　数日後バイト先の渋谷で待ち合わせ、お茶や食事をしながら数時間、人見知りの常日頃も忘れ、怒濤の小説談義で時を忘れるというかつてない体験をした。仕事の話もそっちのけで延々と、あれが面白い、あれはしょうもない、これは読みました？　ここがすごいですよね、そうそう！　みたいな話で、初対面の方と終電間際まで盛り上がり続けたのだから、ずいぶんと不思議な一夜だった気がする。

　でもまったく仕事の話が出なかったわけではなく、「やはり過去で外国というのは売りづらいから、現代の日本を舞台にしてミステリを書いてください」といわれた。自分の鮎川賞応募作は18世紀ヨーロッパの雪の城を舞台にしたクローズドサークル本格ミステリで、他に似た作品がないからやってみようという以上の考えはなかったのだが、自分では予想もしなかったことに日本人がひとりも出てこないのが欠点とされた。第二回授賞式の選評では選者の著名評論家氏（疾《と》うに故人なのでお許しを）から、「落選作の悪しき例」として笑い話にされたくらいだから、自分が考えた以上に素っ頓狂なアイディアだったということか。特殊設定なんでもありの現在からは信じがたいかも知れないが、そうした批評がまかり通って誰も不思議がらない時代だった。

　そんな、売りづらい変な作品しか書いていなかった自分の、どこをどう見込んで声をかけてくれたのかはわからない。だが若さゆえの無恥というのは我ながら恐ろしい。宇山さんのところへ次に持ち込んだ原稿のひとつが『ドラキュラ公　ヴラド・ツェペシュの肖像』で、この現代日本でもミステリでもない作品を、なぜか本にしてもらえたことで、さすがに申し訳ない思いに駆られ、苦心惨憺《さんたん》ひねり出したのが、まがりなりにも現代で日本でミステリの『建築探偵桜井京介の事件簿』で、それが幸いにも版を重ねた結果、小説家として一本立ちできたのだから、宇山さんあってこその自分というのは誇張でも何でも無い。

　彼は決して自分の手柄を誇るタイプではなかったが、後になって「僕がいなかったら篠田さんは、創元で西洋時代物ミステリを書き続けて、マニアックな人気は出たかも知れないけど、いまのようにはなれなかったでしょ」と冗談半分のようにいったことがある。それはまったくもってその通りで、講談社に軸足を移したすぐ後、宇山さんは文芸図書第三出版部の部長になられたので、直接担当者として面倒を見てもらったのは『ドラキュラ公』のみなのだが、原稿を読んでも細かい注文や駄目出しをしないのも宇山流だった。そのくせ自分で「筆が急いだかな」「書き切れないのを誤魔化したな」と感じていた部分を、的確に「ここ、もうちょっと」と指摘されるのだから、なかなかに怖かった。

　もう一度宇山さんから直の依頼をいただいて書いたのがミステリーランドの『魔女の死んだ家』で、物語の後半に現れて事件を解決する探偵役は桜井京介である。本編完結の後、京介はどこからともなく現れて、謎を解いて立ち去るさすらいの名探偵となる、という漠然とした構想があり、一足早く後の彼をお目にかけましょう、というほどのつもりだった。宇山さんが情熱を注いだ新シリーズに、渾身の花一輪を添えたい思いは無論のことで、幸い「宇山を喜ばせてください」という声に応えられたと自負したものだったが、まったく思いがけぬ早過ぎる死によって、建築探偵の完結を見てもらうことができなかったという無念は到底消えない。せめてもの代わりに、この『魔女の死んだ家』があるのだから、と思っておのれを慰めながら、京都に旅したときには必ず新刊を手に墓参りをしてきたのだが、いまはそれも叶わぬまま時ばかりが過ぎていく。

新本格ミステリーはどのようにして生まれてきたのか

島田荘司

タイトルにした問いかけに、真っ先に答えるべきはぼくかも知れない。ぼくと、綾辻行人氏だろう。

もともとのきっかけは、ぼくがカッパ・ノベルスに、『高山殺人行1／2の女』という長編を書いている途中で、京都の立命館大学に講演に行ったことが始まりだった。その以前に講談社で上梓していた『斜め屋敷の犯罪』と『占星術殺人事件』が関西の大学のミステリー研究会で話題になっていて、その理由は、綾辻氏の言葉を借りれば、こんなご時世に（清張社会派の呪縛下という意味）、こんな作品を書くことも許されるんだと驚いたからだった。

当時の綾辻氏は、留年か否かがかかった重大な時期で、それどころではなかったらしいのだが、『斜め屋敷の犯罪』の作者が京都で講演するというので、勉強を放り出して立命館に駈けつけた。この時の彼のこういう無理がなければ、新本格のブームはなかったかもしれない。彼らのデビューはもっと散発的なものになり、書き手は二十代の学生のみというような、極端なかたちにはならなかった。

たった今書いている作品の話題にもなって、MGというスポーツカーと、オートバイが出てくるミステリーで、ぼくはオートバイが好きなんだという話をしたら、聴講席から手が挙がり、「乗っているバイクは何ですか」と訊いてきた学生がいた。それが綾辻行人君だった。彼も当時バイクに乗っていたからだが、この質問をもし彼がしなければ、また言うが、あのような新本格のスタートはなかったのではないか。壇上と席とで少しやり取りをして、彼も講演後、ぼくのところに話に来る度胸がついただろうから。

講演後、綾辻氏を交え、学生たちと談笑して親しくなり、彼が「蒼鴉城《そうあのしろ》」という京大ミステリー研の同人誌を一冊くれて、「これにぼく短編書いているので、帰りの新幹線で読んでください」と要求してきた。

その後の彼はまことに強引で、毎日のように電話してきて、短編の感想を訊いたり、創作をしたいから、長編を書いたら読んでくれるかと尋ねたりした。当時はこちらも新人でプロの作家だという気概も、上位者意識もまるでなかったから、彼と友人づき合いが始まり、手に入れたドイツ車で東名高速をひた走って、京都の彼の下宿に遊びにいったりした。

　彼の下宿に泊めてもらったら、処女作『十角館の殺人』の生原稿を読んで欲しいと目の前に差し出され、読みはじめたのだが、法月氏、我孫子氏、小野氏などが遊びにきて、朝まで話し込むからなかなか進まない。そろそろ東京に帰らなきゃと言うと、ダメです、読むまでは帰さない、と喫茶店に引っ張っていかれ、そこで何とか読み終えた。

　そうしたあたふたや、睡眠不足の中での読書だったから、作の美点が充分には実感できず、クロフツの『樽』を読んだ時の印象に似ていた。端正な作風で、傑作らしいことは伝わるが、圧倒的な衝撃は思わなかった。これまでにない仕掛けなのだから、そこをしっかり見通すためには、ああいう環境で読むべきではなかった。東京に帰ってから思い返し、『十角館』が内包する革命的構造がじわじわと実感された。取り立てて叙述のトリックを選んでの彼の戦略が、時代を変え得る力であることが確信されはじめたので、彼に、講談社の宇山日出臣さんを紹介しようかと言ったら、「自分はキティ・レコードの作家育成事業部に所属したので、キティのスタッフが講談社には持ち込んでくれるはずです」という返事があり、そこで宇山氏には、間もなくすごい作品が来ますからね、読んであげてねと伝えた。

　今思えば、こういった一連が、「新本格」という歴史の準備になったわけだが、当時はそんなことは思いもしなかった。宇山氏は、持ち込まれた作の価値を即座に理解してくれ、速やかに出版を決定してくれた。そして『十角館の殺人』は、好評をもって読者に迎えられた。社会派一辺倒の強制で、とりわけ若い読者たちに本格への渇望感が高まっていたという理解でよいと思うが、『十角館』が受けたのは、「本格の至上の形態はヴァン・ダイン流儀の館もの」という了解からのように見え、後続者の作には実際館ものが大量に現れたのだが、綾辻氏の主眼は実はそこにはなかった。外観は館ものと見せていたが、芯の部分は決してヴァン・ダインがやりそうもない叙述のトリックだった。

　以降、館ものを中心軸に、大学ミステリー研から途切れることなく才能の輩出が続いて、みるみるブーミングが発動していった。新本格のスタートは、こういうふうだった。本をよく売ったことには、講談社の底力があった。新本格諸作はすべて新書形態の廉価書物として世に送り出されたが、このジャンルはそれまでカッパ・ノベルスが代表していた。しかし後発の講談社ノベルスが新本格の専用容器化すると、たちまちこれが、他の新書を圧倒するような存在感になった。

それはまず、装丁デザインが優れていたからで、これは辰巳四郎氏の力だった。従来の表紙の概念を壊し、新書本をフラットな面を持つ箱のように見せて、これが新本格諸作を、型破りの斬新な書物群の誕生に演出した。後発ゆえ、ここに常連熟年作家たちのイメージが淡かったことも幸いした。新本格は、幸運にも辰巳氏の才能ピーク時と出遭い、未聞の外観の若々しいパッケージを専用化し、書店の一角で独自の魅力を発揮した。セールス面でも成功し、他方カッパ・ノベルスは、同時代の本格派に対した松本清張氏の「彼らの小説には人間がおらんね」の金言を守って新本格に興味を示さず、対照的に沈むことになった。

宇山日出臣氏というユニークな人材が、その時たまたま講談社文三の部長の椅子にすわっていたという奇跡も、新本格を大ブームとできた理由だ。彼は講談社の長い歴史の中で、編集会議を一度もやらなかった部長として名を遺していて、しかも全然怖くない優しい独裁者でもあったから、講談社文三を、じわじわ新本格専用の部署にしてしまった。が、反対意見は特になかった。もっとも編集会議がないのだから、反対しようもなかったろうが。

以降の宇山氏は、有望新人が現れるとぼくに電話してきて、巻末の推薦文か、帯の惹句を書いてくれと要求した。さらには、ペンネームをつけてくれとも言った。これは綾辻氏たち京大組の筆名を姓名判断で設計し、成功していたからだったが、講談社文三は、まるで宇山氏とぼくの家内制手工業の工房と化して、二人で自由に作戦を練った。こんなことができたのは新本格が、乱歩賞などと較べ、上に期待されていなかったせいだ。が、部長がこの宇山氏でなければ、依然清張呪縛下だった時代だから、こうした一連の型破りは、どれひとつとして許されなかっただろう。これが新本格系の新人が、連射砲のごとく一挙に大量出現できた理由だ。

「清張の呪縛」という言葉も、説明しておくべきだろうか。新本格同様、こちらも日本のミステリーの特殊な出発事情を引きずったもので、ポー、ドイルが開発した探偵小説という新文学が日本に入った当時、日本にはまだ科学警察という発想が育っておらず、ために江戸川乱歩さんは、この文学を日本に定着させるにあたって、日本人大衆が好む江戸の見世物小屋趣味の助けを借りた。ポー、ドイルの作中にも、似た奇形恐怖発想が見られたゆえだが、ために追随者たちは、この文学を、江戸黄表紙の官能趣味開陳を競う文学と誤解し、日本の探偵小説は、電車の中では読めない官能文芸に堕してしまって、文学畑から軽蔑嫌悪された。一挙にこれを払拭してくれたのが松本清張氏の社会派流儀だったから、清張風は、変えるべからざる正義と強弁され、関係者たちは口うるさい強面警官になっていた、そういう現象のことである。だから『占星術殺人事件』は、またしても裸女乱舞の乱歩流官能の再燃につながると多くの関係者が真剣に心配し、猛烈バッシングに精を出した。

加えて当時、「本格」という日本語に定義が用意されていなかったから、乱歩流儀とは無縁の本格探偵小説群も十把ひとからげで文壇から追放され、書いてはいけない不道徳作風とされていて、日本人作家はこの禁止行儀を、理由も解らず厳守したから、文壇に本格作家は一人もいなくなっており、ゆえに始まった「新本格」を支える書き手は、全員が学生か、もしくは卒業したての二十代という珍現象になった。

そういう事情であったため、彼ら新人の人生経験の乏しさや、やむを得ない未熟発想に対する日本流の職人型叱責慣習も間髪を容れずに暴発し、新本格のフィールドは、ブーミングの息の根を止めんとする罵詈雑言で満ち満ちた。そこで宇山部長は、新本格の若者たちを身を挺して守る展開になって、ここまでの献身と愛情行使を為した編集者も、世界の出版界におそらく例はあるまい。この心労は、あるいは彼の、命を縮めたかも知れない。

すべてはわがミステリーの特殊な原点から端を発したもので、まあこういった珍なる経過で新本格は推移したのだが、講談社に宇山日出臣氏がいなければ、この時期の非人情なバッシングによって、新本格が滅んでいたことは確かだ。

二〇二一年七月二十三日

おなじ欠片を抱えている

白倉由美

太陽のまわりを地球が一周して、朝と夜が繰り返します。陽射しが強くなり、季節が変わっていきます。夏です。ウィルスがいるため、他の猫から隔離していると猫のいる部屋でクロゼットを開き、私は衣替えのために服や靴を引っ張り出していました。そのとき、足許にひらりと一通の手紙が落ちました。

誰からの手紙だろう、と差出人の名前をみると、そこには青い万年筆で宇山日出臣、と書かれていました。

手紙は整理して、一カ所にまとめてあるのに、蕗の葉に隠れるコロボックルがひょいと顔を出したように、宇山さんの懐かしくやさしい文字がそこにありました。

もうずいぶん前にいただいた宇山さんからの手紙。そう、宇山さんからは何通もお手紙をいただきました。勿論、私からも差し上げました。デジタルの時代なのに、そんな手間のかかるやりとりは、ちょっとしたいたずらのようでとても楽しかったです。郵便箱をのぞくたびに、いつも少しだけ胸がときめいたことも、いまはもう思い出になってしまったけれど。

宇山さんと初めてお逢いしたのは、私が30歳を過ぎた頃です。漫画を描くことを終わりにして、代わりにラジオの仕事をして。ひとに逢っては別れ、言葉を交わしては、消えて。なにも残らない。夜空に星が流れるように。そう、なにか違う。私がほんとうにしたいことはなんだろう。そんな子どものようなことを夢想するだけで日々を過ごしていました。

初めてお逢いしたとき、私は宇山さんに正直に自分の気持ちを話しました。どうしてでしょうか。でも宇山さんは私を受け止めてくれました。私に「書く場所」を用意してくれたのです。

「なにを書いたらいいですか」と私が尋ねると、宇山さんは「あなたの目からみえることを書いてください」と仰いました。私はきょとんとしました。

「私の、目、ですか」

「はい。他人の目ではなくて、白倉さんからみえることを、書いてください」

ジャンルとか、いま、こういうものが売れているから、ではなく、私の、私だけにみえるもの、を書いてください。

宇山さんはそんなやさしい宿題をくれました。

自分の目でみる。自分で判断する。自分でこたえをだす……。

簡単なことのようですが、それは逆に自分のしらない世界をしってからではないと、できないことでした。

いままでと違う「視点」を持つこと。その「宿題」を抱えながら大学に通い、それまで関心のなかったことにも意味があることも学びました。そして自分の内側を探るように、私は書いていくようになりました。

そんな時、宇山さんは時折手紙をくれました。季節の変わり目に巡ってくる渡り鳥のように、ふわり、と。

諭すように、柔らかいあの口調のまま、「白倉さん、この間の作品、素敵だったけれど、綺麗すぎないかな?」とか、「もっと違った道を歩くと、みつかることもありますよ」といった言葉が記されていました。

明るい、まっすぐな道を歩いてください、といつも手紙からは宇山さんの声がきこえました。けれどそんな日々が続いたのはたった数年でした。

最後にお逢いしたのは大塚が原作を書いたお芝居のときです。お芝居の上演中、宇山さんは廊下の椅子にぽつんとひとりで座っていました。輪郭が儚げで、すこし影がありました。暫く躊躇したのですが、思い切って元気に挨拶して、隣に座らせてもらいました。そのとき、宇山さんから香った匂いが気になりました。夏が終わり、枝からほどける枯れ葉のような悲しい香り。俯いた宇山さんの横顔からそんな匂いがしました。

悲しい予感をかき消すように、わざと明るく、私はこれから書いてみたい小説の話をしました。

「……どうですか、この話」

「うん、いいと思うよ」

「宇山さん、担当についていただけませんか」

宇山さんは開いていた本に視線を落としました。

「今はね、ちょっとばたばたしているから、落ち着いたら、電話するね」

風のような静かな吐息が、ふと別れをいわれたようで胸をしめつけました。

宇山さん、今度、いつ逢えますか。

宇山さん、お手紙、いただけますか。

そう聞けばよかった。

理由をつけて、電話をさしあげたらよかった。

宇山さんが亡くなったときいたのはいつでしょう。

衣替えを終えて、ベランダに出るともう日が暮れていました。夜空には無数の星が煌めいています。私はいつか何処かできいた話を思い出していました。

宇宙にははじめなにもなかった。輝くものはなく、あるのは塵だけ。長い長い時間のあとに、光があつまって小さな星になる。でも星と星がぶつかり、星は大破し、宇宙に欠片が散る。その欠片がまたひとつの物質になり、再び星になる。そして永い時間が過ぎたあと、物質はまた欠片に戻る。だからいま宇宙のなかの存在はすべて星の欠片でできている、と。

宇山さんがいなくなっても、私がいなくなっても、星の欠片は残る。そしてふと手紙がみつかる。なくなったりしない。何処かにいる。きっと、きっと。

そう信じています。

ありがとう、宇山さん。書き続けます。自分の目で、みて、考えて、いつまでも。

追いつけない背中

鈴木真弓

宇山さんが所属する講談社文芸第三出版部で、わたしが編集者として仕事を始めたのは1987年でした。当時の文三は、講談社ノベルスとX文庫ティーンズハートという二つのレーベルを担当していました。ノベルスは主に男性読者向けの推理、冒険、SF、官能小説など多岐に亘るエンタテインメント。一方ティーンズハートは当時新たなブームとなっていた少女小説。先輩編集者たちは、対極のジャンルと日々向き合っていました。

そんななか、宇山さんはノベルスに「新本格ミステリ」という新たな道を拓くために注力する只中にありました。既に大衆文芸として多くの読者をもつブランドであり、それを守り続けることに主眼を置くなかにあって、「挑戦」であり「闘い」でありました。何故、困難な挑戦を続けるのか、その時はまだフリー編集者になりたての自分には理解が及びませんでした。
しかし、いよいよその第一作となる綾辻行人著『十角館の殺人』が刊行されたとき、全てはこのためだったのだと理解しました。発売日、出社前に書店に立ち寄ってみると、ノベルスのコーナーでは初めて目の当たりにする光景が展開されていたことを今も鮮明に覚えています。装丁も帯コピーも「知的」さを纏い、まさに新たなはじまりを感じたのです。著者と時間をかけて物語をつくり、装丁家とも相談を重ねたのは、全てこの瞬間のためだったのだと胸を打たれ、しばらくその場から動けませんでした。奇しくもこの年から、この部署で編集の仕事を始めたことに改めて感謝しました。一年遅かったら、その感動は味わうことができなかったのですから。

ところが、本の作り方については、宇山さんから細かい指導を受けた記憶はありません。宇山さんから初めて預かった、西村寿行著『黒い鯱』のノベルス化もそうでした。冒険小説に馴染のない者が本づくりをするにはハードルが高いものですが、その後も同じく。そのため、作家さんからお叱りを受けたこともありますが、それも学びとなりました。一方で、大作家さんとの打ち合わせに同行させていただくこともありました。原稿を頂戴することが仕事の9割と言われる作家さんに対しても、作品に関わる疑問は率直にぶつける姿勢に驚いたものです。しかし、後日届いた著者校正には、宇山さんの疑問に対して「最小限」の修正で「最大」の応えを返してくださっており、その信頼関係に脱帽したものです。編集者の仕事とは何かを、現場で教えていただいたことは忘れられない。その背中を、ひたすら追っていこうと心に決めたときでした。

しかし、ミステリを語らせれば右に出る者はないという自信に満ちあふれていた宇山さんにも、実は弱点がありました。文三のもうひとつの柱である少女小説には疎かったのです。にも拘わらず、綾辻行人氏の奥様である小野不由美氏にティーンズハートで書いてみては、とお願いしていたのだから見事です。1988年、お原稿をお預かりするも、どう作ればよいか解らないから手伝って欲しいと。それから数年、小野さんの作品づくりをご一緒するなか、1991年に新潮文庫ファンタジーノベルから『魔性の子』が出版されました。その頃、講談社X文庫にはティーンズハートよりも読者年齢層を上げたホワイトハートが立ち上げられており、是非、そこでファンタジーを書いていただきたいと、すぐに相談していました。当時、京都大学推理小説研究会（京大ミステリ研）の作家さんとの打ち合わせには同席させていただく機会はなかったので、繰り返し重ねた相談事は宇山さんに託しました。そのお陰でお預かりしたのが『月の影 影の海』でした。当初、剣と魔法の西洋ファンタジーが主流のレーベルにあっては、ハイブロウで難解との声もありました。それでも、読者に届けたい一心で力を合わせた作品は、それまでの「ファンタジー」に一石を投じることとなります。ここでも、新たな扉を開くときには宇山さんがいらしたのです。

ところが、ようやく出版した直後、機構改革となり、X文庫は独立し文芸第四出版部となったのです。『月の影〜』に続く二作目からは、「一人で頑張ってね」と宇山さんに言われ、いたく心細かったことを覚えています。同じ部署での5年間は終わったのです。

その後、文三では1994年に文芸誌「メフィスト」が創刊されました。その命名の由来は、かつて一緒に編集したティーンズハートの一作、『メフィストとワルツ！』に寄せてのもの。教えてくれた時の宇山さんの得意そうな表情を思い出します。私のリアクションは、「えっ⁉」、そして、「おお‼」。それは、お互いに思い入れのある作品によるものだったからに外なりません。

また、2003年に「講談社ミステリーランド」が創刊。「かつて子どもだったあなたと少年少女のための――」というコンセプトに、それまでの宇山さんの編集活動とは異なる響きを感じて戸惑いましたが、「綺麗でしょ」と得意気な表情で本を手渡され納得しました。その「本」は、宇山さんがやりたかった全てを物語っていたからです。箱入り、ハードカバー、ルビ付き。箱にはイラストを活かす仕掛けがあり、本体の布貼りと花布と栞は統一した色を配し、作品ごとに異なる――市販で合う色がない場合は、この本のために染めているんだよ、と教えてくれたときは、もはや自慢気だった。その美しさと手触りを、改めてこの手に感じています。

編集者は、作家さんが紡いだ大切な作品を、どのように読者へ届けるかが仕事です。その方向性が瞬時に見える作品もあれば難解な場合もある。時にストイックなまでに時間を重ねることはままあり、宇山さんは、「命を削る仕事だね」と、時々仰った。物理的に時間を要することは身体を酷使するけれど、それでも本づくりをする宇山さんは楽しそうでした。ミステリをこよなく愛する宇山さんにとって、作品を世に送り出す仕事は「天職」だったに違いない。

わたしが手掛けた仕事を気に入ってくださったときは饒舌になり、面白い点を褒めてくれる。納得できないときは「ふむ……」と一言。とても解りやすかったものです。

教えを請いたくても、もう叶わない。それでも、最近、面白い「一冊」が出来上がり、これはきっと褒めていただけただろうな、と思っています。気づけば、宇山さんの年齢を越してしまいました。追っても辿り着けない背中ですが、自分の編集者人生の終わりまでに、手掛けたい「ある作品」があります。宇山さんが拓いた道には到底及びませんが、「いいね！」と微笑みながら言っていただけるよう、頑張ってみます。

この仕事の「愉しさ」を教えてくださった宇山さん、ありがとうございました。

ミステリーランドとブックデザイン

祖父江慎

宇山さんと初めてお会いしたのは二〇〇三年頃でした。宇山さんから、墓地の脇道を歩いてその突き当たりに祖父江さんの事務所コズフィッシュがあるのが愉快です、と言われてどう応えればいいのか困ってしまったことを覚えてます。

引っ越したばかりのその事務所にミステリーランドシリーズの企画内容を持ってブックデザインの依頼にいらっしゃった。宇山さんは、じきに定年になるとのことで、最後の仕事としてミステリへの入口を低年齢層へ広げておきたいとのことでした。ミステリから挿絵を外してしまった張本人かもしれない自分だが、挿絵が豊富に入った子どもへの贈り物としての美しいミステリ本を作りたい、と。

伺ってすぐ「それなら、函入りの上製本にしませんか?」って僕は提案しました。しばらくの沈黙の後、「祖父江さん、それだけはすみません、無理なんです」って言われてしまいました。じつは宇山さんは当初、函入りのシリーズで、と考えていたものの、函なしであれば進めてもいいとの会社判断があって、その後も覆すことは難しかったとおっしゃるのでした。

当時は今と違って、本は書店で買うものでした。函に入った本は、書店でお客さんがちょっと中身を見てみたい、と思ってもなかなか気軽にそうはいかないから、基本的に避けるべき仕様だったんです。「じゃあ、二案だしていいですか？　函入りと函なし案。函はなるべく安く作れるように設計しますから」。通らないと分かっているお願いはできません、と宇山さんに言われましたが、二案提案することにしました。

当時のスタッフにあべぴょん（阿部聡くん）がいて、後日ブックデザイン二案のプレゼンをするためにふたりで講談社に行きました。どちらも本体は変わらず、一方はやや贅沢ではありますが通常のカバーと帯。そして函入りのほうは、筒抜けで安価な函（スリーブケース）に二色刷り。帯も兼ねる安価ケースです。丸い抜き型は流用可能にして表1側に穴を開け、バーコードも帯コピーもそこに印刷するというプランです。どちらにしても贅沢なプランだったので、きっとどちらの案も通らないだろうと考えていたのですが、なぜかその会議で函入りに決定したのです。

宇山さんも元々丸い眼をさらに丸くして驚いてましたが、きっと宇山さんの功績に対しての講談社の方々の敬意ゆえだったのではないかと思います。ミステリーランドはこうして恵まれたスタートを切りました。シリーズ名を〝ミステリ〟とするか〝ミステリー〟とするのかで宇山さんは悩んでいましたが、最終的には当初の企画書通りの〝ミステリー〟になりました。
ただ、ロゴマークは最初、仮面舞踏会などに使われるような〝仮面〟を考えられていたのですが、つくってるうちに、僕にはどうもそれが嘘っぽい大人のイメージに思えてしまい、「コウモリマークにしませんか？」とラフを作って提案したんです。すると宇山さんから「このコウモリは何コウモリですか？」と聞かれました。実は深く考えてはいなかったのですが、小学校に現れるコウモリのつもりですと答えると、「形からすると、きっと尾の長いオヒキコウモリですね？　学校にも出現するらしいですよ」と。そうしてロゴマークはオヒキコウモリと決まったのです。

シリーズ出版の途中ではありましたが、二年経ち、定年退職の日が近づくと、宇山さんはコズフィッシュにご挨拶にみえました。そして帰りがけにコウモリマークを指さして「祖父江さん、実はこのコウモリ、僕なんですよ」って突然おっしゃられたんです。意味がわからない僕はポカンとしてしまいました。「お引きこもりなんです。会社勤めをしているときからずっと僕はオヒキコウモリだったんですよ」と笑いながら教えてくれました。

宇山さんのこと

高田崇史

二十年以上も前。

第九回の「メフィスト賞」をいただき、関係者と初顔合わせの喫茶店で、遅れてやって来た宇山さんは席に腰を下ろすなり、

「題名は『QED』がいいんじゃない」

と言われたので、ぼくはひっくり返りそうになりました。百人一首の話なのに、一体どこからそんな題名が？

同席していた編集者も驚き、ぼくも「さすがにそれは……」と丁重にご辞退申し上げたのですが、そのまま宇山さんの意見が通り、結局こうして今も『QED』という題名で、シリーズを続けさせていただいています。今思い返しても、実に不思議な初対面でした。

そんな宇山さんに関して、一生忘れないであろう思い出（告発）があります。

デビュー後は「打ち合わせ」と称して、良く飲みに誘われました。何故か新本格ミステリ界隈は飲酒率が低く、なおかつ呼べばすぐに来る高田崇史ということで、しばしば呼び出されていました。

そんなある日。

やはり飲みに誘われて出て行くと「少年少女だった頃の自分に読ませたい本」というコンセプトで「ミステリーランド」という、一作家一冊書き下ろしのシリーズを考えているから「高田さんもぜひ参加してください」と言われました。

そこでぼくは「書いてみたいテーマはありますけど、一冊ではとても無理です」と言って、作品のあらすじを伝えました。

すると宇山さんは面白がってくれて、

「いいんじゃない。それで行きましょう」

と（酔っ払いながら）ＯＫをもらったのですが、ぼくは一応、念を押しました。

「でも、絶対に一冊じゃ無理です」

「じゃあ……内緒で上下巻にしちゃおう」

「内緒でって——そんなこと、できるんですか」

「断固、平気」

「後で揉めても、ぼくは知りませんよ」

「ぼくも知らない」

ということで「ミステリーランド」史上掟破りの上下巻『鬼神伝』が刊行されました。おかげさまでこの作品は、後にアニメ化もされたのですが、やはり、読者を含めた各方面から色々な意見が宇山さんの元に届いたそうです。

そんな時いつも宇山さんは、

「高田さんは、わがままだからねえ」

と答えていたという事実を後から知りました。

また、この作品を書いている時は薬剤師の仕事もしていたので、睡眠時間も非常に少なく、体を壊して入院してしまいました。しかし締め切りが迫っていたので、病院のベッドから講談社に電話して、宇山さんに現在の状況を伝えると、

「それは大変ですねぇ。お大事にしてください」と優しく言われた後、「でも、締め切りは変わらないから。頑張ってね」

と断言されてしまい、ぼくはベッドの上で、冷や汗を流しながら手書きで原稿を書くという体験をし、改めて執筆業の厳しさを教わりました。

またある日のこと。

例によって宇山さんから、飲みに誘われました。

いつものように色々なお話をしたのですが、普段と違って元気がありません。すると、あろうことか、自分の仕事に関しての悩みや愚痴を聞かされてしまったのです。その具体的な内容については差し控えさせていただきますが、編集者は、結局人間関係の仕事ばかりが主でつまらない（！）といったような話でした。

そこで、

「そんなこともないでしょう」とぼくは言いました。「宇山さんらしくて良いじゃないですか」

「どして？」

「さまざまな個性溢れる音を出す演奏者たちを率いる名指揮者。いわゆる、マエストロです」

と言うと、それを聞いた宇山さんは、突然立ち上がってどこかに行ってしまいました。これはマズイ。何か変なことを言ってしまったかと、一人で焦ってワインを飲んでいると、やがてニコニコと戻って来られて、煙草に火を点けながら言われました。

「今、家に電話しちゃった」

「は？」

「ぼかぁ、指揮者になるのが小さい頃からの夢だったの。初めてそんなこと言われて嬉しかったから、女房に今そう言われたって伝えてきた」

「はあ……」

「飲も飲も」

「はい……」

ということで、その夜は更けていった記憶があります。

その後、宇山さんは体調を崩されて、お酒をご一緒することもなくなってしまいましたが、思い出のどこを切り取っても、ぼくにとっては「素敵な少年」の宇山さんです。

宇山さんを巡るほんのひとくさり

竹本健治

宇山さんと初めて会ったのがいつ、どのようなかたちだったのかよく憶えていない。多分、宇山さんが「ショートショートランド」の編集をしていた1984年の暮れあたり、「パセリ・セージ・ローズマリーそしてタイム」の原稿の受け渡しでお会いしたのではないかと思うのだが、その情景が全く記憶から抜け落ちているのだ。恐らくその頃はまだこちらにとって、あまり印象的な編集者ではなかったということなのだろうか。だから宇山さんが「中井英夫の『虚無への供物』に衝撃を受け、これを自分の手で本にしたいという想いから、勤めていた商社を辞めて講談社に入社した」人物であることを、いつ、誰から聞いたのかもはっきりしない。とにかくそのエピソードを聞いて、ははあ、世の中には僕以上に『虚無』の呪いを強烈に受けた人間がいるんだなと、感心すると同時におおいに心強かったのは憶えている（編集者界の三大ヨッパライの一人という風評ものちに聞いた)。

　それからしばらくのち、以前から知りあいだった綾辻行人君に、僕がエージェントをお願いしていた磯田秀人さんを介して宇山さんが担当につき、『十角館の殺人』でデビューするなりゆきになったのだが、そのために僕も宇山さんに会う機会がどんどんふえていった。結果、東京創元社の戸川安宣さんと連携して新本格ムーブメントが巻き起こり、ミステリシーンが一変したことは今更僕が書くまでもないだろう。

　その頃僕はミステリを離れ、せっせとSFを書いていた時期だったが、この新本格ムーブメントに触発されて再びミステリを書く気が起こり、翌88年から雑誌「奇想天外」に『ウロボロスの偽書』の連載を開始した。ところが90年に「奇想天外」が休刊になり、宙に浮いたところですかさず手を差しのべてくれたのが宇山さんで、翌91年に書き下ろしを加えて、無事刊行できたのだった。

　その頃には宇山さんのお宅にたびたびお邪魔するようになっていた。当時、宇山さん宅には綾辻君も怯えて近づかなかった凶暴な飼い猫「オペラ」がいて、被害を受けなかったのは笠井潔さんと僕だけだったのだが、「笠井さんは威圧してオペラを近づけないんだけど、竹本さんには触られても反応しないんですよね」と感心された。そうそう、宇山さん宅に綾辻君や法月綸太郎君と遊びに行き、僕が教えて夜通しポーカーをやって、法月君が帰りの新幹線代もなくなるほど大負けして、以降「二度とギャンブルはやらない」と彼に誓わせてしまったのも懐かしい思い出。

　のちに宇山さんは野辺山に別荘を見つけてぞっこん気に入り、購入。そのローン返済のために嫌々部長になり、直接編集作業にあたれないことから歩くストレスみたいになっていったことは『ウロボロスの基礎論』に書いたような気がする。ともあれ、その別荘にもたびたびお邪魔したよなあ。宇山さんはそこをお気に入りの作家たちが集うサロンにしたかったようだし、実際、行けばいろんな人が集まって楽しかったこと。ただ、宇山さんにはそうするあいだも現場の仕事ができないストレスがどんどん降り積っていたらしく、とうとう鬱病になってしまったのは間違いなくそのせいだろう。

　小康状態に戻り、ぼちぼち定年でもありということで、社から功労的に、では現場仕事もさせてやろうということではじまったのが「ミステリーランド」のシリーズ。僕が書いた『闇のなかの赤い馬』をいたく気に入られて、「これからほかの作家に注文するとき、これを見本にするように言います」とまで言って戴いたのだが、どうもあとで聞いたところ、いろんな作家さんに同じようなことを言っていたらしい。宇山さん、作家に気持ちよく書かせるのがうまかったものなあ。
そして出し抜けの急逝――。
そりゃないですよ。まだまだこれからじゃないですか。

今でもたびたび思うことがある。これ、宇山さんなら喜んだろうな。今の状況を見たら宇山さんはどう思うだろうな。宇山さんはどう評価するか、聞いてみたいな。宇山さんだったらここでこう動いてくれるだろうにな。今、ここに宇山さんがいてくれたら盛りあがるのにな――。
そんなふうに十五年たってしまった今でも、宇山さんが生きている世界線についつい想いを馳せずにいられないのだ。

宇山さんの轍

巽昌章

○○が大好きだった、××を大層面白がった、△△は大嫌いだった――宇山さんの思い出には、こうした言葉がつきまとう。私自身の乏しい記憶にも、他の方たちの回想にも、目をキラキラさせて好きなものを語る宇山さんの姿がある。一言でいえば、「正しさ」では動かないひと。仮にその裏にプロとしての計算があったにせよ、最初の行動原理は惚れた腫れたであった。

実際、『虚無への供物』を文庫化し、綾辻行人をはじめとする新人作家を世に送り、メフィスト賞やミステリーランドを仕掛けるといった宇山さんの業績を俯瞰すると、どうにも、つながっているようでつながっていない感じである。『虚無への供物』が、新本格世代の作家にとって導きの灯であったことは間違いないし、メフィスト賞は新本格の隆盛なしには実現しなかっただろう。しかし、それらの活動は、伝統の擁護、あるいはミステリの革新といったひとつの旗印のもとになされていたわけではない。私は雑誌「メフィスト」で六年ばかり時評を連載していたが、その間、宇山さんから、何かひとつの方向をめざしてほしいなどと言われたこともない。

かといって、古いものを見捨てて次の売れ筋に飛びつくといったイナゴのようなやり方とも截然と異なっていた。そこには、たとえば、メフィスト賞出身の清涼院流水が新本格作家の間で物議をかもしたように、自己否定をおそれない運動の連続とみるべき面が常にあったからである。動き続け、転がり続ける。その結果としてできた轍をどう解釈するかは、われわれに委ねられているわけだ。もともと、宇山さんはミステリマニアという人種ではなかったから、ミステリはこうあるべきだ、本格はこうあるべきだといった「正しさ」や、一貫性への誘惑から自由だったのだろう。

そんなひとが、いわゆる新本格の仕掛け人になってくれたことは本当に幸いだったと思う。ミステリの世界に、「正しさ」はうんざりするほどあふれているからだ。本格の謎解きは論理的でなければならない、松本清張以降の推理小説はリアリズムでなければならない、といった「正しさ」に始まり、最近では、異世界本格の正しい在り方が論じられる有様である。個々の作家や論者が正しくあろうとするのは止めないけれども、それはしばしば、この狭い世界を息苦しくしてしまう。宇山さんという巨岩は、ごろごろと転がり続けることによって、そんなよどんだ空気を追い払う存在だった。

宇山さんのこと

田中芳樹

今回の企画を受けておどろいたのは、「え、宇山さんが亡くなってもう十五年も経つのか」ということである。記憶力がレッドゾーンに突入した身としては、何とも現実感が湧かなかったのだが、事実そうなのだろう。この間、十五年の間に自分が何事を為しえたかと思うと、赤面するばかりだ。

芸のないことだが、やはり宇山さんとの出会いから述べ始めるべきだろう。べつに劇的なことはない。講談社文芸第三出版部のトップが異動するにあたって、前任の中澤義彦さんから紹介されたのだ。中澤さんは身体も声も大きく力強い人だから、傍に礼儀ただしく坐った宇山さんは、小柄でおとなしい人に見えた。いつどこで、という記憶は赤い霧の向こうである。

「宇山です。どうぞよろしく」

と言ったのは、宇山さんではなく中澤さんだったから、考えてみればおかしいが、感じのよい微笑を浮かべて一礼した宇山さんの姿に、親しみをおぼえながら私も返礼した。こちらが非礼を犯さないかぎり、気持ちよく仕事ができるだろう、と思った。油断してはならなかったのだ。編集者、しかも中澤さんの後任をつとめる人とあっては、凡物であるはずはなかったのだから。

とはいえ、気持ちよく仕事ができるだろう、という予感は的中して、私は叱られることもなく、何冊かの作品を書かせていただいた。主として『創竜伝』のシリーズであったが、原稿をお渡しするたびに、単に「おもしろい」だけでなく具体的に、どこがよい、ここが魅力的だ、と評価していただいて、真にうれしかった。このシリーズを書きつぐ中、「イギリス編」を書くにあたって、私は唐木厚さん、ついでにカミさんと三人で現地取材旅行に行かせてもらえることになったのだが、おりから台風が近づいており、用心のため成田のホテルで前泊することになった。そしてホテルに着くと、宇山さん御夫妻がわざわざ見送りに来てくださったのだ。その誠意には恐縮するしかなかったが、内心ちらと、「こりゃ多少無理な仕事を頼まれても断われないな」と不純なことを考えたのも事実である。この旅行では、「人間の記憶はいかにアテにならないか」という事実を証明するハプニングに逢着するのだが、宇山さんには関係ないことなので省く。

宇山さんとの最後の仕事は、『講談社ミステリーランド』であった。これに参加させていただいたのは、物書きとして生涯の誇りであるが、企画を説明するときの宇山さんの紅潮した頬や、きらめく両眼や、上半身を前のめりにした姿勢は、忘れようもない。「ああ、この人は本当に本が好きなんだなあ」と思い、そういう人に声をかけてもらったのを名誉に思った。一も二もなく「やります、書かせてください」と応えた。

ただ、他の参加メンバーの名前を聞いたとき、いささかならずたじろいだ。この人たちが一室に会したとき、爆弾を一発放りこめば、現代日本のミステリー界は崩壊してしまう。それほどの名人超人ぞろいである。よほど性根をすえてかからねば、名作傑作の中に埋没してしまうだろう。

私はいったん宇山さんに提示していた作品のアイデアを放棄し、何年も「いつかは」と抱えこんでいた作品のプロットを、あらためて提示した。おそるおそるだったのだが、宇山さんは、おどろくほど喜んでくださった。「すごい、すごい、プロットをうかがっただけで心が躍ります。ぜひ書いてくださいよ！　いつまでも待ちますが、一日も早く読みたい！」

えらいことになったぞ、と思ったが、人間、覚悟を決めねばならぬ時もある。自分だけならともかく、宇山さんに恥をかかせてはならない。私はたりない脳ミソをしぼりにしぼって、『ラインの虜囚』なる作品をしあげた。宇山さんが熱烈に賞賛してくださったので、私はかえって心配になったが、さいわいこの作品は好評で、「うつのみやこども賞」なる賞をいただくことになった。栃木県宇都宮市の児童たちが投票して選んでくれたもので、えらい評論家の方たちには関係ない。しかも、シリーズの企画発案者として宇山さんにも特別賞が授与されるというので、出不精の私も喜んで宇都宮まで赴いた。

自分のことはよく憶えていないが、受けとった賞状を高々とかかげた宇山さんの姿は、はっきり記憶している。よかった、すこしだけでも宇山さんに恩返しできた、と思った。

その後、突然の訃報に接した件に関しては、語る言葉もない。お赦しいただきたい。

二〇二一年八月三十一日

宇山さんの思い出——酒のおつきあいだけではない

辻真先

「すばらしい作家が現れました！」

記憶する宇山さんの第一声がそれであった。

1980年代の後半で、場所はたぶん赤坂の福田家だと思う。ぼくは講談社の〝推理特別書下ろし〟シリーズのパーティーで、同席したのはそのシリーズを書く予定の作家のみなさんである。やにわに声をかけてくださったのは、一見すると若手の編集者さんだった。申し訳ないことにぼくはまだ宇山さんの名も承知していなかったが、彼の方ではぼくをご存じだったらしい。とにかくその興奮はただごとではない。ぼくも好きな道だから、熱気にあおられていろいろと話を聞いた。もちろんネタバレはなく、作者の名もしかと記憶にとどめられなかったが——後で思えば、それが『十角館の殺人』であった。

だからぼくは、宇山さんという新本格ミステリのお産婆さんの口から、直に胎児の鼓動を聞かされたことになる。

情けないことにシリーズでの拙作は褒められた出来ではなかったけど、その後講談社ノベルスに参加できたため、編集者宇山さんとのおつきあいもつづいた。せっせとルーチンの原稿を提出するぼくに、宇山さんの点は甘かったと思う。もしかしたら「辻はここまでの物書き」と見切っていたのだろう。それでもぼくのエッセイを目に留めたとき「オヤ」と思ってくれたらしい。「このままダラダラ書き続けては、いずれぼくは自分の座る椅子を見失うだろう」——そんな趣旨だった。次にお目にかかったとき真面目な顔で尋ねられた。

「あんなこと書いていいんですか?」

各社でいくつかシリーズをもっており、まあ売れていたころだと思うが、一方で内藤陳さんの店に集まる気鋭の作者読者を目の当たりにして、強迫観念に駆られていたのは紛れもない事実だった。その証拠に既成の自作とまるで違う鉄道冒険ものを書き溜めていた。シリーズの合間に一年かけて脱稿できた。多少の自信はあったので、おつきあいのあった出版社に持ち込んだ。するとまあ、あっちもこっちも断られた。「うちには合わん」「書いてほしいのはこういうもんじゃない」「枚数を半分にしてくれたら出す」「差別用語が多すぎる」——頭を抱えさせられた。売り込みにまた一年をかけたが、出してくれるアテはどこにもなく、ぼくはとうとう宇山さんに持ち込んだ。彼を後回しにしたのは『サハリン脱走列車』と名乗る拙作が、本格ミステリに遠いため読んでもらうのを躊躇していたからだ。その三日くらい後だったか、顔を見たとたんおそろしくあっさりいわれた。「うちで出しましょ」

半年待たされてから断ってきた出版社もあったので、これには茫然となって、やがてぼくは最敬礼した。上梓された『サハリン』を読んだ徳間書店から、戦争がらみの鉄道長編の注文があり、『あじあ号、吼えろ!』『沖縄県営鉄道殺人事件』などを書くことができた。

ぼくが今でも小説を書いてメシを食っていられるのは、あのときの宇山さんの一言のおかげである。

つきあいのわるいぼくであり、仕事部屋を転々とする身でもあったから、プライベートな関係はどの社の編集さんとも薄い。強いていえば酒好きは人後に落ちないから、その部分では宇山さんと共鳴できた。といっても彼の酒豪ぶりは噂に聞く程度で、サシで呑みまくった体験はほとんどない。各社の編集さんをそのころ仕事部屋のあった松本へお招きしたときも、幹事役のぼくが酔いつぶれては役に立たないと、宇山さんの酒の相手は、松本の美女界でトップクラスの呑んべぇちゃんに頼んでおいた。共に大いに呑んだ彼女から翌日報告を受けた。「私でもダメだった——」さすがの酒豪ぶりであったらしい。

　仕事部屋を熱海に移したとき、宇山さんが若手の編集者を連れて来訪、転居のお祝いを頂戴したことがある。なまじなバーでは対応できないと予想、アニメでご縁があった老舗旅館を予約しておき、日付の変わった時刻まで呑みあったのち、その宿に送り込んだ。お供代わりの編集者さんに聞くと、どうもそこから本腰いれて呑み出したらしい。チェックアウトの時間もなんのその、だったそうだ。長年なじみの宿に了解を得ておいてよかった。宇山さん恐るべしである。

　そのとき頂戴したティーカップのセットは、あいかわらず食器棚に鎮座しているけれど——贈り主の宇山さんはもういない。残念だ。

床屋のシャツ、真紅のシャツ

津原泰水

初対面の夕べ、ポール・スミス自身が撮影したというイスタンブール辺りの床屋の写真が身頃にプリントされたドレスシャツを身につけていたのを亮然と記憶しているのは、宇山さんがそれを欲されてお召しの真紅のシャツとの交換を繰り返し申し出られたからだ。一九九七年、あの時点で既に流行遅れを認識しながら着ていた代物ゆえ鄭重にお断りしたが、後日、なんらかの席で慶子夫人にその話をしたところ、「……かしら？」と赤シャツのブランドを呟いて、「良い物だから交換してもらえば良かったのに」と笑っておられた。僕も大柄には程遠いが宇山さんは一層で、取り替えてもこちらは袖口の釦《ボタン》が留まらない。にも拘らず後々になりお申し出に従っておけば良かったと悔いたのは、赤シャツの価値に心を動かされたからではない。アイリッシュ・パブの片隅で「死者」がどうの「破滅」がどうの「予定日」がどうのとひそひそ話を交わしていた二人組が、そのうち連れ立ってトイレへと消え、やがて衣服を取り替えて出てきたなら、そしてその一連を目撃していた人でも在ったなら、ショートショートと本格ミステリへの貢献者を以て自任する名物編輯者とこれから何を仕出かすか知れぬ無名作家の遭逢に相応しい実にチェスタトン好みの滑り出しだったのに、と時が経つ程に思われそれが現実ではないことが口惜しくなった。所望されたシャツは未だ手元にあり、目にするたび書き上げられなかった作品を思い出したような心地になる。

天性の編輯者である宇山さんの言動は、多くが、作家が自分なりの答を出していくべき謎掛けとなっていた。無意識のうちにそうなってしまう様子で、重ねてシャツ交換の申し出も前後不覚に酩酊のうえ。そのうえ一杯ずつ現金払いするその店で、「僕はもうこのビールの代金を支払いましたか」と幾度となく一万円札をテーブルに出される。

「払われましたよ」

「そうですか」と一旦は仕舞われるが、暫くするとまた内ポケットから財布を出して、「僕はもうお金を払いましたでしょうか」

だんだん自分が試されているような気がしてくる。宇山さんと僕を結び付けたのは、講談社の他部署から依頼されたものの残虐過ぎるとの理由で拒絶された『妖都』を読んでくださった綾辻さんで、じつはその夕べも宇山さんに僕を紹介する為だけに待合せの場に足を運び、しかし他にも用事があるとかで早々に姿を消されていた。巧妙に仕組まれた罠のように夢見心地の、新宿の白夜だった。

「装訂について、なにか腹案はありますか」と、へべれけになる前の宇山さんから問われていた。著者なのだから、苦労して仕上げた小説が認められ晴れて上梓の運びとなったのだから、問われて尤もなのだ。希望を伝えられて当然なのだ。にも拘らずその種の想いを事前に尋ねられたのは、廿四にして拙い少女小説を発表するようになってからの八年で、初めてだった。あてどない遠泳の果て、ようやっと岸に辿り着いたような気がした。しかし想定外だったこの質問に僕は即答できなかった。

「まだ時間はあります。お待ちしますから、駄目元で、云うだけ云ってみてください」

帰宅した僕は書棚からめぼしい本を抜いては床に並べた。百もの書影を椅子の上に立って眺め下ろし、最も輝いていた二冊の装訂者を確かめた。ひとりは池田満寿夫。残念ながら数ケ月前に急逝なさっていた。いまひとりは――。

次に宇山さんと電話で話したとき伝えた。「装訂のお話ですが、可能なら金子國義で」

やや沈黙があり、「古くないですか？」

「古くありません」画集を何冊も持っている僕には確信があった。

「分かりました。では自分で頼みに行ってください」

呆気にとられた。よって数日後、猛暑の中、担当となったばかりのAさんを伴い、緊張に青ざめた顔で大森の金子邸を訪ねたのである。あたかも直訴だ。ところが「自分で頼みにきた作家は初めて」と、この蛮勇が歓迎された。当日の仔細は何度か書いてきたので、ここでは略す。ともかく『妖都』はこれ以上を望むべくもない装訂を得られた。拙著であることを離れた、金子芸術の成果と云って良かった。祝宴の話が持ち上がった。次の訪問時、Aさんが画伯に意向を問うと、悪戯っぽく、

「そろそろふぐが美味しい季節ねえ」

Aさんの顔が強張る。「失礼ながら先生が召し上がるふぐは、いか程のものでしょうか？　つまり予算的には」

「一人七、八万もあれば足りるんじゃないですか？」

いやいや、いかに金子國義とて、そんな高級料理は滅多に食べられなかったのである。しかし講談社の面々は真に受けた。『妖都』の発売日十月三十日に先立って

我々は、築地新喜楽の緋毛氈が敷かれただだっ広い座敷でふぐのコースを胃の腑に詰め込んだ。画伯が伴っていたふたりの助手のおひとりは、のちに養子となる修さんだった。宇山さんは出来立ての見本を手に、ご自分の人生と画伯の人生の交叉を大いに喜んでおられた。自分で頼みに行くよう僕に命じたとき、彼に勝算はあったのだろうか？　結局、尋ねそびれてしまった。それから六本木に繰り出すと、画伯の顔見知りが次々に寄り集まってきて、場は混沌となった。僕は眠くなって途中で梯子を下りたが、Aさんの報告によれば画伯、外が真昼のようになるまで店に流れるソウル・ミュージックに合わせて踊り続け、「講談社からの奢り」と見知らぬ人々に酒を配らせていたそうだ。翌日、Aさんから「昨日は大丈夫でしたか」と問われた宇山さん、神妙に、

「大丈夫です。五十万は行っていません」と答えたという。

たしか亡くなる前年、『虚無への供物』へのオマージュ集『凶鳥の黒影』に寄せた「ピカルディの薔薇」という小説に対しお礼の葉書を賜ったのが、宇山さんとのやり取りの最後となった。河出書房新社へ提出した原稿にどうして宇山さんから「ありがとう御座いました」と云われるのか、暫く解らなかった。中井さんのご担当であったことに思い至り、これが真の編輯者かと感じ入った。

宇山さんの想い出

戸川安宣

宇山さんは、ぼくの三つ歳上だったが、大学卒業後、商社勤務を経て講談社に入られたので、編集者としては一年先輩、ということになる。

大好きな『虚無への供物』を文庫にしたい、という思いを抱いて大手の商社を退社し、講談社に入社した、とうかがったことがある。当時はまだ、講談社に文庫がなかったから、まず文庫の創刊に尽力されたことだろう。

それに対しぼくの方は、大学紛争のゴタゴタで行き場がなくなり、とりあえず、という腰掛け気分で編集者になった。仕事に向き合う姿勢は、天地ほども離れていたに違いない。

小林秀雄先生が編集顧問を務めていた東京創元社は、ぼくが中学生のころ倒産し、かつての総合出版社の俤《おもかげ》を振り切って、海外エンターテインメントを軸にした出版で細々と再建を目指していた。百数十人いた社員が三十人に減り、編集部は入社当時、ぼくを入れて五人しかいなかったから、これなら定年までいても平のママ、本さえ作っていればいいだろう、と太平楽を極め込んでいたのだ。

それが三年もしないうちに、実務は一切しない編集長とぼくとの間の先輩三人が相次いで辞めてしまい、自分の担当以外で何が進行しているのかも碌に知らされていないぼくが、ひとりで本作りを任される事態となった。

流石に会社も慌てて新人を採ってくれたが、わずかの期間とは言え、入社して数年の新米編集者が、その社の刊行物を一人で作っていた時期があったのだから、本人は無我夢中でわからなかったけれど、後で考えると冷や汗ものであった。

そんなこんなで、気がつくと編集部長から社長にまでなったのだから、世の中、なにが待ち受けているかわかったものではない。それでも四十年以上この仕事を続けられたのは、ミステリが、というより紙の本がなにより好きだったからだ。

そんなぼくにとって、宇山さんと出逢い、以後、ご交誼を賜ったのは、まさに人生の僥倖と言うしかない。なにより、静かに相手の話を聞きながら、時折「おう」と感嘆の声を上げ、「滅相もない」と軽くいなすその話術は忘れ難い。麦酒が何よりお好きで、神保町のランチョンでお目にかかることが多かった。

昭和も終わりに近づいた一九八七年、綾辻行人さんの『十角館の殺人』が刊行された。新しい息吹を感じさせる一冊だったが、《新本格》という呼び名は、第二長編『水車館の殺人』まで持ち越された。それを端緒に、一挙に有望新人たちが登場する。

そしてまったくの偶然から、同じ頃、ぼくも創作出版を夢想していた。創元推理文庫を編集していて、ミステリはやはり海外ものが一番、という読者が多く、そういう人たちを満足させる国産の作品を生み出してみたい、という気持が徐々に高まっていたのだ。

きっかけは一九八四年から刊行を開始した《日本探偵小説全集》である。それまで海外作品の翻訳一辺倒だった創元推理文庫に、初めて日本人作家を入れるために考え出した企画だった。中島河太郎先生に監修、北村薫さんに作品選択をお願いし、鮎川哲也先生のお知恵を拝借するため、何度もお目にかかっている内に、先生がその昔、江戸川乱歩をはじめとする推理文壇のお歴々が名を連ねた講談社の《書下し長篇探偵小説全集》の最終巻を、公募最優秀作に当てるという企画に応募し、「鮎川哲也」として再出発した故事に倣い、《鮎川哲也と十三の謎》という企画をスタートしたのである。

期せずして宇山さんの企画を追随する形になったが、これはまったくの暗合である。

宇山さんが半ば現役を引退された時期であったと思う。何の用だったか、お宅にお邪魔したことがあった。鞄から分厚い原稿を取り出した宇山さんが、「まだ、こんな才能が隠れていたんだよ」と嬉しそうに話された。生涯一編集者の矜恃が感じられる満面の笑みだった。それにしても、あれは誰の原稿だったのだろう。

原稿を読みながら、「傑作！」とか、「最高！」といった感想を書き入れるのが宇山流だった、と聞く。誤字やら、よほどの間違いでもない限り、創作原稿には滅多に感想など認《したた》めたことのないぼくは、そんな宇山さんの一言一句がただただ眩しかった。

本来、触れる事のない

奈須きのこ

1991年、秋。私の人生は一変した。

コンビニエンスストアの新刊コーナーに置かれた文庫本を、ただ「デザインがいいから」という理由で手に取った時に。

本の名は『十角館の殺人』。

小説のジャンルは『新本格ミステリ』。

それまで推理小説を1冊も読んでいなかった自称・小説家の卵は、読書後、発熱するほどの興奮と歓びの中にいた。

そこには見たかったもの全てがあった。

娯楽的でありながら学究的であり、
背徳的でありながら倫理的であり、

空想的でありながら、厳格なまでに現実的だった。

わずかな綻びも許さない理論《ロジック》の鎖が物語を支配し、書を手にする者に重力を感じさせる、夢のような読書体験だった。

たまらなかった。それまで培ってきた自分の技術、方法論を押しのけるように、狂ったように『その世界』に傾倒した。

夢のような時代だった。

熱に浮かされたまま『占星術殺人事件』を読み通し、その過酷さ、人生のままならなさに涙した。

指先が震える寒い冬『バイバイ、エンジェル』を読み通し、完璧に張り巡らされた伏線の糸と、最後の紅茶の味を思い浮かべた。

目眩《めくるめ》く猛暑の夏『ウロボロスの偽書』を読み通し、現実と虚構の境界を失い、物語に没入する事の恐ろしさを思い知った。

数え切れないほどの歓びに出会った。

そう裕福ではない当時の私では月に1冊の購入しか許されなかったが、毎月毎月、書店に出向いては『その本棚』を端から端まで見つめ、これは、と思ったものを手に取る時間は、かけがえのないものだった。

その果てに、いつかは対峙しなくてはならないだろう、と覚悟していた『虚無への供物』と対決した。――すべての原典がそこにあった。未明なるものへの恐怖。人間関係が生み出す悲哀。どうしようもない運命の因果。そして、現実への怒りがあった。

恐ろしい物語だった。同時に、美しい物語だった。

著者である中井英夫氏への憧憬。同時に、この物語を『本』として残してくれた、名前も知らない『誰か』に感謝した。

これをより広く世に広めねばならないと決意した人物がいたからこそ、自分のような人間にも『虚無への供物』は届いたのだ。

人物の名前は宇山日出臣。

この後に続く一大ムーブメントの土壌を築いた、一般の読者には意識される事のない、あるひとりの物書きの人生を狂わせてくれた、ひとりの編集者である。

◆

自分にとって、宇山日出臣という人物は宙のような存在でした。

憧れである作家陣がきらめく星であるのなら、

自分にとって、宇山日出臣という人物は宙のような存在でした。
憧れである作家陣がきらめく星であるのなら、
その輝きを掘り起こし、容認し、育成した、暗黒の海であると。

私は宇山日出臣氏とお会いした事はなく、生前の氏を知る術も自分にはありません。多くの方から伝え聞いたひととなりに思いを馳せる事しかできません。

このような席で、そうそうたる面子の中で自分のような物書きが文章を寄せるなど場違いである事を承知していますが、新本格に人生を救われた読者のひとりとして、思いを伝えたいと思います。

黄金の90年代。もう思い出せない別人である『あの頃の自分』の記録を掘り起こし、追悼文とさせていただきます。


素晴らしい青春時代をいただきました。

幾つもの星を送り出してくれた、貴方に感謝を。

宇山日出臣さんと私

二階堂黎人

1

編集者の宇山日出臣さんがいなければ、私などは絶対にプロの作家になれなかっただろう。そういう意味では、感謝してもし切れない存在である。

一九九〇年晩秋。第一回鮎川賞のパーティーが開催された時、私は佳作入選した『吸血の家』について二作目の『地獄の奇術師』を書いているところだった。そこで、「第二回に応募したいのですが」と、東京創元社の戸川安宣氏に報告した。当然、喜ばれると思ったら、「あなたはもうデビューが決まっているから、応募しないでくれ」と言われて唖然となった。江戸川乱歩賞では、前回の最終候補者に投稿を促したり、シード的に優遇したりするようなことがあると聞いていたからだ。

何だかがっかりして、パーティーの席で紹介された宇山さんにこの話をすると、

「じゃあ、書き上がったら見せてください」と言われ、おかげでやる気が出た。

宇山さんの言葉に奮起して、私は、『地獄の奇術師』の原稿を第二回鮎川賞の締め切りまでに書き上げた。『吸血の家』は、相変わらず本になる気配がなく、困惑していた私は、両方の原稿を宇山さんに読んでもらった。

宇山さんという人は、黙っていても売れるようなベストセラーや、単にネームバリューのある作家の作品には、まったく興味がない。変わった作品や癖のある作家が大好きだ。だからか、宇山さんは、正統的な推理ものの『吸血の家』ではなくて、怪人が跳梁跋扈する『地獄の奇術師』の方を気に入り、「こっちを私が出します。二階堂さんのデビュー作にしましょう」と言ってくれたのだった。

しかも、「島田荘司先生に推薦の言葉をいただきます」と言うから、私は目の玉が飛び出るほどびっくりした。読者として、綾辻行人氏や歌野晶午氏、我孫子武丸氏らのデビューの様子を羨ましく見ていた自分が、まさか同じ境遇になるとは思ってもいなかったからである。

島田荘司先生のアドバイスがあり、私は『地獄の奇術師』の冒頭部分を加筆した。その完成原稿を読んだ宇山さんに言われたのは、「〈新本格〉で出すにしても、二階堂さんの作品はレトロすぎる。ノベルス（初版三万五千部）ではなく、単行本（初版一万部）で出して様子を見ましょう」ということだった。

幸い、『地獄の奇術師』は、島田先生の推薦の力もあってすぐに重版がかかり、宇山さんの心配も杞憂に終わった。それで、次の作品からは、無事に講談社ノベルスで出せるようになった。

『吸血の家』の方は、本になる動きがないことを心配してくれた鮎川哲也先生と島田荘司先生が、立風書房に働きかけてくださり、そちらから出ることになった。宇山さんと、立風書房の編集者である成田守正さんを交えて話し合いがもたれ、〈二階堂黎人〉というペンネームは硬すぎる（文字が覚えにくい）のではないか、とか、名探偵である二階堂蘭子の年齢が低すぎるのではないか、とか、検討がなされた。

その結果、ペンネームはそのまま、蘭子の年齢は三歳引き上げて高校三年生にする、というふうに決まった。そして、『地獄の奇術師』が一九九二年八月に、『吸血の家』が十月に刊行されたのである。

2

宇山さんと一緒に仕事をすることになって、すぐに知ったことがある。毎回のことだが、原稿を渡すと、宇山さんはただちに読み、赤を入れて戻してくれるのだ。これが、作家としてはとても嬉しい。というのも、原稿のあちこちに、「おお！」とか「ああ！」とか「なるほど！」とか感嘆文が入っているし、ここはああした方がいい、こうした方がいいと、細かい注意や進言が書き込まれているからだ。

それ故、私は原稿を書く時、まずは宇山さんを驚かしたいと切望した。驚かすことができれば、宇山さんの向こうにいる読者も驚かせるだろうと思い、トリックやプロットを頑張って盛り込んだ。少しでも手を抜いたり、ここの文章は（自分としても不満足だけど）まあ、いいかと書き流したりすると、必ず宇山さんのチェックが入るのも、恐いけれども有り難いことだった。

ちなみに、『吸血の家』の原稿でも、宇山さんに注意された点がある。新興宗教の偽教祖が出て来るのだが、どうせインチキ宗教なのだからと、私は、神道とキリスト教をごちゃまぜにしたようなものを書いた。すると、宇山さんから、「嘘を書く時ほど、本物らしく見えないとだめだよ」との指摘があった。

その時は、私はあまり納得できずに修正を施したのだが、のちに、京極夏彦さんのデビュー作を読んだ時に、「ああ、こういうことだったのか」と、ようやく宇山さんの言葉が理解できたのだった。それほど、京極さんの書く嘘は自然であり、説得力があった。

3

私が、講談社ノベルスから出る二作目の『聖アウスラ修道院の惨劇』を書き上げた少し後のこと。原稿を読み終えた宇山さんから、驚くべきことを言われた。ちょうど、麻耶雄嵩さんの新作『夏と冬の奏鳴曲《ソナタ》』の原稿も入ったので、この二作を中心に、その月の刊行分をすべて〈新本格〉で揃えるつもりだと教えてくれたのだ。

しかも、五作中、四作を自分独りで担当すると言うではないか。あまりの暴挙に、私は一瞬、言葉を失った。「無茶じゃないんですか」と尋ねると、宇山さんは、「でもこれは、〈新本格〉のために絶対にやらなくはいけないことだから」と、速答したのである。

当時の講談社ノベルスは、月に五冊本が出るとして、まだ、その内の一冊か二冊が〈新本格〉という状況だった。一冊だけ担当するにしても——他の月の分の仕事もあるから——大変な労力であることは明らかだ。それを、いっぺんに四冊も進行させるというのだから、不可能ではないだろうかと私は疑ったし、心身面で大丈夫だろうかと心配した。

案の定、宇山さんは、会う度に疲れた表情を見せるようになった。それがどんどん顕著になり、私は健康の具合をその都度問いかけた。ただ、宇山さんの目はギラギラと異様に輝いており、何かに取り憑かれた感じにもなっていて、圧倒されたのも事実である。

そんな時に、もう一つ宇山さんに驚かされた。私の作品のゲラが出て来ると、麻耶さんの作品のゲラも渡されて、「これに赤を入れてみない？」と言われたのだ。

以前、私は、麻耶さんのデビュー作『翼ある闇　メルカトル鮎最後の事件』を読み、あまりの素晴らしさに感激して、宇山さんに電話をした。「麻耶さんは天才ですよ！」と、絶賛の言葉を述べたのだ。きっと宇山さんはそのことを覚えていて、真っ先に、私に『夏と冬の奏鳴曲』を読ませてくれることにしたのだろう、と思った。

私は赤ペンを持って、麻耶さんのゲラを読み始めたが、すぐさま——というより、冒頭の〈鯨幕〉という単語を見た瞬間から——この長編に夢中になった。したがって、赤入れの方はなおざりになってしまった（校閲の仕事は、物語に浸ってはできないものだ）。

　言うまでもなく、『夏と冬の奏鳴曲』は凄まじい傑作だ。数ある新本格ミステリーの作品群の中でも圧倒的に優れているし、芸術性も高い。読み終わって興奮した私はただちに宇山さんに電話をして、「麻耶さんは、〈新本格〉の生んだアインシュタインですよ！」と、大騒ぎした。宇山さんも、「そうだよね。これは革命的な作品だよね」と言い、二人の麻耶作品に対する評価は一致したのだった。

　そして、一九九三年八月。〈スーパーミステリ・ビッグ5！〉と銘打ち、麻耶雄嵩『夏と冬の奏鳴曲』、二階堂黎人『聖アウスラ修道院の惨劇』、竹本健治『ウロボロスの偽書』、井上雅彦『竹馬男の犯罪』、黒崎緑『柩の花嫁』が一気に書店に並び、大いに話題になったのだった。

　竹本さんの『ウロボロスの偽書』は単行本からのノベルス化であったが、『ウロボロス』シリーズの一作目ということで注目すべき作品だった。井上さんの『竹馬男の犯罪』も、技巧的な叙述ミステリーの秀作だった（井上さんは、本格ミステリーをこれ一冊しか書いておらず、残念に思う）。

　宇山さんは、黒崎さん以外の作品四作を、たった独りで手がけたわけだが、やはり体力的、精神的に無理があったようだ。校了までの数日間はほとんど寝ておらず、『聖アウスラ修道院の惨劇』の見本刷りが出て、私に手渡してくれた時の宇山さんは、完全にボロボロになっていた。四冊の本を仕上げたことで、目には満足感と達成感が浮かんでいたけれど、全身は燃え尽きた灰のように真っ白に見えた。ちょうど、ちばてつや／梶原一騎の劇画『あしたのジョー』の最後の場面のように。

何にせよ、宇山さんが仕掛けたこの〈スーパーミステリ・ビッグ5！〉の大成功により、講談社ノベルスの方向性に決定的な変化が生じた。これ以降は、〈新本格〉路線が明確になり、講談社ノベルスの、毎月の刊行における〈新本格〉作品の占める割合がどんどん高くなっていったのである。

宇山さんでなければ生まれ得なかった

西澤保彦

「主人公たちがただひたすらビールをいっしょに飲みながら駄弁り倒すだけ」なんていう冗談みたいな設定でミステリ作品を、しかも短編ではなく長編で実際に書けたら面白そうだなあ、と。そんな我ながら若気の至りにもほどがある着想を得たのは、まちがいなく宇山日出臣氏の存在あってのことだ。

生前の宇山さんとの想い出に関しては拙著『ソフトタッチ・オペレーション』（講談社文庫）の「あとがき」に縷々述べさせていただいているが、やはりわたしにとってビールというキイワードは外せない。初めてお会いしたときから、もう宇山節全開だった。

わたしが高知在住のため、講談社ノベルスからデビューが決まった後もしばらくは宇山さんとも初代担当編集者のKさんとも電話でしかやりとりをしたことがなかったのだが、私用で上京する機会があり、ではついでに今後の打ち合わせも兼ねて直接お会いしましょう、という運びに。ランチタイムに三人で青山のとあるお店に腰を落ち着けたのだが、宇山さんが注文したのは生ビール。

「え。もう飲むの?」と呆れたように発したKさんのひとことは四半世紀経ったいまもなお鮮明に耳に残っている。もちろんわたしもその席で生ビール、いただきました。

それ以来、いろいろなお店、さまざまな場面で宇山さんとビールをごいっしょした。某推理劇イベントの脚本の仕事でクルーズ船に搭乗したときは、あろうことかモーニングの席で瓶ビールを開けたり。

宇山さんとお会いしてビールを飲まなかったことは多分、一度もない。たとえ原稿へのダメ出しのときでさえも常にひょうひょうとした物腰とリズムを崩さない宇山さんとビールを飲むのは、ほんとうに楽しかった。至福のひとときだった。

この楽しさを(特に万年ネタ涸れ状態の身としては)紙の上で再現しない手はないぞとばかりに、まだ三十代で怖いもの知らずだったわたしは『麦酒の家の冒険』(同)を上梓する。大仰なものいいで恐縮ですが、これはまちがいなく「宇山日出臣でなければ決して産み得なかった」作品なのであります。もちろん、そもそもいわゆる新本格という時代の一大潮流の波に乗れていなければ、つまり宇山日出臣氏との出会いがなかったとしたら西澤保彦という作家もまた生まれていなかったでしょうけれど、それはさて措き。

一九九六年に刊行された『麦酒の家の冒険』の親本（講談社ノベルス）は、ゲラの段階で冒頭に「宇山日出臣氏へ」との献辞を入れていた。ところが当時、講談社文芸図書第三出版部の部長だった宇山さんは「現在の立場上、自身の部署でプロデュースした本のなかに、こういうかたちでの露出は差し障りがある」と固辞されたのだ。

もちろんわたしは、えーッと天を仰ぐ。それではなんの意味もなくなってしまうではないか、と落胆していたら、宇山さんは続けて「その代わり、これが文庫化されたあかつきには、喜んでお受けいたします」と言ってくださったのである。

というわけで二〇〇〇年に刊行された文庫版『麦酒の家の冒険』で、親本では削除された献辞を復活させていただいている。ただし「宇山日出臣氏へ」ではなく、「宇山秀雄氏へ」と。

編集者としてではなく、あくまでもいち個人としてお受けしたいとのご意向だった。数々の著作の「あとがき」や随筆のなかで宇山さんのことにたびたび言及しているわたしだが、この本の献辞のみ通名ではなく本名になっているのは、そういうわけなのでした。

最後にひとこと、お断りしておかなければならない。今回この追悼文の依頼を受けたとき、なにかビール以外の話題を選ぶべきなのではないかと、ずいぶん悩んだ。

四年ほど前、わたしは過度の飲酒が原因で自宅で動けなくなり、一時は生死の狭間をさまよった。強制入院させられ、アルコール依存症と診断された。その体験に鑑みると、飲酒癖にまつわるエピソードを一方的に「よき想い出」として対外的に語ることとの是非を考えざるを得ないのである。

たしかにわたしにとってビールとは宇山さんとの想い出と切っても切り離せないものだし、そこにはただただ楽しかったという記憶しかない。しかし宇山さんのご家族や、周囲の関係者にとってビールという単語がなにを意味するか、推し量る術はないのだ。もしかしたら拙文を読んで「飲酒癖を無駄に美化している」と不快に感じられる方もいらっしゃるかもしれない。

そのことを重々肝に銘じたうえで、改めて宇山秀雄氏との思い出をかみしめたい、と。そう思っている。

宇山さんの思い出

貫井徳郎

初めて会ったとき、宇山さんは一編集者だったが、直後に編集長になってしまった。だからぼくは、直接担当してもらったことがない。宇山さんとの付き合いはもっぱらプライベートでのことであり、言ってみれば遊び仲間だった。

今や伝説の編集者として知られる宇山さんを摑まえて「遊び仲間」とは、お前はどれだけ偉いんだと非難されそうだが、当時を知る人なら確かにそうだと思うだろうし、宇山さん自身も喜ぶに違いない。

仕事ではなく遊びでしか付き合いがなかったから、宇山さんに関する思い出は楽しいことばかりだ。ともかく宇山さんは大勢の人がいる場が大好きで、だから嬉しくてつい呑みすぎてしまい、いつも酔っぱらっていた。酔っぱらっている宇山さんは、本当に面白かった。

大爆笑した思い出ならたくさんあるので、紙幅が許す限り披露しよう。あれはいつもどおり、仲間内で集まってお喋りをしているときだった。小説家の誰に怒られたいか、という話になり、各自がそれぞれなるほどと思える名前を挙げた。で、宇山さんにも訊いてみたところ、「○○さん」と奥さんの名前を口にした。

いや、だから、小説家の誰に怒られたいかって話だよ、とみんなでいっせいに突っ込んだが、宇山さんは「うーん」としばらく考えて、また「○○さん」と答えた。宇山さんの愛妻家ぶりは誰もが知っていたので、これはしょうがないと大笑いした。ちなみに宇山さんは、酔っぱらってしまうと人の話をちゃんと聞かない。

同じく、やはり別の日にとりとめのないお喋りをしていたときだ。笠井潔さんが『復讐の白き荒野』を出版したときの話になり、タイトルを決めるのに難航したというエピソードを口にした。笠井さんが考えたタイトルを、宇山さんの上司が気に入らなかったらしい。そのときのことを思い出し、笠井さんは担当だった宇山さんに「作家を守ろうという気はないのか」と迫った。すると宇山さんは、迷わず「ないねぇ」と即答した。その場の全員が笑い転げたのは言うまでもない。

京極夏彦さんの新刊ができて、打ち上げにぼくも呼んでもらったときのことだった。宇山さんはできあがったばかりの京極さんの新刊にサインを求めた。京極さんは達筆なので、サインが実に映える。ちょうどその場には、同時発売の島田荘司さんの新刊見本もあった。すると宇山さんは京極さんに、この本に「島田荘司」とサインしてくれと頼んだ。無茶苦茶な人である。だから宇山さんの本棚には、京極さんが偽のサインをした島田荘司さんの本という、この世に一冊しかないものすごく貴重なサイン本があるのだった。

宇山さんは今でこそ「新本格の父」と呼ばれているけれど、実は本格が好きなのではなく、変な小説が好きな人だった。それならなぜ本格を?と今になってみれば奇妙に思えるが、当時は本格は充分に変な小説だったのだ。今どきこんな時代遅れの本を出すなんて、と眉を顰《ひそ》められるのが宇山さんにとっては痛快だったのだろう。

しかし新本格も市民権を得ると、物足りなくなったのか宇山さんは嬉々として変な本を出し始める。で、ある新人の原稿の話を始めた。

「『一条の光も差さない、漆黒の闇だった』って描写なんだけど、少しすると『目が慣れてきた』って書いてあるんだよね。これ、チェックしていいものかどうか迷ってる」

変な小説が好きな宇山さんは、変な描写も好きなのである。もちろん、その場の全員が「チェックすべきだろ」と突っ込んだ。

会えばいつもそんな調子だったから、宇山さんの訃報を聞いてもきょとんとするだけだった。死がまったく似合わない人だった。葬儀の際は棺に入っている宇山さんを見たくなくて、申し訳なかったがすぐに棺から離れてしまった。

宇山さんに死は似合わない。だからぼくは、棺に入っていた宇山さんの姿は記憶から消し、しばらくご無沙汰しているだけだと思うことにしている。なかなか会う機会がないが、きっと今でも奥さんと楽しく暮らし、毎日酔っぱらっているのだ。

こんな文章を書いていたら、また宇山さんに会いたくなってしまった。

宇山秀雄さんの想い出

野阿梓

宇山さんと初めて出会ったのがいつのことだかよく憶えていない。

たぶん、一九八四年頃だと思う。その年に私の処女作品集が刊行され、ＳＦ関係のパーティなどに出るようになったからだ。氏は、まだショートショートランドの編集をされていたはずで、私は翌年の一月号に慣れないショートショートを一編だけ載せている。イラストは宇野亞喜良氏だった。私は宇山さんにねだって、没になった宇野氏のイラストを一枚もらい、額装して部屋に飾っていた。

これは星新一ショートショートコンテストの発表誌でもある。だがコンテストの発案は宇山さんだと聴いた。この賞出身の作家さんで宇山さんを慕う人も多い。中でも井上雅彦氏や太田忠司氏などはプロパーＳＦ作家と呼んだら失礼だろうが、ＳＦ作家クラブにいるので、私としては仲間意識がつよい。

だが、私自身は、お仕事で宇山さんとご一緒したことは少ない。その割りに非常に親しく感じた編集子だった。これは私だけではないと思うが、私は出版社と作家の関係性で仕事をもらうタイプではない。どの版元にも私のシンパが一人くらいはいて、その人と仕事をする、という感じだった。だが、シンパの人がいなくなると、その版元とも疎遠になるのがこのタイプの難点だ。

ある夜、酔っ払った私が、タクシーで泊まっているホテルへ帰るのに途中まで同乗したことがある。送ってくれたと云うべきか。その時、氏もかなり酔っていたのか、自分は講談社には中途採用で入った外様組で、それまでは商社マンだった。みたいな話をされた。入社の理由が、塔晶夫「虚無への供物」を文庫で出したいから、だったと聴いて、正直、驚いた。日本三大異端ミステリの一つだ。実家にその単行本はあったので当然読んでいたが、文庫は七四年に刊行されて私も買っていた。京都出身で中々自分の本心を打ち明けないが、自分の職掌で新人を発掘しつつ、着実に自身の夢も叶えていく人だと判った。

もう一つの氏の夢が、笠井潔氏のSF評論を本にまとめることだった。

当時の私は間にSF批評家の巽孝之氏をはさんで、笠井潔氏とも面識を得ていた。

笠井氏は、奇想天外誌の連載評論で、おそらく日本で初めて、小松左京SFを思想的な視座から批判的に批評を加えた。これも一読して驚いた。今まで小松氏の存在の大きさに圧倒されて誰もそんな角度から批評しよう、などとは思わなかったのだ。八二年「機械じかけの夢」でその夢はかなっている。

その関係からか、次の仕事が来た。それまで単行本にまとまっていない笠井氏の中短編を集めて一冊の本にし、そこに私が解説を書く。という光栄な話である。宇山さんは、いくら長くなっても載せます、と言ってくれたので、私は本当に非常識なほど長い解説を書いた。

その本「エディプスの市《まち》」の出版記念を兼ねた、ささやかな祝宴を関係者だけで開いた。六本木の店で笠井さん、宇山さん、それに装幀を手がけた宇野亞喜良さんがいた。舞い上がった私がバカスカ開けたワインに笠井さんが酔って倒れてしまい、宇山さんが自分ちに連れて行く、ということになった。自分と初対面の宇野さんの二人だけが街角に残された。宇野さんは空気を察して私を誘い、自分の庭だという六本木のバーでしばらく飲んだ。気づくと灰皿を交換しに来るウェイターが皆、美しい少年だ。私はやおい小説も書くが実際にそっちの気はないので宇野さんに訊ねたところ、店のオーナーの趣味で、この店は普通です。と微笑っておられたが、これも本当かどうか判らない。宇野さんはゲイにもてるのだ。

それはともかく特色ある作家さんにどの人を解説者にするか。その濃やかさで宇山さんの選択眼は第一級で的確だった。荒巻義雄さんの「時の葦舟」の解説を山野浩一氏に委ねた時は人選にまず驚いたが、「本書は夢オチだが……夢はタイムマシンなどに較べたら遙かに科学的である」という名台辞とともに、荒巻さんが自分の最大の讃美者でさえこれほど自分のことを理解してくれてはいない。と感激したほど、かつての論敵の解説は美事だった。そうしたキャスティングの妙が宇山さんの腕だ。

やがて講談社ノベルスの編集に携わることになるが、その頃、私が渋谷の紀伊國屋横の喫茶店で待ち合わせしたら、喪服姿で現れ、今葬儀からそのまま来たと言われた。大変なんでは。と訊くと、僕は外様だからこういう時も派閥とか関係ないんで中立で平気です。と云って悠然としていた。本当に平気だったとは思えない。正統が幅をきかす企業で異端的な人は結局追われる。彼は売れ行きの数字で状況をねじ伏せていたようだ。

ショートショートコンテストと同様、ノベルスでの新人発掘の目利きも鋭かった。新本格ミステリのムーヴメントは島田荘司氏がその名望で新人を庇い、笠井潔氏が運動を理論構築し、宇山氏は発表の場を提供することで成立した。と私は理解している。おそらく、この三人なくして新本格ミステリは無かっただろう。だが宇山さんは、外から見ていて、そうした力んだ姿はなかった。自分の好きなことを仕事にして、自由にやっている印象だった。水面下の苦労を見せなかっただけかも知れない。

九〇年代に入ってメフィスト誌を立ち上げ、なおも宇山さんの夢追いはつづいた。私はSFの書き手なのでミステリ界の運動には参加できなかったが、依頼に応じて「少年サロメ」というジェンダーパニックな中編SFをメフィストに掲載したことがあり、それを表題作に先に書いたショートショートなどをまとめて本にして出して戴いた。それがお仕事としての付き合いの全てだ。

一度だけご自宅にお邪魔したことがある。昼前にフラウと一緒に訪ねると、リビングの床一面に新本格ミステリの方々が寝転がっていて仰天した。知らなかったが前夜彼らを招いて徹夜で語り明かしたらしい。笠井さんや綾辻さん以下、錚々《そうそう》たるメンバーである。そういう私的な関係性をもって作家さんと接しているのだ、と判った。書斎に場所を移して夫人がお茶を淹れてくれた。書斎は豪奢な印象で中央に三島由紀夫全集がどっしりと存在感を示していた。本が心底好きな人の書斎だ。

ところで宇山家にはオペラという白猫がいて、この猫が人見知りなのか、訪れた新本格ミステリのメンバーがことごとく引っかかれた、と聴いた。じゃあ、と私が手を出して喉をさするとゴロゴロと懐く。全員が目を見張っていた。だが、その後トイレを借りた私が用を足して出ようとしたら、ちょうど自分の砂場に用足しに来ていたオペラ君を背後から威かす形になり、結局私も引っかかれた。思わず声を上げると、向こうの部屋で新本格ミステリのメンバーの欣快にたえぬ歓声が上がった。

今となっては、みな懐かしい思い出だ。

ある懐旧シーン

野崎六助

　十五年か。長いとも短いとも、いいようがない。こんな仕儀になるとは……。「こんな仕儀」とは、わたしのほうが、宇山さんを追悼する文集の列に、こうして連なっていることだ。逆のケースばかりを考えていたものだ。

　ある待ち合わせの席での一シーンだった。場所も月日も、よく憶えていない。先に着いていたU氏は、テーブルの上に拡げた書類の束に眼を落としていた。わたしは、席に近づきながら、自然と、そのすがたをミディアム・ショットからクローズド・ショットへと、焦点を絞るようにして視界におさめることになる。編集者がゲラを持ち歩き、珈琲店で仕事をつづける光景は珍しいものではない。

　その時も、座ってから交わした最初の話題は、彼の前にあった、校了間際だというゲラ作品のことになった。わたしは、その作品についてのアウトラインの聞き役にまわったに違いない。じつのところ、U氏が何を語ったのか、言葉としてはまったく何も記憶に残っていなかった。わたしは、耳では、いちおう彼の言を儀礼的に聞き取りながら、眼では、ゲラのページを愛おしげに撫でる彼の指先、時折り活字の並びに視線を落とすさい彼の目元に灯る観音菩薩のような慈愛の念などを追っていた。彼はたぶん、わたしのような頑固者にその作品の魅力を伝え折伏《しゃくぶく》する義務感をいくらか感じていたのかもしれない。言葉では押されるほかなかった。「期待してますよ、宇山さん」と、普段なら口にしない挨拶を三度ほど言ったような気もする。

　とにかく、対面していた彼の、ゲラと一体化したかのような官能的ですらあった半身像。これから書物のかたちを成そうとする作品への「愛」。わたしは、席に着くより前に、その愛の化身になったかのようなU氏を発見し、すっかり魅せられてしまったのだろう。後にも先にも、これほどの「編集愛」が一作品にそそがれた現場を目撃したことはない。わたしがまず感じたのは、白状すれば、憧憬、そして嫉妬だった。編集者をこのような悦楽の境地に運べる作品を一度でもいいから書いてみたい……書けるだろうか、ということだった。

　後日、刊行された当の作品を読んだが、残念なことに、わたしには官能できなかった。気がかりだったので、別の機会に教示を願ったことがある。「何が、どこがいいのよ」などと。しかし、話題を切り替えるタイミングが遅れたせいで、彼の返答の発音はすでにラリルレロが立体交差する蛇行状態にさしかかっていたし、あるいは、こちらのアタマのなかも多重衝突事故にクラッシュしかかっていたので、しっかりと聴き取り、これぞ「新本格の鬼」による山上垂訓の精髄と、さかんにうなずいていたつもりが、一夜明けると泡沫《うたかた》の夢となって霧散していたことだった。酔余の後悔は手遅れだ。

　今となっては、当の作品が誰の何であったかも憶えていない。記憶の冥《くら》い闇のなかだ。これは、私事を綴っているのであって、いわゆる「名編集者の隠れた逸話」を書くものではないから、不正確さも許されるだろう。もちろん、わたしが遭遇したのは、ごく特殊な一回きりのケースであり、彼が担当したすべての刊行本にあふれる「編集愛」をかたむけていた、ということはありえない。とくに、わたしの本などは、かなりの屈託があったと想像するが、それをいいだすと、私事と書誌との境目からはみ出すことになりそうだ。

　物書き稼業の習慣というのか、編集者のいうことはすべて、己れに都合のいい側面においてしか耳に入ってこない。忠告であれ、苦言であれ、毒舌であれ、同じだ。何の巡り合わせなのか、わたしを「育てた」編集者のうち四人が故人になっているが、その三人は申し合わせたように六二歳で他界し、宇山さんがその一人だ。「育てた」というのは語弊があり、こちらの一部分を強力にサポートしてくれた、というほどの意味だ。三人ともわたしより少し年長で、あまり年長すぎないところが気安かったが、それだけ喪失感も執拗につづいた。時には、物事の偶然を気にかけずにはいられなくなる。

これもまた、別の作家の現状がたまたま話題になった時のこと。「この作家がやることなら、すべて許してやろう」と、彼はいった。これは、同様のことを、他の人も聞いているだろうし、いわゆる「編集者の名言」の一つにもなりそうな宣言だ。U氏は編集者は多かれ少なかれ、こういった言葉によって作家を支持するからだ。しかし、一般的な発言をしたのでなく、ある書き手の「暴走」についてコメントしたのだった。「いや凄いね、宇山さん。ブレーキは踏んでやんないの？」と、わたしは不明瞭にいった。安全運転が最上なのかどうか。判断するには、さらに数十年が必要だ。英国の黄金時代にしても、ノックスが断筆しなければ……、バークリーが人並みに安定した家庭生活に恵まれていれば……、フィルポッツが彼にふさわしいリスペクトを受けていれば……、などなどの修正ラインの引き方はいろいろと出てくる。

黒衣と漁夫と編集者

法月綸太郎

商社に勤めていた宇山さんが『虚無への供物』を文庫化するため講談社に中途入社したという逸話は有名だが、その目標を実現した後も、宇山さんの編集者としてのロールモデルは中井英夫だった。とりわけ新人の発掘に尽力し、歌壇／ミステリ界に革命をもたらしたという共通の功績において。

『虚無への供物』の執筆に専念する前、中井英夫は一九四九年一月から六〇年六月までの足かけ十二年、日本短歌社の「短歌研究」と「日本短歌」、角川書店の「短歌」三誌の編集長をつとめている。日本短歌社時代には葛原妙子、中城ふみ子、塚本邦雄、寺山修司ら多くの新人を送り出し、角川時代にも春日井建、浜田到らを発掘した。中井英夫という編集者は、戦後の現代短歌シーンを牽引した凄腕の仕掛け人だったのである。

編集者時代の中井英夫は「歌舞伎の黒衣《くろご》さながら、つとめて表へ出まいとし、本名で短歌評論を書いたり歌集の月旦をしたりということはなるべく慎んできたものの、なにぶんにも長い年月なので、その間、匿名あるいは記者として書き綴った文章は相当の量にのぼる」という。その折々の雑文を〝黒衣の弁〟として整理し、一冊にまとめたのが『黒衣の短歌史』（一九七一年）だ。いうまでもなく、編集者のバイブルとして宇山さんがずっと座右に置いていた本である。

同書の創元ライブラリ版解説「短歌にえらばれた使徒・中井英夫」で、歌人・批評家の菱川善夫は右記の新人たちの名を挙げながら、「それにしても、中井英夫は、よくも独断で中城ふみ子をえらんだものだ。中城ふみ子にかぎらず、（中略）すべて他人の眼鏡を借りることなく、独断で一切をおこなった」と記している。さらに菱川は当時の中井がおかれていた孤立状況を引いたうえで、「年功序列を重んじ、誰も新人を欲していない『全歌壇』を相手に、たった一人で（中略）『短歌革新』に挑戦したのだから、それはほとんどテロリストの戦いに近いと言ってよい」と書きつける。

「独断で一切をおこなった」「テロリストの戦い」というと物騒に聞こえるが、ポイントは編集者が自分で選ぶということである。「この原稿募集は、下読みの人間がいない、直接、編集者が読んで、いい作品を決めるというのが一番の特徴だと思います」（「メフィスト」一九九五年八月号）。宇山さんが持ち込み原稿やメフィスト賞の募集方法にこだわり、既存の新人賞の作家による選考方式に冷淡だったのも、「すぐれた歌人が決して同時にすぐれた選者ではないという確信めいた思い」を公言していた中井英夫の精神を受け継いでいたからだろう。『黒衣の短歌史』に記された中井の証言によれば、某短歌賞の選考会で、一流歌人の選者五人がいずれも自分の主宰する結社の同人を推して譲らず、その回の賞が流れてしまったことがあるという。

「私にはそれがいまもって苦い戯画としか思えない。信頼し敬愛すべき作家たちでさえそうだというとき、一体誰に本当の意味での『選』を頼めるだろう。こういうが早いか、また私の思い上りに眉をひそめられる向きも多いだろうが、その『選』の仕方さえ変わってくれれば、歌壇は決していきいきした若さを失う筈はない。これはそして新人や読者歌壇のことばかりではない問題である」

こういう述懐を目にすると、宇山さんは編集者・中井英夫の弟子であり、相伝の継承者だったのだなあ、とあらためて思う。いや、編集者としては宇山さんの方が徹底していたかもしれない。『定本　黒衣の短歌史』（一九九三年）に加えられた中井自身の付記「復刊に際して」は、「編集者は黒衣ですらない、まったくの啞（おおし）である」という一文で締めくくられているが、中井英夫という作家は生涯にわたってもっともっと饒舌だった。だからむしろ、この一文は宇山さんにこそふさわしい。

中井英夫の話ばかりで申し訳ないが、そもそも宇山さん自身が「編集者の心得」は全部中井さんの本に書いてある、と口にしていたのではなかったか。亡くなるよりずっと前のことで、いつどういう場で耳にしたかはっきり覚えてないけれど、編集者の冥利はまだ世に出ぬ埋もれた才能を発見し、暗い沼の底から救い出すことに尽きると言い（その口調はかなり酔っていたような気もするが、また自分に言い聞かせるように）、

「待ってろ、必ず援《たす》けてやる」

とつぶやいていた——そんな記憶がある。

二〇〇六年の夏、宇山さんが亡くなった後、私は初めて『黒衣の短歌史』を読んだ。宇山日出臣という編集者がどれほど中井英夫の影響を受けていたか、本人がいなくなってからやっと（あまりにも遅すぎたが）理解したのだった。そのとき感じたことは「2007本格ミステリ・ベスト10」の追悼コラム「黒衣の本格史——宇山

日出臣氏の死を悼む」と『ノーカット版　密閉教室』の「These Days／講談社BOX版あとがき」に記しておいたけれど、この間『黒衣の短歌史』を何度読み返しても、肝心の「待ってろ、必ず援けてやる」というフレーズは見つけられなかった。私の思い違いだったかもしれないと、その時は諦めてしまったのだが……。

後になってその一節は『黒衣の短歌史』ではなく、同書の姉妹編『暗い海辺のイカルスたち』（一九八五年）に記されていることがわかった。「國文學・塚本邦雄・寺山修司特集」一九七六年一月号が初出の「沼の底の悲鳴——塚本邦雄・寺山修司の原点」という文章である。宇山さんへの手向けに代えて、長くなるけれどかいつまんで引用しよう。

「もとより歌壇は浄らかな湖ではなかった。それはメタンガスの泡立つ、瘴気《しょうき》あふれる沼だった。その沼に息をつめて潜り、臭気に僻易しつつ夢中で漁《すなど》るのが私の唯一の仕事であった。獲物——といってもまだしかとは正体の判らぬ、泥まみれのその何物かは、岸辺まで運ぶのもやっとだったが、ひとたび清水に洗われると眼も彩《あや》に輝き出し、何よりも芳香を放った。すると遠巻きにしていた見物人たちは一斉に嘲笑し、そんなものに何の値打ちがあると罵るのだった」

「だが、時間の彼方にあるその暗黒の沼を、私はひそかに懐しむ。泥だらけで疲れきっていた漁夫の姿に憫笑を覚えながら、なおそれは妖かしの沼、不思議な魅力を秘めた沼だった。どこか未知の海に繋っているのかと疑うほど、そこには呼びかける多くの声があった。日が暮れて、ひとところ鎮まる沼の畔に軀を横たえながら、なお私はその底から多くの悲鳴を聴いた。真珠貝に似た何物かが明滅して交信し合図を送ってくる。

——待ってろ、必ず援けてやる。

そう誓いながらしかし私は、どれほど多くの未生の魂を沼の底に置き去りにしてきたことだろう」

最後まで中井英夫の引用ばかりになってしまったが、これだけはどうしても記録しておきたかった。私の知っている宇山日出臣という編集者は、ある意味で「中井さんの呪い」を擬人化した存在にほかならないのだから。

赤い靴下と、『ぼくと未来屋の冬』

はやみねかおる

子どもの頃から、推理小説が好きです。あるとき、気がつきました。おもしろいと思った推理小説のあとがきに、共通して出てくる名前があるのです。それが〝講談社の宇山日出臣さん〟――。

最初に、宇山さんの名前に触れたのは中学生の時、講談社文庫『虚無への供物』でした（このときは、〝宇山秀雄氏〟と書かれてました）。その後、何度も宇山さんの名前を見るたび、この人は推理小説編集者の神様なんだと思うようになりました。

それから何年かが過ぎ、自分でも子ども向けの推理小説を書くようになってました。世間では、新本格ミステリのブームが起こってました。もちろん、仕掛けたのは、推理小説編集者の神様――宇山さんです。

ある日、その神様から電話がありました。そして、初めて神様にお目にかかるときが来たのです。

一九九八年一〇月一〇日。ぼくは、奥さんと二歳になった長男と一緒に、待ち合わせ場所の名古屋に向かいました。

帰り道、宇山さんの印象を奥さんに訊きました。「赤い靴下、履いてた」。ぼくは、大きくうなずきました。

ぼくも奥さんも、そのときまで、現実世界で赤い靴下を履いてる人に会ったことがなかったのです。

その後、『メフィスト』に何本か短編を書かせていただいた頃、宇山さんから「こんな企画を考えたんだけど、書いてみませんか？」と連絡がありました。それが、「講談社ミステリーランド」です（そのときは「少年少女ミステリー図書館」という名前でした）。

企画の狙いは、〈少年少女と、かつて子どもだった大人のための〉ミステリーを出版することです。そして、執筆者候補として挙がってる名前が、信じられないぐらいの豪華メンバーです。ぼくの本棚を占めている推理作家の名前が、ズラリと並んでました。

何より驚いたのが、そのラインナップに、ぼくの名前があったことです。大人向けの推理小説なら、ラインナップに恐れをなし、断っていたと思います。でも、子どもたちに読んでもらう推理小説——言ってみれば、ぼくのホームグラウンドです。ぼくは、ものすごく気合いを入れて「書かせてください」と答えてました。

そうして書き上げた原稿が、『ぼくと未来屋の夏』です。

原稿を送った数日後、宇山さんに会うため上京しました。この段階で、原稿の感想は訊いていません。

宇山さんに、なんと言われるか……。「このレベルでは、ミステリーランドに入れられない」「書き直しても、何とかなるレベルではないな」——。そう言われるのを覚悟しながら、宇山さんの前に立ちました。すると、宇山さんは何も言わずに、ぼくの右手をとって握手してくださいました。「おもしろかったです」の感想は、握手の後でした。膝から力が抜け、しゃがみ込みそうになりました。

それまで、宇山さんが考えた名コピーに、何度も驚かされワクワクしました。でも、このときの握手ほど、驚かされたことはありませんでした。

『ぼくと未来屋の夏』は、「うつのみやこども賞」を受賞しました。

「うつのみやこども賞」は、宇都宮市の小学生が、「友達にすすめたい本」として選ぶ賞です。その後、『黄金蝶ひとり』、『ラインの虜囚』、『銃とチョコレート』と、ミステリーランドの作品が四年連続で「うつのみやこども賞」を取りました。

宇山さんの〈少年少女と、かつて子どもだった大人のための〉ミステリーを出版するという狙いは、ばっちり子ども達に届いたのです。

宇山さんは、「ミステリーランドの作品は、全て一冊完結。でも、『ぼくと未来屋の夏』は、続編を書いてもいいよ」と言ってくださいました。もちろん、「ぜひ、書かせてください！」と答えました。

でも……ぼくは、たくさんのシリーズを抱え込んでいて、なかなか続編──『ぼくと未来屋の冬』を書くことができませんでした。構成用のノートも用意し、頭の中ではキャラクターが登場を待っている。そんな状態が何年も続いても、書く余裕を作れませんでした。

そんな中、宇山さんが亡くなったという電話をもらいました。

……間に合いませんでした。

時々、読者から「『ぼくと未来屋の冬』は、まだですか？」と訊かれます。書く余裕が無いのは変わりませんが、それ以上に、書く気持ちが無くなってしまいました。

ぼくは、想像します。現在、宇山さんがご存命なら、『ぼくと未来屋の冬』に、なんて言われるかなって──。おそらく「何年経ってると思ってるんだい？　これでは、現在の子ども達に届かないよ」って言われるでしょう。

そう、ぼくは、頭の中の宇山さんに今も原稿を読んでもらってるのです。いつも、握手してもらえるような原稿を書くのが目標です。

もちろん、頭の中の宇山さんは、赤い靴下を履いてます。

だから、お別れの言葉ではなく、感謝の言葉を書いて、この追悼文を終わらせていただきます。

宇山さん、本当にありがとうございました。

そして、すみませんが、これからもよろしくお願いします。

赤い靴下と、『ぼくと未来屋の冬』
はやみねかおる

ただひとつの教え

樋野道流

私は宇山さんのことを、かなり晩年になってからしか知りません。

初対面のときからずっと、はにかんだ笑みを浮かべて黙っていたかと思うと、突然堰を切ったように喋り出す、小説大好きな、ちょっと、いやかなり「くせつよ」で前のめりで自由なおじさん。

それが、私の中の宇山さんでした。

宇山さんはいつも優しかったですし、私が知らない小説のこと、音楽のこと、舞台のこと、伝統芸能のこと、とにかく幅広く様々なアートへの扉をさりげなく開いて、チラリと見せてくださいました。

世界は楽しい、面白いことに満ちている。だからやりたいことに真っ先に手を伸ばせばいいのだと、生真面目と抑制が何よりの美徳だと思っていた私に、ワイルドな生き方を教えてくださりもしました（真似はできませんでしたが）。

まったくアルコールを受け付けない体質ゆえ、酒席にお供ができなかったのが返す返すも残念ですが、それでもお目に掛かる機会を設けて頂けたときは、とても嬉しかったです。

唯一困ったのは、宇山さんは私の当時の担当編集氏と馬が合わず、それでも私に会いたいからと打ち合わせに同席してくださるのですが、お酒が入ると二人ともたちまち舌鋒が鋭くなり、しばしば「表に出ろ」という騒ぎになることでした。

ある夜などは、食事中に二人が売り言葉に買い言葉でとうとう本当に「表に出て」しまってそれきり戻ってこず、困り果てた私は三人分の料理を黙々と平らげ、お勘定を済ませ、講談社宛で領収書を切り、ひとり寂しく宿に帰りました。

とても困惑しましたが、今となっては懐かしい笑い話です。


いつも優しかった宇山さんに、ただ一度だけ叱られたことがあります。

「鬼籍通覧シリーズ」の二作目、「無明の闇」を書き上げたときでした。

いつものようにいち早く読んでくださった宇山さんは、感想をワクワクしながら待つ私に、渋い顔で仰いました。

「これはギリギリ許容範囲です。面白かった。でも、あなたはこれ以上向こうへ行ってはいけない。私小説はいけません」

キョトンとする私に、宇山さんはこうお続けになりました。

「自分に似た主人公で作品を書くと、どうしてもそのキャラクターに自分を重ねてしまう。果てはもうひとりの自分にしてしまう。それは私小説です。あなたはまだ、自分を切り売りするほどの人物ではない。それでは読者を楽しませる作品にはならない」

初めていただいた、厳しい言葉でした。

もし私がとても賢くて思慮深ければ、その言葉だけで十分だったでしょう。

なのに当時の若くて愚かで未熟な私は、宇山さんが何を伝えようとしているのかわからず、ただ呆然とするばかりでした。

だから宇山さんは、溜め息をつきながら、もう少し言葉を足してくださいました。

「必ずしも、楽しさ、嬉しさでなくてもいい。怒り、恨み、寂しさ、恐怖。何でもいい。何でもいいですが、それは読者を楽しませるために書かれたものでなければならず、実際、読者に楽しんでもらえるものでなければいけないんです」

そこまで一息で仰って、私を見据えて、最後に一言。

「エンターテインメントを書いてください」

そして、何も言えない私をそのままに、宇山さんは魔法のようにいつものシャイな笑顔に戻り、何か他の他愛ない話を始められたように記憶しています。

残念ながら、それが何の話だったか、今もってどうしても思い出せないのですが。

それからは、どの版元でどんな小説を書くときでも、常に宇山さんの言葉が頭にあります。

自分が書いている作品は、ちゃんとエンターテインメントだろうか。

宇山さんに読んでいただいて、あの笑顔と共に「面白かった」のお言葉をいただけるだろうか。

自問自答して、「どうにかこうにか、『イエス』であろう」と感じられなければ、不思議なくらい先へ進めないのです。

まるで、あの日のほんの三分ほどの間に、宇山さんが、私の心に堅固な関所を建ててしまわれたような気がします。

あれからずいぶん月日が経って、気づけばこの稼業を始めてから二十五年が経とうとしています。

思いもよらず、こんなに長く続けてこられたのは、やはり「エンターテインメントを書いてください」という、宇山さんのたった一度、ただ一つの教えが、私を導き続けてくださったからに他なりません。

三葉虫の小さな化石、へんてこな絵皿、紙に笑顔が型抜きできるクラフトパンチ。ホワイトデーのたびに宇山さんがチョコレートの返礼としてくださった一風変わった品々をパソコンの前に並べ、今も、たったひとりの師に、「エンターテインメントを書きます」と約束して、仕事に取りかかります。

愚かな弟子は、他にきっといくつもやらかしていると思うのですが、お叱りは、もう少し先に。

宇山さんが見せてくださったこの世界の素敵なものたちにもっと貪欲に手を伸ばし、それを自分の書く小説に生かしたい。

不肖の弟子の、不出来ながらも一生懸命な挑戦を、わりと近くでずっと見ていてくださるような気がします。

宇山さんのこと

麻耶雄嵩

初めて宇山さんとお会いしたのはいつのことだったか。たぶん二十歳の冬のような気がする。残念なことに初対面の印象は何も覚えていない。三十年以上も昔のことで記憶が曖昧になっているのもあるが、もう一つ大きな理由がある。

僕のデビューの契機は、ミステリ研の同人誌『蒼鴉城』に掲載した中編『MESSIAH』を本にしないかと、先輩を通して宇山さんからお誘いを受けたことだ。その頃ミステリ研では、綾辻行人さんを嚆矢として五人の先輩がプロデビューを果たしていた。京大のみならず他のミステリ研のOBOGも陸続とデビューしていた頃だ。そのため自分の作品が選ばれたことは寝耳に水だったが、お誘いがあること自体は想定外というわけでもなかった。

ただ新人賞に応募したわけでもなく、いわば作家としての就活など一つもしておらず、そもそもまだ大学二回生でプロになることなど微塵も想定していない時だ。本を出すことに何の心構えも持っていなかった。

そんなド素人の僕が名高い編集者と初めて対面するわけで、とにかくひたすら緊張していた。いつどこで会ったのか、二人だけだったのか、先輩がたが同席していたのかすらも覚えていない。バカバカしい話だが、ここで宇山さんの機嫌を少しでも損ねたら出版の話はおじゃんになるのではないか、そんな心配をしていたほどだ。媚びを売るわけではないが（売るほどの予備知識も持ってなかった）、ただひたすら大人しくしていた気がする。もしかすると、まだどこか他人事のように感じていたかもしれない。

宇山さんの人となりを知れたのは何度かお会いしたあとだ。いつもニコニコしている優しい人で、それでいて好きなものを好きと憚りなく公言できる人だった。情熱が強い人だった。そのため徐々に僕からもいろいろと主張するようになった。一緒にお酒を飲んで互いにベロンベロンになりながら、こちらが生意気なことを云っても、「そうだね」と受け入れてくれた。

今から思うと、我が強く手間の掛かる作家だったと思う。ずいぶん甘やかしていただいた（とある方からも、宇山さんは麻耶君には甘いねと指摘された）。あるいはストレスに弱いので、こいつは褒めないと伸びないタイプだと見抜かれたのかもしれない。何度か「養子にならないか」と云われたりもした。

もちろん仕事に関しては話は別で、二作目は百枚の梗概がボツになった。残念だったが、ボツにされたからといって、不満に思うことはなかった。宇山さんの判断を信頼していたし、「インパクトが今ひとつ足りない」と指摘され、実際その通りと納得したからだ。まだ学生の身分で、生活を気にしなくてもよかったのも大きかったかもしれない。仕方ないので『ＥＬＩＪＡＨ』と改題し『蒼鴉城』にそのまま載せた。後に出す『鴉』の原型だが、トリックも一つだけで『鴉』と比べてもかなり単調な話だった。

で三作目に『夏と冬の奏鳴曲《ソナタ》』を書き上げたのだが、今度は一転して、手放しで喜んでいただいた。ずいぶん滅茶苦茶な話で、文章もひどいものだと思うのだが、ほぼそのままで出版された。ボツにされずほっと一安心したのを覚えている。

今から思うに、僕が作品に過剰さを求め調和よりもインパクトを重視するようになったのも、宇山さんの言葉がずっと響いているせいかもしれない。

宇山さんはお酒好きで、お酒に絡む話は他の方もいろいろされていることと思う。僕が印象に残っているのは、法月さんと三人で祇園で飲んでいたとき、帰りのタクシーに僕と法月さんを乗せたあと、「じゃあ、ボクはもう一軒飲んでくるから」と真っ赤なえびす顔でネオンの中に消えていったこと。後ろ姿が粋で宇山さんらしいと感心する半面、千鳥足だったけど大丈夫かなと二人車内で心配していた。

川崎の自宅には所用で上京する度に泊めていただいた。奥さまも優しいかたで、ビール片手に三人でワーグナーの『指環』の映像を夜更けまで見たりしていた。大抵は宇山さんが寝落ちしてお開きになるのだが。

八ヶ岳にある別荘にもよくお邪魔させてもらった。ある日伺うと、裏山で採ったというキノコを図鑑を片手に、「これはいけそうかな」、「これは毒キノコっぽいな」と夫婦二人で仕分けていた。夕食に出されたときは、生きた心地がしなかった。

別の日、奥さまと山へキノコ狩りに行った際、駐車場にキノコ鑑定のテントがあるので帰りに診断してもらったら、採取したキノコの半分以上を捨てられた。あの日、何事もなくてよかったと、今でも思い出す。

アリスのお茶会

皆川博子

新宿二丁目のバー（たぶん、「ナジャ」）から家に向かうタクシーの中で、宇山ちゃんに「もう、書くのやめたい」と言ったことがあります。そのときの気分は、宇山さんの膝に突っ伏して泣きたいほどでした。自制しましたが。家の方角が同じなので、飲んだ後（私はアルコールは駄目なので、ウーロン茶です）、一緒にタクシーに乗ったのでした。

当時——四十数年昔——ノベルスのミステリーを私は書かされていました。読み捨て本をと、担当編集者からはっきり言われていました。二時間ぐらいで軽く読み飛ばせて、読み終えた途端に中身を忘れるようなものを「書けって……」

「ぼくは皆川さんの担当じゃないから……」

困り果てたように宇山さんは言ったのでした。

当時のノベルスの表紙は、ひどいものが多かった。俗悪な女の顔をクローズアップしたり。こんな表紙の本、私なら買わない。自著を手にしながら嘆いていました。

宇山さんと親しくなったきっかけはおぼえていないのですが、新宿のバーでたまたま同席して、それからかな。中井英夫さんの文庫を作りたいからと、それまでの会社を退職し講談社に就職なさったという逸話の持ち主ですから、好みの傾向が一致しました。『秘文字』出版のお祝い会に当時駆け出しの私を誘ってくださったのも宇山さんでした。場所は「薔薇土」だったかと思うのですが、記憶は不確かです。担当ではない編集者とこんなに親しくおつきあいしたのは宇山さんだけです。愛らしいやさしい夫人もしばしばご一緒でした。

その数年後。綾辻行人さん、法月綸太郎さんを初めとする若い書き手たちを強力にバックアップし、新本格というネーミングで一大潮流を作り上げ、瀕死の状態だった本格ミステリを復興させたのが宇山さんでした。

同じノベルス版でも、宇山さんの担当する本はまったく方針が違っていました。それまでのダサい表紙も、宇山さんは変えた。辰巳四郎氏を起用し、瀟洒で洗練された装画にしたのでした。

それ以前に、角川映画が横溝正史を復活させています。『獄門島』や『犬神家の一族』などをあらわした横溝正史は、社会派が全盛となったとき、見世物小屋とまで罵倒されました——じかにその言葉を聞いています——。が、これによって人工世界の面白さを知り、黄金期の海外ミステリー、クイーンやクリスティなどの影響も受けた若い方たちがいっせいに書き始めた。

風当たりは最初、すさまじく強かったのです。宇山さんはその楯になった。そのあたりの状況は、当事者であった方たちが本書で詳述されると思うので、筆を控えますが、京都から綾辻さんが東京にこられる折など、宇山さんは夫人とお二人で、親しい身内を迎えるように接していらっしゃいました。

前にも書いたことがあるのですが、綾辻さんの知遇を得たのも、宇山さんの仲立ちによります。『霧越邸殺人事件』の幻想と本格を融合させた魅力を（他社の刊行物だったけれど）宇山さんに絶賛したら、ご本人に直接言ってくださいと言われ、お手紙を出したのでした。その後、綾辻さんが上京された折、宇山さんのセッティングで、宇山夫人と歌手の谷山浩子さん、そして竹本健治さんもご一緒の楽しいお茶会が開かれました。

文芸第三部長として雑誌「メフィスト」を創刊、メフィスト賞を創設、多数の異色作家を生み育てた宇山さんの軌跡は、焔の車の轍です。

自宅の前で私がタクシーを下りるとき、もう少し先まで行く宇山さんは、「やめないでね」と私に声を残しました。

やめませんでした。宇山ちゃん。

いろいろお世話になったのに

矢崎存美

最初に言っておきますけれど、私はミステリ作家ではなく、現在……ジャンルがよくわからない小説ばかり書いている人間です。強いて言えばファンタジー作家になりますか。

一九八五年に最初に活字になった作品が、星新一ショートショートコンテストの優秀作なもので、以来同じようなものをずっと書いていると言ってもいいかもしれません。

受賞の連絡の電話は……宇山さんからだったのか、それとも雑誌「ショートショートランド」編集長の小島香さんだったのか。宇山さんだった気はするのですが、肝心なことを憶えていないのでした。だいたい私、応募したこともすっかり忘れていて、講談社で何か本注文したっけな、と思いながら電話に出たくらいで。

宇山さんに初めてお会いしたのはショートショートコンテストの授賞式でした。私、初対面の宇山さんと小島さんに、こんなこと言ったのです。

「私、今日家に帰れないんです」

正確に言うと、次の日引っ越しで、私の荷物はもう実家になかったのです。そのために私が宇山さんたちにした無茶なお願いとは!?

……長くなるので、というより、あまりにもダメな記憶なので、くわしく書く勇気ないですけど、とにかく世間知らずというか、常識のないことしてしまったなあ。はたちになったばかりで、まだ子供でした……。そのせいで、星新一さんとお会いした記憶もほとんど残っていないというていたらく。宇山さんと小島さんには初っ端からご迷惑をおかけしたのでした。

そんなこんなで、以降もたまにお会いしていました（図太い）。たいていショートショートコンテスト出身の友人たち（井上雅彦さん、斎藤肇さん、奥田哲也さんなど）と一緒だったと思います。プロ作家を目指す彼らと同人誌を作って、作品を書き、見せあい、よさそうなものを雑誌「IN☆POCKET」（ショートショートランドは休刊してしまったので）に載せてもらえるよう、持ち込みしていたのです。宇山さんか小島さんがいつも対応してくださいました。

私のショートショートは採用されなかったのですが、その後、別の出版社から「矢崎ありみ」というペンネームで少女小説デビューし、その後講談社X文庫ティーンズハートで書くということになり、ショートショートコンテストで使っていた「矢崎麗夜」名義で再デビューみたいな形になりました。これが一九九〇年のこと。新本格ミステリのブーム真っ最中の頃です。

宇山さんが一番忙しかった頃だと思うので、当時は主に電話でのやりとりばかりだったと思います。お会いして打ち合わせをした記憶がない……。主な作業は別の編集さん（確か女性）にやっていただいたように思います。宇山さんは原稿とゲラを読んで、感想や問題点の指摘などを書き込んでくれました。あの独特の字で！

しかし、ティーンズハートで出した三作はあまり売れず……。

その後、雑誌「メフィスト」でショートショートの特集をやるということで、お声がけをいただきました。〆切までに二本ショートショートを書いて送ったのですが、どうもしっくり来ず、〆切過ぎてからもう一本作品を送りました。そしたら、宇山さんは電話で、

「こっちの方が前のよりずっといいね！」

とおっしゃって、そのままメフィストに掲載されました。

それが、今でも書き続けているぶたぶたシリーズの第一作『初恋』です。宇山さんは、ぶたぶたの小説を最初に読んで、採用してくれた編集さんだったのです。〆切過ぎてるからって別の作品が載っていたら、どうなっていたのか。

これでぶたぶたがもう少し有名だったら、「さすが宇山さん！」という話になるのですが――なんかほんと、いろいろすみません。でももう、三十作以上のロングシリーズにはなっているので、ある意味恩返しにはなっているでしょうか。

宇山さんと最後にお話ししたのは、本格ミステリ作家クラブのパーティーの席だったと思います。私、会員でもないし、ミステリもほぼ書いていないんですが、なぜかその時は出席していまして。久しぶりにお会いして、何を話したのかほとんど忘れてしまいましたが、一つだけ憶えているのは、私の着ているワンピースを見て、

「なんでそんな喪服みたいな服着てるの？」

と言ったこと。確かに黒い服でしたが、よく見ると刺繍がしてあって、シックなワンピースだったのです。「ちゃんと模様あるんですよ～」みたいなことそのあと話しましたけど、まあ、パーティー会場って暗いし、もうお飲みになっていたし。

しかも次にお会いした時には私、本当に喪服着てました。そう、宇山さんのお葬式に出席したので――。

あのパーティーの夜、もうちょっと実のある話でもしてそっちを憶えていればよかった……。それにこれを書いてて思い出しました。私、あの初対面の時の無茶振りを、ちゃんと謝っていない！

ほんと、ご迷惑をおかけして、ごめんなさい……。いや、ここで謝ってもしょうがないのですけどね……。

惑星ソラリスへ行った男

山口雅也

私と宇山日出臣さんの最初の出会いは、処女長編『生ける屍の死』の上梓直後、今邑彩さんの13番目の椅子受賞パーティーの場だった。宇山さんは眼を輝かせながら私の作品を手放しで褒めてくれ、「ぜひ講談社でも書いてください」と言ってくれた。当時私は自作について、それほど自信がなかった。また目立った評価も得ていなかった（唯一の例外が服部まゆみさんの書評だった）し、版元の東京創元社からも冷遇を受けていた（ちなみに、この版元からは、今邑さん、北森鴻さん、二階堂黎人君ら多くの有為の作家が被害を受けている）。そんな時だから、この初の大手出版社からの依頼には、大いに気をよくし、また、プロの作家としてやっていく自信にも繋がった。

宇山さんとの実際の仕事が始まったのはそれから三年ほど後のこと。のちに『ミステリーズ』としてまとめられる中短編の雑誌連載からだった。しかし、単行本になる頃には、宇山さんは管理職となり、担当編集者は唐木厚氏（のちの講談社文芸局長）に引き継がれることとなった。その担当を離れる時の宇山さんの残念そうな顔は、今でもよく覚えている。逆に、彼の輝いた顔も覚えている――それは、『ミステリーズ』の装幀を決める会議の席上のこと。

宇山さんが開口一番、「ハード・カヴァーの函入りで出しましょう」と切り出す。東京創元社時代には考えられない厚遇に気をよくした私が、テーブルの上に画像データをぽんと置き、「今度の表紙画はマーク・バイヤーでいきたいです」と言うと、宇山さんの頭の上に「！」の吹き出しが浮かび、「おお、いいですね！」。続けて私が「装幀は平野甲賀さんで――」言い終わらないうちに宇山さんの顔がますます輝き、「僕も、そう思っていたんです。平野甲賀さん大好きです。僕が電話します」――わずか一分足らずで会議終了。

プロの仕事というのは、こういうことを言うんです。――ともかく現場で本を造るのが好きな人だった。そんなわけで、宇山・唐木両氏の奮闘のおかげもあって、『ミステリーズ』は、『このミステリーがすごい！』の年間第一位に選ばれ、私の代表作となった。

宇山さんとの仕事では、彼から何の制約や口出しもなく、私の好きに書かせてもらった。だが、ただ一度の例外があった。それは、東京創元社（ウブだった私はこの版元に義理立てして四作も書かされていた）での最後の作品出版時のこと。夜遅く宇山さんから電話がかかってきた。お酒を飲んでいるらしく、多少、呂律《ろれつ》の回らない口調で「あそこがよかった」、「あの場面は美しかったなぁ」とか最初のうちは褒めてくれていたのだが、最後に「あなた、あれ、ブレーキ踏みながら書いているでしょ」と言われた。これには、はっとさせられた。確かにそうした感じはあった。当該作は、東京創元社から逃れたい一心で書き、締め切りに追われて時間切れのまま上梓したもの――出来栄えには忸怩たる想いがあったのだ（あとがきにもその旨は書いた）。しかし、この宇山さんのダメ出しに、私は気を悪くするどころか、感謝の念を抱いた。宇山日出臣という編集者は、たとえ他社のものであっても、真剣に読んでくれ、ただただ作家のためを想って進言をしてくれる――まさに、名伯楽ともいうべき編集者だったのだ。以来、私は、この宇山さんの言葉を戒めとして、どんな短文・雑文の類でも「ブレーキを踏まずに」書くように心がけている。

その後も宇山さんとはいろいろあったが、最晩年のエピソードを一つ書かせていただく。

二〇〇六年の七月半ば頃、私は懸命に原稿を書いていた。もう一年近くも抱え込み、書きあぐねていた《ミステリーランド》シリーズの原稿（その後『古城駅の奥の奥』として上梓）だった。それは講談社退職直前に宇山さんから依頼されていた、いわば、彼との最後の《約束》だった。豪華執筆陣を連ねた宇山さん直筆の企画書FAXの情熱あふれる文面は、今でもよく覚えている。しかし、「かつて子供だったあなた（大人）と少年少女のための本」という宇山さんの設けたハードルは存外高く、一向に筆は進まない。そして、眠れない日々が続いていた。それが、月半ばになって、ようやく腹を括ることになる。どうせ眠れないのなら、その時間を書くことに充てればいいじゃないか。眠くなったら寝て、眠れなかったら書く。——そんな風にして、私は二時間寝ては、六時間書き、また三時間寝ては、何時間か書き……と、しまいには、いつ寝ていつ書いているのかわからないような状態で、自分に課したノルマの何倍もの原稿量を夢中になって書いていた。

結局、私は実質二週間ほどで、本一冊分の原稿を書き上げた。読み返してみて（これは担当にも言ったのだが）、とても短期間に書き上げたものとは思えない、何か自分でない何者かに書かされたような質・量の原稿になっているのに、首をかしげた。——まるで何かに憑かれて書いてしまったというような按配だった。——それが七月二十七日のこと。

それから数日後、原稿枚数超過や体裁のことで、元々の企画者である宇山さんと連絡を取らねばならない事態となった。そして、八月一日の夕方、ご自宅にいた宇山さんと電話で話す機会を得た。――実はその時私は、友人の引っ越しの手伝いをしていて、ケーブルを繋いだばかりのヴィデオデッキに、たまたま手近にあった映画《惑星ソラリス》のヴィデオをかけて動作確認をしている最中だったのだが、それがその後の出来事の重大な伏線になるとは思いもよらなかった。

その頃、宇山さんが重い鬱病に罹っていたのは知っていた。だが、まだ監修者的立場で企画に関わってくれていたので、直接トップダウンの判断を仰ごうと思い電話したのだが……案の定、体調を損なわれていたせいか、宇山さんは呂律が回らない状態で、細かい実務の話などとてもできそうになかった。ただ、こちらの要望は理解してくれていたらしく、「山口さんのお考え通りでゴーだと思います」という言質を得ることはできた。それ以上、実務的な話を継続することは困難だと悟った私は、「またお加減のいい時にお電話し直します」と言って電話を切った。

それから三日後の八月四日の夜、講談社から電話が入った。懸案のミステリーランドの実務の件かと思いきや、何と、宇山さんが亡くなったという、驚愕の報せだった。電話口で私は取り乱した。肉親以外の死で涙が出たのは初めての経験だった。宇山さん（と奥様の慶子さん）は、駆け出しの頃の、まだ、未知数だった私を高く買ってくれ、真っ先に原稿依頼をしてくれ、家に泊めてくれ、ご飯を食べさせてくれた。――単なる担当編集者の枠を越えて肉親と同等以上の面倒を見てくれた。だから、私は父親を失ったような大きな喪失感に襲われたのだった。

いたたまれない気持ちで、その夜遅く、タクシーを飛ばして、川崎の宇山さんのお宅へ伺った。すでに検視を済ませ、棺に納められていた宇山さんは、昏倒した時の鼻の傷をそのまま残していたが、それがまるで悪戯っ子が転んで、そのまま寝入ってしまったような無垢で安らかなお顔のように映った。そこで奥様から驚くべきことを聞かされた。救急搬送の時、宇山さんの体の脇の下にＤＶＤが挟まれていて、そのタイトルが《惑星ソラリス》だったというのだ。それは、数日前に、宇山さんとの最後の会話をした時に自分が観ていた作品だったのではないか。――私はこの不思議なシンクロニシティー現象を、宇山さんとの宿世の縁（あるいは、ダイイング・メッセージか）――と解釈するほかなかった。

テーブルの上には、私の携帯の番号と《至急》と宇山さん独特のクセ字で書かれたメモが、残されていた。そして、書き上げたばかりの私の原稿も、すぐ近くに置いてあった。

私は不可知論者だから、超自然的なことを安直には言いたくはないのだが、宇山さんのこの突然の死から逆算すると、あの七月の自分の異常な執筆ぶりは、宇山さんの企画への執念が取り憑いて、その死に間に合わせるかのように、私にそうさせたことなのかもしれないと、思わざるを得なかった。

告別式の日に、宇山さんの奥様の慶子さんから、納棺する三冊があると教えていただいた。一冊は『虚無への供物』、もう一冊は、読み止《さ》しの形跡があった『久生十蘭全集』、そして三つ目が、まだ本になっていない、私の《ミステリーランド》の原稿だったという。それを聞かされて、また胸にこみ上げるものがあった。奥様のお心遣いがありがたく、作家冥利に尽きる思いだった。

そして、そのことによって、別の世界へ往ってしまった宇山さんは、私という作家にとって永遠の《担当編集者》になってしまったのだなと思った。

スタニスワフ・レムの創作による惑星ソラリスは、どこか宇宙の彼方に実在していると思う。そして、宇山さんは、天国でも極楽でもない、惑星ソラリスの意識の海で、私の新作原稿を待ってくれているものと確信している。

――だから、私は書き続ける……惑星ソラリスへ行った男に再会する時が来るまでは。

増殖する暗黒星雲

寮美千子

宇山日出臣さんに編集して頂いたのは、長編小説『楽園の鳥　カルカッタ幻想曲』一冊のみだったが、そのお陰でいまのわたしがある。どんなに感謝してもしきれない。

一九八六年、三十一歳で「毎日童話新人賞」を受賞したわたしは、童話や絵本、やがて小説も執筆した。少年を主人公にすると自動的に児童文学作家に分類されたが、本人にそのつもりはなく、常に異端だった。かといって、一般文学の枠にも入れてもらえず、作品依頼は滅多にない。持ちこみ原稿を本にしてもらう、道なき道を歩む「藪漕《やぶこ》ぎ作家」だった。

二〇〇〇年、チャンスが訪れた。その七年前に上梓した小説『ノスタルギガンテス』を、四方田犬彦さんが発掘して雑誌で絶賛。それがきっかけで、公明新聞から連載小説の依頼をされたのだ。二〇〇一年の三月から翌年四月まで連載、四百字で千二百枚の大長編になった。

しかし、連載終了は苦悶の始まりだった。児童文学ではそれなりに名が知られていても、文学界では無名の新人、しかもジャンル不明の大長編だ。旅小説で恋愛小説で、哲学的かつ宗教的で、虐待問題も扱っている。その渾沌《こんとん》をこそ描きたかったのだが、それは「売れ線」とは無縁だ。版元数社に当たって砕け、以前依頼してくれた角川書店に話をもっていくと、一応乗り気にはなってくれたが、なかなか返答がない。

悶々とした日々を送っていた二〇〇三年八月、画家の七戸優さんが渋谷のBunkamuraギャラリーの「建石修志展　月の庭を巡って」のレセプションに誘ってくださった。そこに友人の版画家・門坂流さんも来ていた。わたしの苦境を知っていた彼は、会場に来ていた宇山さんにつないでくれたのだ。事情を話すと「講談社の社員ではなく、宇山日出臣一個人として読ませてください」と言ってくださり、大いに感激した。

さんざん待たされ、角川書店からようやく得た返事は「恋愛小説の部分だけ抜き書きして、分量を三分の一に縮めてほしい」だった。落胆した。宇山さんに伝えると「わかりました。削る必要はありません。あのまま本にしましょう」と言ってくださり、飛びあがりたいほどうれしかった。

それからの日々は夢のようだ。わたしは作品を推敲。物語はカルカッタの街中で突然途切れるように終っている。意図的にそうしたのだが、門坂さんに「千二百枚読んで、あれではあまりに救いがない」と言われ、考え直した。最後に主人公をガンジスの河口まで連れていってやりたいと思ったのだ。宇山さんも賛成してくださり、夫の松永洋介と二人、一ヶ月に及ぶインド取材へ。最終原稿を完成させた。

装丁に、以前から心酔していたデザイナーの平野湟太郎さんを推薦した。平野さんは、画家・猪熊弦一郎さんのもっとも年若い友人で、一流の仕事をしていたが、本の装丁は、二十五歳の頃、猪熊さんの『画家のおもちゃ箱』以来ほとんどしていなかった。しかし、宇山さんはすんなりと承諾してくださった。

挿画を「門坂さんの版画にしよう」と言いだしたのは、宇山さんだった。わたし同様、以前から門坂版画のファンだったのだ。宇山さんが持っている版画と、わたしが持っているものが、偶然ぴったり重なったことにも驚いた。それを装丁に使うことになった。山と海とアンモナイトの化石の三枚。まるで予《あらかじ》め仕組まれたように、物語に合致した絵柄だった。

打ち合わせで、講談社ビルの上階の広い会議室に集まった日のことは、よく覚えている。大きな窓から東京の街が一望できた。そこで、平野さんがとんでもない提案をした。「門坂さんの版画がすばらしいので、カバーには文字を一切載せたくない」「銅版画のエングレーヴィングの線を際立たせるためにUV印刷を使いたい」「原画の版画は墨一色だがニュアンスを出すために四色刷にしたい」「見返しにもカバーと同じ紙を使い、カバーの続きの絵を同じUV印刷にしたい」という。贅沢の極みだ。

信じられないことに、宇山さんはそのすべてを飲んでくださった。会社もOKを出してくれた。『楽園の鳥』は、宇山さんの在籍中、事実上、最後の単行本。成果を上げてきた宇山さんへの、会社からの感謝の贈り物だったのかもしれない。

「ぼくは、この本を世に出すために、いままでここで働いてきた気がします」

リップサービスだろうが、そう言ってもらえて心からありがたくうれしかった。わたしたちはみな興奮していた。見たこともない本ができる。人生のなかで、互いに心が通いあい、夢がすべて叶う仕事に遭遇することがある。あのときがまさにそれだった。本は分厚すぎて、広辞苑の製本所に依頼したという。

二〇〇四年十月、初版刊行。工芸品のように美しい本が誕生した。しかし、鳴かず飛ばずだった。長すぎるし、ジャンルも不明で書評家が読んでくれない。宇山さん最後の仕事を汚してしまった気がして、申し訳なくて堪《たま》らなかった。

出版から十ヶ月後、泉鏡花文学賞の候補作になった。「いまのうちに祝賀会をしておかないと!」と、みんなが南林間のイーサン食堂でささやかな会を開いてくれた。宇山さんと門坂さん、そして共通の友人の音楽評論家の浜野智さんだ。宇山さんはそこでわたしにこう言ってくれた。「寮美千子は絵本から小説まで幅広く仕事をしているけれど、その割にメジャーじゃない。なにか突出した仕事をして芯となるものを作らなければ、暗黒星雲のままだ。どこかにぎゅっと凝縮しないと、星になれない。輝きださない」と。『楽園の鳥』への反応がさっぱりだったので、がっかりして、小説のことは頭から追い払って絵本の仕事をしていました」と言うと「ぼくが認めただけではだめですか」とお叱りのお言葉をいただいた。涙が出るほどうれしかった。「はい、小説がんばります」と言ったとき、電話がかかってきた。絵本『イオマンテ　めぐるいのちの贈り物』が小学館児童出版文化賞の候補作になったという知らせだった。凝縮に向かうかと思ったとたんに、また拡散の予感がした。

結局、自信のあった絵本は賞を逸し、みんなもまさかと思っていた泉鏡花文学賞を受賞した。宇山さんに恩返しができて心底ほっとした。二〇〇五年十一月、同じ飛行機で金沢に向かった日の宇山さんと慶子夫人の仲睦まじい姿が忘れられない。愛らしいお雛様のようなお二人だった。

宇山さんは、京極夏彦さんのデビューと、中井英夫さんの再評価につながる仕事もなさっている。一人の編集者が、生涯で三人もの泉鏡花賞作家を送りだしたというのは、他に例がない。まさに名伯楽だ。

最後にお目にかかったのは二〇〇六年六月の不忍画廊の門坂流展。画家の渡辺千尋さんも駆けつけてくれて、「あなたが『楽園の鳥』の編集者の宇山さんでしたか！寮美千子のバカに長い小説を出してくださってほんとうにありがとう！」と、宇山さんに抱きついた。宇山さんはわたしに「もっと宇山を利用してください」と言ってくださった。

それなのに、その一ヶ月半後に急逝。泉鏡花文学賞受賞のわずか九ヶ月後のことだ。朗報が間に合ってよかったけれど、そんなに早く逝ってしまうなんて、あんまりだよ、宇山さん。宇山さんも、渡辺さんも、門坂さんも、すでにこの世の人ではない。

わたしは受賞をきっかけに憧れの地方都市暮らしを実現すべく奈良に転居。そこで少年刑務所に出会い、さらに活動の幅を広げている。暗黒星雲は拡散というよりさらに増殖するばかりで、一向に収縮する気配がない。

いま、また宇山さんの言葉を思いだしている。改めて心に刻み、残りの人生を歩んでいきたい。ほんとうにありがとうございました。いつの日か、彼方で、またお会いしましょう。そのときは、できれば星でありたいと思うけれど、相変わらず膨張し続ける暗黒星雲かもしれません。宇山さん、きっと苦笑いなさるだろうなぁ。

弔辞

島田荘司　綾辻行人

——島田荘司と綾辻行人は、どのような言葉で宇山を送り出したのか？
あの２００６年の夏の空に流れた弔辞のすべてを完全収録。

弔辞、宇山氏に

島田荘司

宇山氏とともに、新本格という創作ムーヴメントを誘導するという栄誉を担ってから、早いものでもう20年という月日が流れます。むろんこのムーヴメントを育てたのは、宇山氏1人の奮闘によるものですが、私も、横で多少は力を貸すことができたかと思います。

平成の時代が開けるとともに始まったこの時期デビューし、育ってきた新しい才能たちが、今や日本のミステリーの中核を担っています。宇山氏と2人、新人を見つけては筆名を考え、推薦文を書いてはデビューしてもらった、そしてその後の非難雑言を、2人でたっぷり浴びてはほくそ笑み合ったあの日々は、今思えば辛いことなど少しもなく、すこぶる充実した日々でした。たった今、どれほどに非難が多かろうとも、近い将来がどう展開するか、われわれにははっきりと見えていたからです。未来の視界を共有できる友がいたことは、何にも増して、幸せなことでした。

宇山氏の、並はずれて非凡なところは数々ありますが、何といってもその最大級のものは、本格ミステリーへの強い、そして積極的な愛情が、仕事上の演技でもジェスチャーでもなくて、まるきりの本物であったということです。どこを切っても金太郎の顔が出てくる飴のように、宇山氏の体は、どこを切っても「ミステリーを愛している」という言辞が顔を出したことでしょう。彼がミステリーについて語る時、それは決して給料のためなどではなく、ただひたすらに純粋な心根からでした。私はこういったことを、お世辞の嘘で口にすることはしません。宇山氏は、まったく可笑しいほどに、この通りの人でした。

世に有能な編集者は数あると思いますが、退職しても現役時代の意欲や言動がまったく変化せず、パワフルに持続する人が、いったいどのくらいいるでしょう。宇山氏の場合は、持続するとかしないといったレヴェルではなくて、退職したら、本格ミステリー振興への意欲がますますさかんに燃えはじめ、際限なく本気になっていきました。

多くの有能な編集者たちは、たいてい心のどこかには、これは仕事なのだという思いがあるでしょう。しかし宇山氏にそんな気配は皆無で、趣味であるとか、仕事であるとか、世間的な立場がどうだとか、この仕事が自分に生活費をもたらすとか、欲得だの名誉だの、そういったいっさいが、まるで眼中にありませんでした。そういう子供以上に純粋な魂だからこそ持てた、あれは未来を見抜く目でした。

宇山氏は、講談社内で会っても、自宅で会っても、言動がまったく変化しない稀有な人でした。いつなん時でも、ごく自然体にミステリーの先行きを考えていました。どんな書き手にどのような作品を期待するか、本格ミステリーの行く末を、このようにして守るのだとか、そんな話をしはじめたらいつも止まらなくなり、鬱病があっというまに飛びました。ミステリー小説の編集者であることは、彼にとっては生まれついての天職で、おそらく今、天国に行っても、新人作家の原稿を読んでいることと思います。

宇山氏を見ていると、ジャンルの天才というものは常にそうだと思いますが、講談社の編集部に就職したから編集者になるのではなくて、講談社、それとも日本のミステリーという文化そのものが、生まれついての編集者、宇山日出臣氏を野から呼んだのだと感じます。宇山氏も幸せだったでしょうが、宇山氏という逸材を得た日本のミステリー界もまた、大変に幸せでありました。

宇山氏に関して、思い出すことはたくさんありますが、これはかなり以前のこと、奥さんが胃の手術で入院したのでお見舞いにいったら、中国の奥地に癌にもよく効くという妙薬があると聞いた。もしもその必要があるのなら、自分は喜んで講談社を辞職し、どんな秘境にでも薬を探して分け入る、と、なんだかインディアナ・ジョーンズみたいなことを言っていました。そんな愛情豊かな彼が、奥さんよりも先に逝ってしまいました。まったく思いがけないことです。

しかしこの世界から彼の実体が去っても、盟友宇山日出臣氏のことを思い出すのは、私にはたやすいことです。これを書いている今はアメリカですが、今後たとえ自分がどこにいようとも、そしてそれが数十年ののちであっても、私は永遠に彼の声を、語り口を、たやすく思い出せるでしょう。

彼の話し方は特有で、誰にも似ていませんでした。書く文字も特有で、どんな人にも真似ができなかったが、話し方もまたそうでした。人なつこい笑顔をして、ユーモラスで、人を楽しませようという誠意にあふれていて、何より、威張るということがいっさいありませんでした。これからデビューしようと緊張している若い才能たちも、彼のあの語り口、人となりに、どんなにか助けられたことでしょう。

だから私は今、少し目を閉じれば、彼がこちらに話しかけてくる際の特有の仕草や顔つきが、いともたやすく脳裏に浮かびます。そしてあの独特の楽しげな声の音色が、耳もとによみがえります。

こうしている今も、東京に帰れば、宇山氏があの特有の柔らかな態度で出迎えてくれる気がしています。だから、柩の中の彼の表情を、今見たいとは思いません。今見さえしなければ、彼は私の脳裏で、永遠に生き続けるでしょう。

帰国のたび、ちょっと足さえ延ばせばまた宇山氏に会え、ともに笑いながら、一緒にミステリーの話ができる気がします。この思いは、私が死ぬまで続くでしょう。

今思うことは、高杉晋作の最後の言葉です。平民による奇兵隊を組織して幕府軍を打ち破り、維新への道を切り拓いた高杉ですが、病には勝てず、夭折します。その彼が、病床から仲間に向かってこう遺言しました。「ここまでやった、後は頼むぞ」と。

たった今の私は、宇山氏に同じように言われている心地がします。自分はここまでやった、後は頼むと。新人を見つけ、育て、本格ミステリーの灯を絶やさないで欲しいと。また島田さん自身もさぼらず、力作を書き続けて欲しいと。

宇山氏がよく言ってくれていたお世辞に、「島田さんは新本格の旗艦として、大いに健筆をふるって欲しい」というものがあります。「ミステリーランド」創刊の時も、「島田さんは旗艦として、先頭の第一陣に」などと言ってくれました。そのたび、他愛なくやる気になったものです。彼は、人の気力を奮いたたせる名人でもありました。

今また、柩に入るというこれ以上ない効果的なやり方で、彼は私を叱咤激励しているのです。だから私は、やらなくてはなりません。彼のお世辞をまに受け、私は今、やろうと決心しています。微力にせよ状況を引っ張っていくことを目指し、真面目に、全力で創作を続け、同時に有能な新人を見つけて育て、盟友宇山氏と作った新本格の灯を絶やさないことをしようと思います。

そしてそれとともに、宇山氏が心血を注いで作った「ミステリーランド」にも、新作を書かねばと思います。
これからしばらくは、宇山氏の弔い合戦となるでしょう。先年、鮎川さんが亡くなった時もそう思いましたが、ここに来て、頑張らなくてはならない理由に、去った宇山氏の存在も加わりました。状況に必要な人材には、もうこれ以上亡くならないで欲しいと願います。しかし、惜しい人を亡くしましたが、この衝撃に負けず、私は前進する覚悟です。宇山氏もそう望むでしょうし、志ある人は、私と同じ気持ちでいてくれるものと信じています。

二〇〇六年八月九日

島田荘司

弔辞

綾辻行人

宇山さん。

今日ここで、こんな形で、あらたまってお話ししなければならないとは、つい一週間前までは夢想だにしませんでした。人を「びっくり」させるのが大好きな宇山さんでしたけれども、こんな最後のサプライズは、あなたの口癖を借りれば「何だかなあ」です。ご自分でも実は今ごろ、この唐突な展開に対して、鉛筆チェックを入れたくて仕方ないのではありませんか。

宇山さん。

初めてお会いしたのは十九年前、一九八七年の今ごろの時期でした。宇山さんの故郷でもある京都の街の、百万遍《ひゃくまんべん》近くの古い喫茶店で、あなたは待ち合わせの目印に真っ黒なサングラスをかけて。初対面の第一声は、例の調子で「講談社の宇山です」。

二人で哲学の小道を歩いて、『占星術殺人事件』にも登場した「若王子《にゃくおうじ》」の洋館に入って、そこで『十角館の殺人』に使う著者近影を、宇山さんみずからが撮ってくださって……と、こんなふうに最初から思い出を辿りはじめたら、本当にきりがありません。

宇山さん。

あなたはよく、パートナーの慶子さんについて、絶賛の意を込めて「彼女は妖精のような人」

綾辻行人

と云っておられましたが、そう云うあなた自身が、みずからの存在の内に不思議な妖精を住まわせている人でした。

その妖精はとても愛らしくて、賢くて、優しくって、同時にちょっと天邪鬼な、それでいてたいそうチャーミングな皮肉屋さんで、そうしていつもどこか、「私は間違ってこの地上に紛れ込んでしまったのだ」と嘆いているふうでもありました。自分の本来の居場所は、ここではないどこかなのだと。その「どこか」とはやはり、あなたがこよなく愛した『虚無への供物』の作者が還ってゆかれたのと同じ、彼方の宇宙の彼方の国だったのでしょうか。

宇山さん。

十九年前、僕の拙い原稿を本にしてくださったのが実質的なきっかけとなって、後年、編集者・宇山日出臣は「新本格ミステリの仕掛け人」とか「新本格の生みの親」とか、そういったフレーズで語られることが多くなりました。それをまんざらでもないふうに受け止めながらも、けれど心のどこかでは、おそらくいつも「何だかなあ」と首を傾げておられましたよね。

宇山さんが愛してきたもの、育ててきたものは、「本格」とか「新本格」とか、そういうレベルの一言で括れるものたちでは、決してなかったはずなのですから。「ミステリ」とか「SF」とか、「幻想小説」とか「純文学」とかいった、世間的な分かりやすさのためのジャンル概念も、むろんあなたにとって、重要な意味などあるはずがなかった。

宇山さんを深いところで衝き動かしていたも

のは、「宇山秀雄的」とでも呼ぶしか呼びようのない志向性を持った、独自の感性であり、直観であり、美学であり……それらはすなわち、あなたの内なる妖精の声だったに違いありません。

自分と同じようにこの地上に紛れ込んでいる仲間たちを探し出すこと。この地上の現実の、ここに在る限りは決して逃れようのない無粋な引力から、それでも何とかして自由でありたい、少しでも身体を浮かび上がらせたいという叫びを聴き取ること。そうして共にそうあろうと試みること。それがこの世界で、宇山さんが生涯続けてこられた仕事でした。そうですよね。

だから——。

「新本格ミステリ」云々は——もちろんそれも、大いに称讃されて然るべき素晴らしい功績でしょうが——、でもそれだけで語られてしまうべきでは決してない、単に一つの結果であったにすぎないこと、なのです。

　ご安心ください、宇山さん。僕は、いえ僕たちは、ちゃんと分かっていますから。


　それにしても、宇山さん。

　いったい、この突然のお別れの意味を、僕たちはどう解釈すれば良いのでしょうか。

　悲しいサプライズと、一見単純そうでいてひどく難解な謎を遺して、宇山さん、あなたは独り、この地上の頸木から放たれ、暗黒の、虚無の、彼方の、煌びやかな闇に満ちた妖精の国へと旅立ってゆかれます。

　宇山さんのことですから、その地に還り着いたらさっそく、そこで再会するかもしれないいろいろな仲間たちに原稿の依頼をしたくて、今からうずうずしておられるでしょう。ですがその前に、とにかく今はしばし、この地上での、まんざら悪くもなかったあれこれを思い出しながら休養してください。何ものにもお気を遣われることなく、どうかごゆるりと。

宇山さんにお渡しする、これが僕の、最後の原稿になりました。

急な締切設定だったので、ちゃんと書けた自信がまったくありません。ぬるい文章でごめんなさい。

「何だかちょっと綾辻くん、情が前に出すぎじゃなぁい?」とか、「でも、もっとバランスを崩しちゃうところがあってもいいと思うけどなあ」とか、そんなお声が聞こえてきそうです。

柩にお納めいたします。遠慮なく鉛筆チェック、お願いします。

さようなら、宇山さん。

けれども将来、もしも彼方の地のどこかで僕と——僕たちとすれちがうようなことがあれば、そのときは必ず見つけてお声をかけてください。

それまでの間、しばらくのお別れです。

宇山さん、さようなら。——ありがとうございました。

二〇〇六年八月十一日
告別式にて

綾辻行人

京都の新本格ミステリ四兄弟座談会

綾辻行人×法月綸太郎×我孫子武丸×麻耶雄嵩

聞き手＝太田克史

新本格ミステリの黎明期は若き日の綾辻らが所属した京都大学推理小説研究会とともにあった——。宇山と併走し続けた四氏が宇山との仕事を語り尽くす！

京大ミス研と宇山日出臣の出会い

太田　本日お集まりいただいたみなさんは、宇山さんが編集者として新本格ミステリを立ち上げるに至った、まさにその瞬間を一緒に過ごした方々になります。宇山さんの話をお伺いすることで、「あのころ」が一体どういう時代だったのか、その後この現在に至るまでの道筋が見えてくればいいなと思っています。この本を読む方はみなさんをよくご存じだと思うので、自己紹介は割愛しましょう。まずは綾辻さんから順番に、宇山さんと出会ったときの話をしていただければと思います。

綾辻　僕が初めてお会いしたのは、1987年の初夏。それまでに電話では何度もお話ししていたんだけど、『十角館の殺人』のゲラのやりとりが終わったあと、宇山さんが京都まで会いにきてくださって。京大の近くの進々堂という喫茶店で待ち合わせをして、そこからふたりで哲学の小道を歩いて、若王子のあたりで写真を撮ってもらいました。

太田　綾辻さんの最初の著者近影は、宇山さんがお撮りになったんですね。

綾辻　そう。あれが著者近影として使われるとは、あのときはよくわかっていなかった気がする（笑）。僕の場合は当時、キティ・ミュージック・コーポレーションという会社がエージェントとして出版社とのあいだに入ってくれていて、出版が決まるまでの経緯がかなり変則的だったので、担当編集者と直接コミュニケーションを取り始めたタイミングも、ふつうより遅かったと思います。

太田　宇山さんが43歳のときですね。

綾辻　僕は26歳、まだ大学院にいた時期で。ずいぶん年が離れているのに、宇山さんは最初からあの感じでしたね。年下が相手でも丁寧な言葉づかいで、決して上からものを言わない。こういうのは好きですかとか、あれはどう思いますかとか……あまりストレートじゃない、じわりと探りを入れてくるような質問の仕方。

太田　たしかに、宇山さんの渾身の直球語録はあまり記憶にないですね。

綾辻　なぜこういうことを訊かれるのか、と考えさせられるような質問が多いんですね。あれこれ話しながら、ずいぶん歩きました。そこで京大ミステリ研の後輩だった我孫子さんと法月さんのことも伝えたり。麻耶くんはまだ入学していなかった時期です。

太田　最初に綾辻さんが宇山さんにお会いしたときに、このお四方のうちふたりのことはなんとなく話が通ってたんですね。

綾辻　小野（不由美）さんの話も、もちろんしましたよ。僕と小野さん、我孫子さん、法月さんは、学生時代から本当に仲が良かったんです。なおかつ、みんなそれぞれに才能があると認めていたので、この機会にちゃんとつないでいかなきゃ、と思って。法月さんはその時点で『密閉教室』の未完成稿を江戸川乱歩賞に応募していたから、話が早かったですね。ではさっそく読んでみましょう、と反応してくださって。だから、このなかで僕の次に宇山さんと会ったのは法月さんになります。

太田　法月さんは、宇山さんとの初対面はいかがでしたか。

法月　僕は南禅寺の鶏鍋のお店で、綾辻さんも含めてお会いしました。水炊きを食べながら、本を出したいんだったら短くしてねという話をされました。僕が『密閉教室』の未完成稿で乱歩賞に応募したのが87年で、卒業したのが88年の3月だったんですよ。初めて会ったときにはもう宇山さんは乱歩賞の原稿に目を通していて、「ちゃんと最後まで書いたうえで550枚にまとめてくれたら、本にして出してあげられるかもしれない」と言われました。88年の2月だったかな、それから3月に大学を卒業するまではとにかく一所懸命直して、それを宇山さんのところに送ってから就職した銀行の寮に入ったんです。それから半年ぐらい宇山さんとほとんど電話でやりとりして、出版することになりました。『密閉教室』が出たときはまだ銀行員だったので、やりとりも全部銀行に内緒でこっそりやっていました。当時は携帯電話なんかないから、毎週のように寮へ「講談社の宇山です」と電話がかかってきて、寮監のおじさんに取り次いでもらってやっと話ができる。不在でこっちからかけ直すときは公衆電話、という時代です。著者近影は、僕のときも宇山さんが休みの日に京都に来て、鴨川のへりで撮ってもらいましたね。

綾辻　その鶏鍋のお店には僕と小野さんも同席していたよね。宇山さんに「もう就職が近いけれども、それまでに800枚ある原稿を550枚に削れますか」と訊かれて、法月くんが強く頷いて「やります」って。あれは感動的な場面だったなあ。

法月　やりますって言いましたね（笑）。

我孫子　550枚になったの？

法月　550枚よりはちょっと超えてたけどね。ただ、ボリュームが大分減ったから、宇山さんはOKをくれました。

綾辻　80年代後半のあの時期、分厚いノベルスは少なかったんだよね。新人だとまず、600枚以上もあるような本は出してもらえなかったから。なるべくコンパクトなページ数の、読者が手に取りやすいものを……というのが業界の常識で、その目安が550枚だったんだと思います。法月さんは見事な改稿をやってのけて、88年秋の出版が決まった。

法月　僕が『密閉教室』を直しているあいだ、我孫子さんはずっと原稿を書いていました。だから、次に宇山さんと会ったのは我孫子さんですね。

我孫子　綾辻さんが僕のことを紹介してくれて、みんなでお茶をしたと思います。綾辻さんと同じく、僕もキティをあいだに挟んでいました。キティと話をしつつ、島田荘司さんとも話をしつつ、宇山さんともやりとりしていた覚えがあります。そこで島田さんに「デビューはやっぱり本格ミステリじゃないと駄目だよ」と言われて『8の殺人』を書きました。『8の殺人』が刊行されたのは89年の3月のことで、88年の後半はずっと書いて、直しての繰り返しでしたね。それを読んだ島田さんからアドバイスをもらって、また改稿して。宇山さんとはそんなに直接は会ってなくて、原稿について言われたことはあまりなかった記憶です。

綾辻　キティがあいだに入っていたから、どうしてもそうなったよね。

法月　我孫子さんはタイトルって、自分でつけたの？

我孫子　ああ、『8の殺人』のタイトルをつけたのは宇山さんですね。

法月　僕の最初の三冊のタイトルも、全部宇山さんが考えたものです。

我孫子　最初は「蜂の住む家」にしていたけれど、これではミステリかどうかあまりわからないと言われました。それで「8の字屋敷の怪事件」という案を出したのですが、ちょうど東野圭吾さんの『十字屋敷のピエロ』という本が出版されたので変えたという経緯だったと思います。

綾辻　法月さんの『密閉教室』が講談社ノベルスで刊行されたのが、88年の10月。その前月に歌野晶午さんが『長い家の殺人』でデビューしていて、さらにその前には斎藤肇さんの『思い通りにエンドマーク』が出ていた。そういう流れだったから、我孫子さんのデビュー作もやはり本格ミステリを、となったことはたしかですね。我孫子さんは他の志向性も強く持っていた人だけれど、とにかく最初は「本格」でいこうと。で、そこから麻耶さんのデビューまでには、いくらか時間が空くんだよね。

麻耶　僕は法月さんがデビューされた1988年に、京大ミス研に入りました。法月さんは入れ違いで卒業され、銀行に勤めていました。同期の我孫子さんはまだ学生で。おふたりともデビューを控えた時期でした。

太田　ちょうど法月さんが宇山さんとやりとりしているときに、麻耶さんが京大ミス研に入ったんですね。

麻耶　法月さんは銀行員の傍らデビューの準備をしていたので、在学生の僕らは詳細を知りませんでした。僕が作家の世界を意識したのは、我孫子さんがNHKの番組に出演したことが大きかったです。

法月　キティの会社紹介で番組に出演したんだっけ。

麻耶　「これからデビューする期待の新人」みたいな感じで我孫子さんがキティの方へ原稿を渡すシーンなんですが、僕もちらっと映っています。

綾辻　NHKの朝のニュース番組で、「本邦初の作家エージェントシステム」みたいな触れ込みでキティが紹介されたんです。僕のマネージメントをしていた平野(優佳)さんにスポットを当てた取材だった。彼女が「京都に打ち合わせに行きます」と言って、当時僕が住んでいた岩倉のアパートに来るのをカメラが追いかけて、原稿の打ち合わせをしてから京大ミステリ研のBOX(部室)に移動して、そこで新たな才能を紹介しましょう、みたいなシナリオで。そのときに我孫子さんを紹介したことになっているという(笑)。我孫子さんが原稿を渡すシーンを撮ったんだけど、その横にちょうど麻耶くんがいて映ってるんだよね。

麻耶　そうです。サクラで下っ端部員が駆り出されまして。

綾辻　あの番組の録画、しっかり残してあるよ。

麻耶　そういう時系列なので、僕の場合はお三方のデビューからちょっと間が空いています。デビュー作の原型は、二回生のときに京大ミス研の機関誌『蒼鴉城』に掲載されたものです。追悼文にも書きましたが、僕は宇山さんと最初にお会いしたときのことを覚えてないんです。綾辻さんが一緒だったような気がしますが……。

綾辻　たぶん一緒だったと思う。

麻耶　ひたすら緊張していたので、話の内容どころか、いつどこで会ったのかすらまったく覚えてなくて。

綾辻　まだメフィスト賞ができる前で、宇山さんはひとりで動いて新しい書き手を探していたんだよね。京大ミス研にもっと誰かいない？　とか。麻耶くんの「MESSIAH」(『翼ある闇』の原型となった作品)が載った『蒼鴉城』を渡したら読んでくれて、これを書いた人にはぜひ会ってみたいなあ、と。そんな流れでしたね。

麻耶　僕のデビューの前年に、京大ミス研からは『消失!』で中西智明さんがデビューしています。なのでミステリ研を経て作家デビューするルートがあるのは理解していましたが、まさか自分に訪れるとは思っていなかったので本当に驚きました。憧れてはいましたが、まったく未知の世界でしたから。宇山さんに会ったときも、この方があの有名な編集者かとか、余計なことは言わないでおこうとか、そればかり先に立って人となりを観察する余裕なんてありませんでした。

綾辻 麻耶くんはまだ卒業も見えていない学生だったし。

麻耶 当時は20歳くらいでした。そのころは作家として書き続けていくのかとか、まだ考えていませんでした。とにかく本が出せて嬉しかった。

綾辻 『翼ある闇』でデビューしたあと、次の『夏と冬の奏鳴曲《ソナタ》』の発表までには時間がかかったよね。

法月 それでもかかったのは二年だね。

麻耶 今の執筆ペースから考えれば充分速いですね(笑)。

太田 今でこそ新本格の父として知られる宇山さんですが、それ以前、みなさんがお会いしたときはいかがでしたか？ 宇山さんの『ショートショートランド』での活躍はご存じだったのか、あるいはただ単に講談社の人だったのか。

綾辻 宇山さんのそれまでの仕事については、最初は当然ながらまるで知らなかったんです。今みたいにいろんな情報がネット上にあふれている時代じゃなかったから。講談社についても「乱歩賞をやってる大手出版社」という程度の認識で。宇山さんとお会いして、いろいろとお話しするうちにだんだん、どういう仕事をしてきた人なのかわかってきたわけです。『虚無への供物』を文庫化するために講談社に入ったという例の逸話も、『ショートショートランド』時代のあれこれも。

太田 やはり麻耶さんも含めて、「年上のベテラン編集者がやってきた」という印象だったんですね。

綾辻 とはいえ、宇山さんは相手が年下の若者であろうと基本的に丁寧語で話す人だったし、言葉だけじゃなくて行動においても、対等な相手として僕らと接してくれましたね。だから、あまり〝年上感〟はなかった気がする。

太田 宇山さんは、他人に対して偉そうにすることがまったくなかった人でした。よく島田さんもそうおっしゃっていたんですが、そこは最初から一貫していたんですね。

法月 高飛車だったり、いろいろ押し付けてきたり、経理をごまかしたりする編集者がいるという話を作家になってからいろんな人に聞いてびっくりしました。宇山さんはそういうことはぜんぜんなかったので。こちらは単なる学生上がりで出版業界のことなんて知らないなか、ちゃんと一人前の作家として扱ってもらえたのは幸運でした。こちらの言うことに耳を傾けてくれたし、変な文壇の常識を強いられたことはまったくなかった。

綾辻 なかったねえ。いま思い返すにつけ、最初に出会った編集者が宇山さんで本当にラッキーでした。

講談社ノベルスの宇山スタイル

太田 他社で仕事をするようになって、そちらの編集者とのあいだで宇山さんの話はされましたか？

綾辻 あのころの「新本格第一世代の台頭」なんてね、今の人が思うほど派手なものじゃなかったんです。デビューしても、僕らはみんな京都で学生と変わらないような生活をしていました。日本推理作家協会にも入ってなかったし、乱歩賞のパーティーとかにも行かなかったし。僕はその後、祥伝社から『緋色の囁き』を出したんだけど、担当はノン・ノベルの名物編集者だった猪野正明さんでした。猪野さんももう亡くなってしまいましたね。彼がまた優しいというか、偉ぶったところのない人で、すごく親身になっていろいろと助けてくださいました。法月さんも、猪野さんが担当だったよね。

法月 猪野さんと、あとはワセミス(ワセダミステリ・クラブ)OBの保坂(智宏)さんが担当でした。猪野さんにとって宇山さんは、畑はちょっと違うけど根っこのところで小説観を共有する兄貴分みたいな感じだったのかもしれません。

太田　講談社から祥伝社へ、みたいなルートがなんとなく宇山さんと猪野さんのあいだであったんでしょうね。

綾辻　あったみたいですね。当時のエンターテインメント小説はノベルスの全盛期だったから、内田康夫さんとか菊地秀行さんとか、おふたりの共通の担当作家も多くて。編集者同士の横のつながりは、今より強かったんじゃないかな。

太田　内田さん！　僕が今回の追悼文集をつくろうと思ったのは、内田さんが亡くなられたことが大きいんです。生前、宇山さんは内田さんの話をよくなさっていたんですね。ところが僕は内田さんには一度もお目にかかったことがなく、ついぞ内田さんからは宇山さんの話を聞けずじまいだったんです。ですから、いいお話は聞けるうちに聞いて編んでおかねばと思い立ったわけです。また、当時のミステリ編集者というと戸川（安宣）さんと宇山さんの名が挙がりますが、猪野さんもいらっしゃいましたね。そこはつい見落としてしまうところかもしれません。

綾辻　このなかだと、猪野さんと仕事をしたのは僕と法月さんだけだけど。猪野さんはあまり本格ミステリにとらわれない人だったから。

太田　当時、講談社ノベルスというかノベルス全般の佇まいは雑多なものだったんですよね。官能ものもあったり、ハードボイルドもあったり。

綾辻　うん。伝奇SFや伝奇バイオレンスの全盛期で、ミステリだとトラベルものが大人気でしたね。僕がデビューしたころのノベルスは、サラリーマンが出張で新幹線に乗ったときに片道で読めるような、というイメージだった。それを変えたい、という思いも当時、宇山さんにはあったと思います。

太田　ちなみに「新本格」という単語が登場したのはいつごろですか？

綾辻　88年2月に刊行された『水車館の殺人』の帯の惹句で、「新本格推理」という言葉が使われたのが最初。「ネオクラシック」とルビが振られていましたね。宇山さんから、このあと同じ路線の新人をどんどん出していくつもりだから、まとめて「新本格」としてはどうか、と打診された覚えがあります。でもあのときは僕、「新本格」は過去のミステリシーンで何度も使われている言葉だから、今さら「新本格」もないんじゃないか、と難色を示したんですよ。「新」と付けると古くなるからやめたほうがいいんじゃないか、とも。だけど、ほかに代案が見つからないまま……。

太田　ルビで「ネオクラシック」と付けたのは、当時の本格シーンへのちょっとした抵抗だったんでしょうか。

綾辻　どうだろう。はっきりしたコンセプトがまだ固まっていなかったから、じゃないかなあ。当時は、帯の惹句は完全にお任せだったんですね。なかでも宇山さんは、本ができるまでは著者にも何も見せない、というスタイルだったから、あれはあれでおもしろかったよね。今では考えられないかもしれないけれども、帯だけじゃなくてカバーデザインも表4の内容紹介も、何もかもお任せで。本が刷り上がったら毎回、宇山さんが嬉々として京都に持ってきてくれて、僕らはそこで初めて〝本の顔〟を見る、という。初めのころはいつもそうだったなあ。

太田　さすがに帯や内容紹介とかは著者に事前に確認するものだと思うんですけど、宇山さんはしなかったんですね。

法月　僕もなかった。あと忘れられないのが、奥田哲也さんの『霧の町の殺人』で、帯に「犯人は一度も作中に登場しない警察署長!?」というアオリが書いてあったんだけど、これがぜんぜん内容と合ってない（笑）。そういうことも、けっこうあった気がします。

太田　我孫子さんも知らされませんでした？

我孫子　『殺戮にいたる病』が宇山さんとの最後の仕事だったんですけ

ど、このときは宇山さんの帯の文案が気に入らなかったので、僕から「犯人の名前は、蒲生稔！」を提案したことを覚えています。92年のことですね。

綾辻　ああ、あのコピーね。

我孫子　そのときは、カバーの絵とかも見せてもらってました。

太田　そのころからスタイルが変わったんですかね。

法月　四六判とノベルスでつくりが違ったのかもしれません。

我孫子　言われてみると、ノベルスの表紙を見せてもらった記憶はないですね。

太田　ノベルスは毎月の定期刊行物で次々に編集しないといけなかったので、悪く言うと機械的に、ルーティンとしてやっていたのかもしれないですね。

法月　当時のノベルスは、カバーまわりは完全に編集がつくるもので、こちらは「著者のことば」以外ノータッチでした。

我孫子　『十角館の殺人』を出すときに、それまで絶対こうだって言われていたフォーマットを宇山さんは変えたわけじゃないですか。それには相当反発もあったわけでしょう。

綾辻　いや、あれはキティの平野さんの功績だったんだよね。平野さんは今は双葉社の編集者で、湊かなえさんの『告白』を世に出したりもした人です。『十角館』のカバーデザインを辰巳四郎さんに、というのは僕が言いだしたんでしたね。宇山さんにそう提案したら、「いいですね」と。それで辰巳さんが最初に出してきたデザインを、平野さんがボツにしたそうなんです。従来のノベルスの常識は捨てて、書店で女性が見かけて手に取りたくなるような〝顔〟にしよう。そういう方向性を、彼女が強く主張したんだとか。

我孫子　それは装画は同じだけど、装幀をボツにしたってこと？　それとも、装画をボツにしたってこと？

綾辻　装画も含めて、もう全部変えましょうと。結果、あのカバーデザインになった。当時、編集部内で反対があったのかどうかは知らないけれども、ノベルス版の『十角館』って、表1のタイトルがあんな感じで浮き彫りになっていて、あまり目立たない。ぱっと見てすぐにタイトルがわかる、という当時のノベルスの常識にあえて逆らったものにしよう、目立たないことによって目立たせよう。そんな戦略だったんでしょうね。そしてそれが成功した。

法月　しかし宇山さんも英断だった。

綾辻　講談社ノベルスは新しいレーベルだったから、自由が利いたのかもしれません。あのころはノベルス戦争の時代で、老舗のカッパ・ノベルスがあって、ノン・ノベル、カドカワノベルズがあって……で、講談社ノベルスはほとんど最後発だった。当時、講談社は文芸第三出版部が立ち上がったばかりで、部長は中澤義彦さん。中澤さんもわりと〝おもしろがり屋さん〟的なところがあったから、既存の形にとらわれずにやってみよう、と判断されたんでしょうね。

太田　立ち上げ期の講談社ノベルスはとにかくいちばんの後発で、力が弱かったと文三の先輩方からは聞いています。そういうなかで、中澤さんが年上の部下であるところの宇山さんを上手に使っていたという話はされていました。きっとお互いにやりづらかったはずだけど、中澤さんの器が大きかったから相性が良かったんじゃないかと。

綾辻　宇山さんはそんな、年上年下にこだわる人じゃなかったから。

太田　中澤さん－宇山さんの体制で講談社ノベルスが後発ながらも伸びていく時期に当たって、綾辻さんが現れたという流れでしょうか。文三が文二から独立して創部したのが87年の2月28日なので、ちょうど半年で『十角館の殺人』が出ている。

綾辻　タイミングが良かったんだね。思い切ってやってみよう、という空気が文三全体にあったんだろう、と。

太田　編集部サイドからすると、とくに我孫子さんまでの登場は本当に嬉しかったと思います。最後発で出てきて、とりあえず最初は赤川次郎さん、栗本薫さん、佐野洋さん、西村京太郎さんとビッグネームを集めてきたけれど、じゃあ次はどうしようというときにみなさんが現れたわけですから。

綾辻　京大ルートとは別に、『ショートショートランド』ルートもあった。斎藤肇さん、太田忠司さん、井上雅彦さん、奥田哲也さん、といった人たちみんなに宇山さん、「本格ミステリを書いてみない?」と声をかけてまわって。

太田　今回の追悼文集では、もちろんそのあたりの方々にも書いていただいています。僕は太田忠司さんには直接お話を伺ったことがあるんですが、「宇山さんは新本格で名を馳せたけど、その前からすごい丁寧ですばらしい編集者だったんですよ」と繰り返しおっしゃっていましたね。今回の追悼文にもそのあたりの経緯をしっかり書いていただいています。とにかくノベルスは毎月点数を出さないといけないので人手が必要だった。そこで宇山さんが『ショートショートランド』をやっていたのが人材面でもすごくプラスに働いたのかなという気はしますね。

法月　貪欲にいろんな人を出してますからね。

太田　そのころの話では、二階堂黎人さんからいただいた追悼文が興味深かったです。二階堂さん曰く、麻耶さんの『夏と冬の奏鳴曲』が出た月、93年の8月。ここが実は講談社ノベルスにとって大きな変革点なんだと。というのも、その月の講談社ノベルスの刊行物全五点が、ここで初めて新本格だけになったそうです。今の若い人は、僕世代でもそうなのですけど、綾辻さんが出たあと講談社ノベルスはいきなり新本格の牙城になったイメージをつい持ってしまうのですが、実は五年ぐらいかかっているんですね。そして、記念すべきその月に二階堂さんも新刊を出しているというわけです。

麻耶　『聖アウスラ修道院の惨劇』ですよね。

法月　帯の「スーパーミステリ・ビッグ5!」という惹句は今でも覚えています(笑)。

太田　センスのかけらもないような潔すぎるストレートさですね(笑)。この五冊のうち、黒崎緑さんのものを除く四冊を宇山さんがひとりで担当されたと二階堂さんが語っていました。この月の宇山さんの頑張りが講談社ノベルスの新本格化を決定づけたと。装幀も含めていろいろ変えていけば、やっぱり三年や五年はどうしてもかかるんですね。

麻耶　綾辻さんも含め、毎月は出さないですからね。

綾辻　うーん。それでもあのころは僕、半年に長編一本は書いてたんだよなあ。

太田　売り物がなければ営業もかけられませんからね。

宇山邸と別荘の記憶

太田　新人時代の思い出に続き中堅時代、みなさんが半年に一作書いていたところが一年に一作になってきたころのお話を伺えればと思います。他社とも仕事をはじめて宇山さん以外の編集者も知っていかれたときの、改めての宇山さんの印象や思い出話を聞かせていただけますか?

法月　宇山さんは他社で出した本はほめてくれないんですよ。なんかいつも首をかしげるんだよね。

太田　わはは。それは宇山さんを知る人がみなさんおっしゃいますし、実際のところ編集部のなかでもそうでしたね。

綾辻　90年に新潮社から『霧越邸殺人事件』を出したときもそうだった。あの作品は自分でも手応えがあったし、評判もたいへん良かったんだけれども、宇山さんは喜んでくれつつも、なんだか不満そうでね。上京して宇山さんの家に泊めていただいたとき、僕の目の前で『霧越邸』

を開きながら、「ここまでやるんだったら、この文章はないんじゃないかなあ」とか。

太田　本人の前でですか（笑）。

綾辻　「このレベルの文章を書けるんだったら、ここでこの言葉の選択はないんじゃないか」っていう意味だったんだけど、言われたほうは「いきなりそんな、細かいことを⁉」と戸惑ったりもして。あとで思うと、他社で出した本には必要以上に厳しかったんだな、という感じ。編集者ってやっぱり、そういうもの？　他社で書いた作品の評判が良かったりすると、ちょっと嫉妬めいた感情が入ってくるのかしらん。

太田　たいていの編集者にはあることなんじゃないかなと思いますよ。しかし、自分の家に泊まりにきた作家さんの目の前でそこまでやるのはすごいですが。

法月　いや、それはよくやっていたよね。

綾辻　それもこれも含めて、楽しい思い出です。当時は僕たち、上京してもホテルに泊まるお金の余裕があまりなかったから、しょっちゅう宇山さんちに泊めてもらって。僕らに限らず、あの時期の宇山家にはいろんな作家が集まってきてたよねえ。

法月　凶悪な猫がいて。

綾辻　名前はオペラ。

法月　トイレに行くと待ち伏せされて、みんな引っかかれる。

我孫子　僕は引っかかれてないです。

太田　我孫子さんは好かれたんですね。

我孫子　好かれてもないと思うけど、大丈夫でした。

綾辻　島田さんや笠井（潔）さんもよく来ておられましたね。SF作家の野阿梓さんと遭遇したこともあったなあ。宇山さんが、自分の好きな作家を集めて、奥さんの三代さんが美味な料理をつくってくださって、朝まで語り明かす。そういう時期があったよね。そんなとき宇山さんは必ず泥酔して、その場にいる作家の顰蹙を買うんですよ。僕や法月さんは怒ったりしなかったけれど、島田さんや笠井さんはマジで怒ることもあった。宇山さんが酔った勢いで余計なことを言うから。

太田　あのあたり、宇山さんはちょっといかにも京都の人っぽいところがありましたね。言わずもがなの嫌味をあえて言うっていうのか。

綾辻　嫌味じゃないよ。少し皮肉めかして、しらふでは言いにくいような、ちょっとした異論を口にするの。

太田　うーん、宇山さんはまさにそういう含羞の人でした。そういえば、僕も何回か宇山さんの家に遊びに行ったんですけど、そのときに「ここに綾辻くんとか麻耶くんとかをよく呼んでいたんだ」と笑顔でおっしゃっていて。そのころが本当に楽しかったんだと思います。「当時、講談社は彼らのためにお金を出してくれなかった」って愚痴っぽくこぼしていましたね（笑）。「そんな若い作家を東京まで呼ぶ金はない」と言われて、仕方がないから「ボクのうちにおいでよ」と言っていたそうです。

綾辻　やがてそういう時期も過ぎて、次は宇山さんが八ヶ岳に別荘を買ったから遊びに行こう、というふうになった。あれも楽しかったですね。このなかでは麻耶くんがいちばんよく行ってなかったっけ、八ヶ岳。

麻耶　年に一回くらいですね。でも行ったら二、三日、長いときは五日間ぐらい滞在していました。そのまま一緒に宇山邸に戻ってまた一泊とか。

綾辻　宇山さんは麻耶くんのこと、すごくかわいがってたよねえ。

太田　麻耶さんが追悼文で書かれていましたが、麻耶さんを養子にしたかったって話は僕も宇山さんから直接聞きました。

麻耶　何回か言われました。本当にびっくりしました。ありがたいことですけど、まだ親が健在だしなあと（笑）。

太田　そうですよね（笑）。麻耶さんは天涯孤独でもないのにそんなこと言って大丈夫だったのだろうかと疑念に思いながら聞いていました。それでもそれは宇山さんの偽らざる本心だったと思います。2000年前後になっても、まだときどきおっしゃってましたからね。

麻耶　もうそのころは直接言われなくなりましたけど。あ、でも僕の結婚式のスピーチで久しぶりにおっしゃってましたね。

嫉妬心とメフィスト賞

太田　先ほどの法月さんのお話を広げさせていただくと、宇山さんは嫉妬（？）が高じてなのか編集部の内々だとけっこうひどいことを言ってましたよ。なかでも集英社の遅塚（久美子）さんがみなさんの原稿を次々と奪っていかれるのがとくに気に入らなかったみたいで、僕もとある方の新作が集英社から出たときに「集英社で書くと作家はみんな駄目になりますね」って宇山さんが言っていたのを直接聞きました。当時は編集部に入ってそんなに時間が経っていなくて、宇山さんのこともわかっていなかったので、「なんでこの人はそんなひどいことを言うんだろう！」と思ってひとり立腹していたんですけど。

綾辻　僕が集英社から『眼球綺譚』を出したのが95年でしたね。

太田　その方が書いたってことにかこつけて、みなさんのこともちろん愛情の裏返しだと思うんですけど口悪く言ってましたね（笑）。

綾辻　90年代に入って遅塚さんが『小説すばる』の編集部に来てから、いろいろと賑やかだったのはたしかだけど。

我孫子　あとはやっぱり、仲良くしていたからじゃないですか。それこそ遅塚さんが新本格の界隈のみんなを集めて一緒にカラオケに行ったりとか、そういうことがすごく多かったので、取られたような感じがして。

綾辻　ちょっと寂しかったのかも。

我孫子　それに当時は雑誌の『メフィスト』ができるまで、短編の受け皿がなかったんですよ。短編は集英社の『小説すばる』に書くムードがあったと思います。

法月　あとは講談社文庫のPR誌の『IN☆POCKET』に持って行ったりね。

我孫子　宇山さんからは、なかなか短編書いてよって言われることがなかったんです。書き下ろし長編が刊行されるにはそれなりに時間がかかる状況で、よそに取られちゃった感じはあったんでしょうね。

太田　我孫子さんの分析通りだと思います。講談社でも『小説現代』とか『IN☆POCKET』で書かれてしまうと、作品の立ちあげに文三の編集者が介在できないんですよね。宇山さんは生原稿至上主義なところがあったから、自分のところで原稿を書き下ろしてくれる人が好きだったんだと思います。でもだんだんみなさんが功成り名を遂げて、よその出版社から声がかかったりしたときに、当時の宇山さんには原稿を集める装置がなかった。

法月　けれど『メフィスト』の刊行前後は、それこそ文三が次々と新人をデビューさせていたころでしょう。宇山さんと話をすると、今度こんな新人がデビューするんですよという話をいつも聞かされて、僕らは僕らで宇山さんはやっぱり新人が好きなんだなと思うことはあったかな。

綾辻　96年にメフィスト賞を創設したことが、やっぱり大きな転機でしたね。京大ミス研方面では宇山さん、麻耶雄嵩を世に出して、そこでわりと気が済んだようなところがあったかもしれない。そしてそのあと、宇山さんが文三の部長になった、まさにそのタイミングで京極夏彦さんの『姑獲鳥《うぶめ》の夏』の原稿が送られてきたんだよね。

太田　94年6月に宇山さんが部長になっていますね。

綾辻　『姑獲鳥の夏』の原稿を読むとすぐに宇山さん、僕にそれを送ってきて、とにかく読んでくれと。僕と法月さん、竹本健治さんが推薦文を寄せて、94年9月に『姑獲鳥の夏』が刊行された。その大成功がメフィスト賞の立ち上げにつながっていったわけですね。

太田　『メフィスト』の創刊は今振り返ると本当に理想的に物事が進んでいた感じがあります。ノベルスができあがったら綾辻さんがデビューし、そこに京ミスのみなさんが続いて、宇山さんが文三部長になったら京極さんが出てきて『メフィスト』が創刊される。しかし部長になってからはみなさんとも少し距離ができたというか、足繁くみんなで集まる感じではなくなってきたんですかね。

綾辻　僕は『暗黒館の殺人』を書いていたから、まめに連絡を取り合っていたし、仕事を離れたところでの親交もずっと続いてたんですよ。

太田　宇山さんが部長になったときはどんな感想を持たれたんですか。

綾辻　94年の春、内示が出たばかりの時点で聞いたんだったかな。「これ、まだ口外しちゃ駄目なんだけど」と言いつつ、「実は今度、部長になっちゃうんだよね」って。あのときはなんだか嬉しさ半分、戸惑い半分、みたいな感じでしたね。自分はあんまり人の上に立つタイプじゃないんだよなあ、というふうにも言っておられた。

太田　宇山さんが部長になってから変わったなと思ったことはありましたか？

綾辻　どうなんだろう。プレッシャーはあったでしょうね。自分自身で本をつくれなくなることが、やっぱり寂しいみたいでもあったし。部下の指導をしなければいけないこともプレッシャーというか、ストレスだったんじゃないかな。ああいう人だから、部下に対してもあまりストレートに「違う」とは言えなかったり、自分の美学に反するようなことも許容せざるをえない局面があったり……と、部長であるがゆえの葛藤がいろいろあるっていう話を、何度か聞かされたっけ。部下については、太田くんのことも含めてね。

太田　そうなんですね、すみません僕はご迷惑ばかりおかけしたと思います。

最後の依頼
――講談社ミステリーランド

太田　さて、ミステリーランドについては、どのような形でみなさんに依頼があったのでしょうか。

綾辻　部長を退かれてしばらくしたころ、相談を受けました。「講談社での最後の仕事として、こういう企画を考えているのですが」と。企画のコンセプトはもう具体的に決まっていて、あのときはたしか執筆者の人選も相談された覚えがあります。

太田　ミステリーランドは講談社の宇山日出臣の仕事の総決算だったわけで、そこで最初に綾辻さんにお話を聞くのは自然な流れだったのかもしれません。

綾辻　そうだったんでしょうね。企画が立ち上がって、そのころから宇山さんも電子メールを使うようになって、何か動きがあると執筆予定者に同報メールが来たり……と、そのあたりまではお元気だったんだけれど、そのあとは病気になってしまわれて。

太田　ミステリーランドの企画の立ち上げのときまでは元気でしたね。

綾辻　うん、まだね。ところが２００１年の終わりごろ、鬱病が発症して、それ以降の宇山さんはすっかり元気がなくなってしまって……驚いたし、心配も大きかったです。でも、そんな状態だからこそ、頑張ってミステリーランドの原稿を書くのがいちばんの薬になるはずだろうと、そう思って頑張ったんですよ。

太田　ミステリーランドではみなさんに揃って書いていただいて、ずいぶん宇山の癒やしになったと思います。講談社の編集者として最後の節目がくるときに、自分がやってきたことをもう一度新しい形で若い読者に向けてまとめ直すという、編集者としてこんなにも理想の仕事ができた編集者は宇山さんぐらいしかいないと思います。

法月　綾辻さんの『びっくり館の殺人』と同時刊行（２００６年３月）ですが、宇山さんが亡くなる前に『怪盗グリフィン、絶体絶命』が間に合ったんです。でも、その後に乙一くんの『銃とチョコレート』ができたときの宇山さんがものすごく嬉しそうで、ちょっと羨ましかった。宇山さんが乙一くんの本をつくったのはあれが初めてだったので、たぶんずっと前からの念願が叶ったんでしょうね。結局、宇山さんが生きているあいだに形にした本はそれが最後でしたね。それがすごく宇山さんらしいなと思いました。

綾辻　やっぱり若い才能が好きなんだよね。

我孫子　僕はたぶん、このなかでひとりだけ原稿が間に合っていないんです。順番が後だからと安心していて。みなさんの本が出たときに宇山さんが京都まで持ってきたときに会ったのが最後でした。

太田　最後まで本は直接持っていくのが宇山イズムでしたね。

綾辻　できた本を作家に手渡すときが、いちばん楽しそうだった。

太田　見本を持っていくときに誤植が見つかってもどうしようもないんだから、ゲラの時点で持っていけばいいのにとか、僕は若手ながらにちょっと思っていました。しかしとにかく宇山さんというか当時の文三は、本ができ上がったら直接書き手のもとまで持っていっていました。

法月　今は全部メールで済ませてしまって、下手したら一度も会わずに見本は郵送、というのも珍しくないですからね。

麻耶　お話をいただいたときに、子ども向けを自分が書けるか躊躇っていたら、子どもだけでなく大人をより驚かせるものがあってもいい、子ども向けにも毒があっていいと。僕にはそういう邪悪な作品を期待していると言われました。それで『神様ゲーム』を書いたんですが、宇山さんはものすごく喜んでくれましたが、読者からは子どもには読ませられないという批判もいただきましたね。依頼通りに、子どもも大人も驚くような本を書いたはずなんですが（笑）。

太田　キャッチコピーが「かつて子どもだったあなたと少年少女のための――ミステリーランド」ですから。宇山さんらしいコピーですよね。

綾辻　想定するべき少年少女の年齢層を確認したら、宇山さんは「ボクです」と胸を張っておられましたね（笑）。「だってボク、子どもだから」って。

太田　宇山さんは基準が常に自分だったのがすごいと思います。「〇〇賞を獲るような感じでいきましょう」とか凡百の編集者はつい言いがちなんですけど、そんなことを言ったことはきっと宇山さんは一度もないですよね。

法月　一回も聞いたことないです。

綾辻　編集者ってそんなことを言うものなの？　無粋だねえ。宇山さんの口からは僕も、一度も聞いたことがない。

太田　残念ながらたいていの人は言うんですよ。しかしいつも宇山さんがおっしゃっていたのは、「宇山が喜ぶものを書いてください」。基準がちゃんと自分のなかにあってブレない姿勢が編集者として美しかったですね。

出したい本を出す編集者

我孫子　宇山さんは売れるものとかどこかの賞を獲れるものをつくるんじゃなくて、とにかく自分を喜ばせる、自分がおもしろいものを出したかったわけですよね。その作家性みたいなものがラインナップにも表れていたのかな。

法月　編集者は自分が出したい本を出せ、というのが宇山イズムでした。京極さんの『姑獲鳥の夏』を出した唐木（厚）さんもその精神を受け継いでいますね。誰に受けるのかわからないけど、とにかく僕はこれを出したいという気持ちが大事だったのだと思います。宇山さんはサラリーマン編集者のなかでは特別な人でした。

綾辻　今こういうのが売れてるから書こうよ、なんて絶対に言わなかった。

太田　宇山さんは映像化とか漫画化とか、メディアミックスに一度も言及したことがなかったですね。

綾辻　興味がないみたいでしたね。「本」が最高の形だと信じておられたんでしょう。

太田　みなさんからいただいた原稿がすべてで、本にした後はある意味もう人任せでした。今はもう、メディアミックスを前提にどれだけうまくやれるかが編集者の評価基準になっているところが現実としてあるので、あんな編集者は本当にひとりもいないと思います。宇山さんはプロデューサーとしての編集者とは真逆の存在でしたね。

綾辻　でもまあ、昔は今と比べて編集者がやるべき仕事が少なかった、というのはあるかもね。古い編集さんはみんな、ある時期から悲鳴をあげてるし。

麻耶　僕の場合、何を書いてもって言うと語弊がありますが、だいたいは「これでいい」と言ってもらえました。こちらが不安なときも、「おもしろいからこれでいこう」と逆に背中を押してもらえたり。つまらなくてボツになることはありましたけど、型に嵌めるような修正はされなかったです。今でも覚えているのは、『翼ある闇』で「オレンジ」をずっと「オレンヂ」って書いていたんです。今となっては、ただの変なこだわりなんですけど。宇山さんに「さすがにこれはオレンジのほうがいいんじゃないかなあ」と指摘されたんですけど、これでいきたいんだって言ったら通って。こういう細かいところも含めて、無理に押さえ付けられなかったのが嬉しかったです。

さっき文三の雰囲気の話が出ましたけど、90年代後半は会社の一部署でありながら「宇山グループ」みたいな感じでしたね。『メフィスト』の座談会でも、あんまり商業とかを考えずに担当の人がみんな好きなのを推していて。

太田　おっしゃる通り、『メフィスト』に宇山さんがいた時代は自分が推せるか推せないか、好きか嫌いかだけで出版を決めていましたね。そこはまさに麻耶さんのおっしゃる「宇山グループ」そのもので、マフィア的な結束があった。

麻耶　座談会でも互いにあまり妥協していなかったように思います。最終的には一作品に決まるんですけど、その後でも各々がやっぱりこっちのほうがいいと、未練がましかったり（笑）。

法月　90年代後半のメフィスト賞は文三の、ひいては講談社ノベルスの読者を本当に信じていたから、攻め続けられたんでしょうね。『メフィスト』の読者ならこの本をわかってくれるはず、と確信していなければ出せない本はけっこうあった。そして、その読者よりも文三のほうが半歩先一歩先を行くぜ、という気概が目に見える形で伝わってきました。

麻耶　いきなりハードカバーとかもありましたね。

太田　ありましたね。ただ、あれは部長が唐木になってからなんですよ。やっぱり部長としての宇山さんはノベルスのことを信じていて、なんでもノベルスでやろうとしていました。

麻耶　思えばどうして僕はハードカバーでデビューしたんだろう？　理由は結局聞かされませんでした。

綾辻　そういえば、『十角館の殺人』の刊行が決まったあとの最初の電話で、宇山さんに訊かれたんですよ。講談社ノベルスで出すか、それともこれはちょっとマニアックな作品だから四六判のハードカバーで出すか、どちらでも対応できるけれどもどうしますか？　と。あのときはやはり、『十角館』は読者を選ぶ作品だと思われたんでしょうね。だから、少部数の四六判を愛好家に届ける、という選択肢も示された。ところが僕はそこで、どちらが初版をたくさん刷れますか、と訊き返したんです。

たくさん刷れるのは当然、ノベルスですよね。そして値段も安い。だったら、買いやすいノベルスで出して多くの人に読んでほしいと即断して、そうお答えしたら、宇山さんはちょっと意外そうで、でも嬉しかったみたいで。振り返ると、あれは運命の選択でしたね。もしもあのとき、せっかくだから四六判で出したいと答えていたら、その後の展開は大きく変わっていたかもしれない。

太田　そうなっていたらこの四人が並び称されるみたいなことはなかったのかなと思います。

綾辻　ノベルスじゃなかったら、あんなに次々と新人を出せなかっただろうし。われながら良い選択をしたなあ、と。宇山さんはあの時代、「ノベルス」という形態の力を、ある意味で信じていたんだろうな。

太田　やっぱり権威主義が大嫌いだったので、もしそこで綾辻さんが「豪華なハードカバーがいいです！」って言っていたら、心中ではむっとしていたでしょうね（笑）。

綾辻　当時は僕、貧乏な一介の大学院生だったから、四六ハードが偉くてノベルスは落ちる、なんてぜんぜん思ってなかったんだよね。

太田　宇山さん的に正しい選択をしたので、それでまた綾辻さんのことを気に入っちゃったと思うんですよね。

綾辻　結果として『十角館』、わりとたくさん売れたしね（笑）。

太田　しかしこうやって当時のみなさんのお話を聞いていると、やっぱり気持ちがすごく若くて、新本格ミステリはそういう若さから始まったムーブメントだからこそ、今も続く大きな流れになれたのかなと思います。宇山さんが、みんなもっと大人になれとか、ハードカバーで出せるようになれとか言ってしまう編集者だったら、新本格ミステリはおそらく非常に短命なものになっていたはずです。

綾辻　宇山さんとの巡り会いはもちろん偶然だったんだけれども、よくもまあ、あんな偶然があってくれたものだなあ、と痛感します。たとえ新本格ムーブメントがなかったとしても、きっと本格ミステリの復権はあったでしょう。だけど、その先にある〝現在〟の形はずいぶん違うものになっていたかもしれない。宇山さんという素敵な人のもとに自分たちが集まって、あんなに素敵な時間を共有できた——月並みな言い方だけど、今はその奇跡的な偶然に感謝するばかりです。

法月　もちろんすべて偶然なんだけど、後から宇山さんの業績を振り返ると、やっぱり必然だったのかなという気になりますね。宇山さんは新本格だけの一発屋ではなかったし、最後がミステリーランドだったところまで含めて、ぜんぜんブレていなかったです。

太田　もし文三がちゃんと独立しなかったら、もし文三の最初の部長がふところの深い中澤さんじゃなかったら、もしミステリーランドを立ち上げるときにあたたかい人たちに囲まれていなかったら……すべては本当に偶然ですが、みなさんのお話を伺っていると、いや、そうじゃなかったという気になってしまいます。宇山さんにとって、新本格ミステリにとって、すべては必然だったのだと……！　それでは、本日はどうもありがとうございました。

（2021年9月15日、Zoomにて収録）

宇山日出臣をめぐるミステリ批評家座談会

巽昌章×千街晶之×佳多山大地

聞き手＝太田克史

論理の文学としてのミステリの歴史は、実作者とともに批評家こそが刻んできた。
宇山と宇山が手がけた作品たちはいかにして批評と向き合ってきたのか？

初対面は酒の席で

太田　本日は宇山さんの追悼文集のなかの一企画として、批評家のみなさんにお集まりいただきました。この追悼文集ですが、いろんな年代のいろんな方にとっての宇山さんを、それぞれ好きに書いていただいています。しかしそれらの自由きわまりない追悼文がこちらからのディレクションなどは一切ないにもかかわらず、ひとまとまりのエッセイのようになっているのがおもしろいです。点描派の絵画のごとく、一人ひとりが一個一個打った点が、全体で宇山日出臣という人間を浮かび上がらせている。そのなかにこの座談会が入ることで、宇山さんの仕事のミステリ史のなかへの位置づけもしっかり伝えることができればと思っています。それではまず、みなさんそれぞれの宇山さんの第一印象と、宇山さんといったいどんな仕事をやってきたか、軽い自己紹介を兼ねてお話しください。いちばん最初に宇山さんと出会っているのは、千街さんでしょうか。

千街　私になりますかね。宇山さんとお会いしたときには、私はまだ大学四年生でした。中井英夫さんの助手の本多正一さんに確認したところ、1993年の1月24日または25日ではないかとのことでした。

太田　すごい！　日付まで！

千街　私は立教大学のミステリクラブに所属しておりまして、その創始者が東京創元社の戸川安宣さんでした。中井さんがこの1993年1月に、武蔵小金井から杉並区の天沼へ引っ越しをされまして、そのときに戸川さんから立教ミステリクラブ会員に手伝いをしてほしいと声がかかったんです。それで武蔵小金井の中井邸へ行ったら、ご本人はもう新居へ向かわれたあとで、片付けや整理をやりました。その場には、私たち立教ミステリクラブの会員、戸川さん、助手の本多さんのほかに、作家の奥田哲也さんと宇山さんがいらしていたんですよ。それが宇山さんとの初めての対面です。当然お名前は存じ上げているわけですから、「この方が新本格の仕掛け人といわれる宇山日出臣さんか！」とドキドキしました。引っ越しの打ち上げで近所の居酒屋に行ったとき、宇山さんの近くの席に座れたんですけれど、こちらはまだ学生ですから、一介の学生相手にものすごく真摯に話をする人だなという印象がありました。あと、当然ながらその当時、宇山さんの酒グセに関しては知識がなかったものですから……。

太田　あはは（笑）。それは、ご迷惑をおかけしました。

千街　いえいえ（笑）。それで、お話をしていると「さっきもこの話をしたような」というようなところに戻ってきたんですね。「あれ？」と思っていると、三度同じ話に戻るんです。この辺でだいたい察して、「お酒が入るとこうなられる方なんだな」と思っていると、四回目も戻ってきて「やっぱりそうなんだなあ……」と。初対面のインパクトがすごく強かったです。

太田　それが宇山さんですからね（苦笑）！　93年は僕が講談社に入る2年も前なので、このなかでは千街さんがいちばん宇山さんとの出会いが早いと思います。宇山さんは当時は文三の部次長だったので、千街さんだけはギリギリ編集者時代の宇山さんとお会いになっています。次は佳多山さんになるでしょうか。

佳多山　僕が最初にお会いしたのは1994年の9月、大学四年生のときですね。第一回創元推理評論賞の佳作に選ばれて、その年の鮎川哲也賞パーティーに呼んでいただいたんです。本の〝著者近影〟で知る綾辻行人さんや宮部みゆきさんを会場で発見しては一緒に写真を撮ってもらうという、臆面もなくミーハーなまねをしていた（笑）。島田荘司さんにも「今年、評論賞で佳作に入った者なんです！」と話しかけて写真を撮ってもらったところ、わざわざ会場内を探して宇山さんと引き合わせてくださったんです。初めてご挨拶したときに宇山さんからもらった名刺は今でも持っています。肩書きはもう「部長」ですね。資料によれば94年の6月に文芸第三の部長になられているので、出世したての名刺だったんだなあ。翌年の鮎川賞パーティーで再会したとき、僕は二度目の大学四年生で、ようやく決まった就職先が変に話題になっていました。宇山さんには「吉本興業に入るんだって？　それは〝買い〟だね」と言ってもらったことを覚えています。なにが〝買い〟なのかはよくわからなかったですけれど（笑）。

太田　適当なこと言ってるなぁ（笑）。

佳多山　実際に宇山さんが僕を買ってくださったのは、その三年後のことですね。1998年の鮎川賞パーティーの際、会場の一角に巽さんと僕を呼んで、『メフィスト』での書評連載の話を持ちかけてくれたんです。

巽　おふたりのほうが宇山デビューは遥かに先輩ですね。僕は宇山さんに限らず、個人的なお付き合いを「しない」というかとにかく「できない」人間でして。たとえば、鮎川哲也賞のパーティーにも毎年顔を出していながら、鮎川さんとサシで話したことは結局一回もありません。二〜三人ですら話したことないんです。そのぐらい、あんまり人に自分から近づいていかないんですよね。そんなわけで、綾辻さんたちがデビュー前に宇山さんと会っていたとき、僕もそばにいたような気はするのですが、どうもはっきりしない。宇山さんとちゃんと話したのは、『本格ミステリの現在』が日本推理作家協会賞を獲って笠井潔さんのお家で受賞パーティーをやったときのはずです。その後も酔っ払った宇山さんを遠目には見てますけれど、僕自身が対面したことは少ない。そんな乏しい経験ですが、宇山さんの印象と言えば、たとえば、先ほどお名前の出た戸川さんはマニアあがりですから、僕らからすると同類の匂いがすごくする人なんですよね。一方で、宇山さんはそういうマニアっぽい匂いがしなかったことが印象深いです。

佳多山　その年の手帳を取ってあるんですけど……（と、1998年の手帳を開く）。記憶の混乱、というわけではないようです。98年の9月24日に鮎川賞パーティーがあって、その翌々日、26日が八ヶ岳の笠井さん宅での祝賀会。この三日間で、巽さんの『論理の蜘蛛の巣の中で』と僕の『ミステリ絨毯爆撃』と、二つの書評連載が決まっていたんです。

一同　おお〜すごい。

佳多山　僕はメモ魔なもので、宇山さんの依頼内容もちゃんと書き記しています。僕には「網羅的なバランスのいいものを」、巽さんには「注目作を二つ三つピックアップしてバランスの悪いものを」とおっしやっていますね。バランスの悪いものを、と頼むところが宇山さんっぽい（笑）。雑誌連載の話をいただくのはこれが初めてだったんですが、パーティーの終わり間際のバタバタしているときにそんな話があっさり出るのが不思議でした。そのあと、巽さんと一緒に会場のホテルから出たときの会話も覚えています。巽さん、「さっきの話、本当にやるのかな」と首をかしげていました。

巽　うん。なんとなく、あの場のノリで決まっちゃったものですよね。『メフィスト』の連載では、本当に好き勝手させていただきました。そもそも媒体が月刊ではなく、執筆期間に余裕があることも大きかったけれど、本当になにを書いてもいいような感じで、文句を言われたことは一度もなかったです。そもそも宇山さんがどう思っているか、ほとんど聞いていなくって。一回だけ、太田さん経由で、毎回読んでびっくりしていると伝えられました。いい悪いじゃなく、驚いていると。

太田　宇山さんの反応は毎回そんな感じでした。楽しみにしていたと思います。巽さんに連載をお願いするのが、僕の文三でのほぼ初仕事でした。先ほども話題に上がった笠井さんのお家でのパーティーで僕は巽さんに初めてお会いして、あらためて連載をお願いした記憶があります。宇山さんに巽さんの原稿をお渡しすると、やはり驚いていて、「びっくりしている」というのは本当にそのままの意味だったと思います。

巽　太田さんにも、僕はすごくとっつきが悪かったと思うんですよ。

太田　ぜんぜん！　嫌な思いなんか一回もしたことなかったです。巽さんは締め切りをきちんと守ってくださることはあんまりなかったですけれど(笑)、許容範囲内でした。「締め切り間際ですけどこれから新刊が出るから、ちょっと待ってください」と何回か言われたのを思い出します。その巽さんの批評をまとめた『論理の蜘蛛の巣の中で』が本格ミステリ大賞と日本推理作家協会賞を受賞したときも、宇山さんはすごく喜んでいました。担当は僕でしたが、企画自体は宇山さんのものです。タイトルについては「これはいかにも巽さんらしいタイトルだなあ」と言っていました。半分は「なぜこんなタイトルを」、もう半分は「よくぞつけてくれました」っていう、両方のニュアンスでしたね。褒めるときもけなす、宇山さんの京都人らしい部分でした。

巽　それは聞いていなかったです。実際にスタートしたのは98年の12月増刊号からで、かなり急ピッチの仕事でしたね。『論理の蜘蛛の巣の中で』というタイトルも、ゲラが出てまだ決まっていなかったぐらいだったと思います。

太田　そうでしたね、懐かしいです。批評家の方々ですと、宇山さんはみなさんと、あと大森望さんに一目も二目もおいていたように感じていました。大森さんは一風も二風も変わった変なミステリというか、SF的な想像力があるミステリがお好きなので、そんな感じの奇妙な小説が好きだった宇山さんの相手を大森さんは真正面からしてくれていたのかな、と思います。

巽　大森さんは変なものに対するアンテナがずいぶん強力な人で、それをガンガン褒めますよね。「大森印は信用するな」なんて言う人もいたわけですが、僕も大森さんはすごくおもしろいと思います。宇山さんが気に入っていたとは初めて知りましたが、納得ですね。

太田　『コズミック』が出たときに、自分の思いを受け止めてくれたのが大森さんだけだったと宇山さんはよく話していました。みんなはわかってくれなかったけど、大森さんはわかってくれたと。宇山さんは１００%誰かを好きになったり、逆に１００%嫌いになったりもしなかった人なんです。好きな相手にほどいけずを言ったり、嫌っているはずなのに仲良くしたり、そういう複雑な方でした。大森さんに関しては、みなさんに対するアンチテーゼとして深い愛情があったと思います。

『虚無への供物』文庫化

千街　宇山さんのお仕事については、まず宇山さんが『虚無への供物』を文庫化するためにそれまで勤めていた会社をお辞めになって、講談社に中途入社されたのは有名な話ですね。『KAWADE道の手帖　中井英夫　虚実の間に生きた作家』に、宇山さんが「呪縛」というエッセイを寄稿していて、文庫化の際のエピソードを書かれていました。中井さんから「おい宇山(すでに呼び捨て)君はほんと——(ここで声が一度裏返る)に『虚無』を文庫にしたいと思っているのか。あれは文庫の対極にあるものとは思わんのか!?」とお叱りを受けたと。最初は中井さんにもう快諾をいただいたというふうに思っていたようですが、中井さんも気難しいところのある方でしたから、なんやかんやあってやっと三年後に文庫化が成立したようです。このエッセイの初出は『創元推理』の1994年春号ですね。

太田　皆川博子さんが、追悼文で宇山さんと一緒に新宿のバーに行った話をされているのですが、そこに僕も連れて行ってもらったとき、宇山さんは中井さんと来ていたお店だと言っていました。

千街　先のエッセイにも書いてあるのですが、中井さんのパートナーだった田中貞夫さんが経営していた薔薇土《ばらーど》ですね。そこで、先ほどの文庫化をするしないの交渉を三年間繰り広げたようです。宇山さんが編集された本で私が最初に読んだのが講談社文庫版の『虚無への供物』だと思うのですが、カバー表4のキャッチコピーが「井戸の底に潜む三人の兄弟。薔薇と不動と犯罪の神秘な妖かしに彩られた四つの密室殺人は、魂を震撼させる終章の悲劇の完成とともに、漆黒の翼に読者を乗せ、めくるめく反世界へと飛翔する」と、何かものすごく荘重なあらすじが載っています。

太田　宇山さんだぁ……。

千街　宇山さんですよね！　あの当時……いや今でもそうかもしれませんけど、こういう感じで表4のあらすじを書く人はなかなかいない。「井戸の底に潜む三人の兄弟」って、本当に三人の兄弟が井戸に住んでいるのかと思いましたけどね。コピーライターとしての才能が、宇山さんの編集者としての強みでもあったんだなと思います。

太田　『時計館の殺人』の帯文「神か悪魔か綾辻行人か！」とか。

千街　あれは強烈でした。

太田　宇山さんのリードは声に出して読むとまたいいんですよね。

佳多山　『虚無への供物』を、僕は大学生のときに講談社文庫版で初めて読みました。まずこの作品を高校生や大学生が手に取りやすいかたちにしたのが大きな仕事だった。当時の定価は(と、手もとの現物を確認)3%の消費税込みで840円。この小説の毒がいちばん回りやすい、けれど金がない若者にはありがたい値段でした。この作品、いかにも宇山さん好みだと思うのは、小説全体の構造美ですね。各章十節で統一された目次の見せ方に、宇山さんのこだわりがうかがえます。これは今もネット上で読めますが、「新本格の20年　編集者・宇山秀雄の仕事」という2007年5月に東京古書会館の地下ホールで催された〝追悼トークショー〟に宇山さんの奥さんがいらっしゃって、「中井さんは、みんなに向かって書くタイプの方ではなかったので、文庫はイヤだとおっしゃって。三年かかりました」とお話しされていました。

太田　今回の追悼文集でも文庫版『虚無への供物』を話題にする方は多いです。この後の宇山さんが編集者として花開く布石になる一冊だったと、あらためて思います。佳多山さんの「毒」という表現に示されるように、講談社文庫のなかでは異彩を放つ装幀でした。今でも講談社文庫は大衆的なカラーですが、そのなかにペダンティックで変わった装幀の、あんなに分厚い作品があると。京極夏彦さん以前では最も厚い文庫本のひとつだったと思います。当時はもう、角川春樹さんがつくった大量生産大量消費の文庫イメージが前提になっていた時代で、名作本よりもたくさん売れた本が文庫化されていました。中井さんが文庫を対極だと捉えていたのは、当時の時代背景を見るに妥当だと思うんですよね。そんななかで、選ばれた人の目がふっと吸い寄せられるような、そういう文庫のパッケージングを宇山さんがあえてやったんです。だからミステリ読みはもちろんのこと、ちょっと心に毒を抱えがちな人が、灯りに誘われる迷い蛾のごとく文庫版『虚無への供物』を手に取る流れが当時あった印象です。

千街　講談社文庫からは小栗虫太郎の『黒死館殺人事件』も刊行されましたが、分冊でした。同じように、もしかしたら『虚無への供物』が分冊になっていた可能性があり、すると竹本健治さんの『匣の中の失楽』も分冊になっていたかもしれません。文庫の歴史が大きく変わっていた感じがします。

太田　文庫は書店の店頭でポンと手に取るようにつくるものだから、当時はこれを一冊で出すのはいかがなものかという議論はたぶんあったと思います。実際、新装版では『虚無への供物』は分冊になっていますからね。

巽　僕は『虚無への供物』自体は単行本で読んでいる世代ですので、「うん、出たな」という感じでした。僕の狭い見聞の範囲ですけれども、ミステリマニア、とくに本格ミステリマニアが飛びつくというよりも、不思議な本をいろいろ探しているような人が、文庫化によってスムーズに手に取るようになった印象でした。中井さんが90年に雑誌『ブルータス』にエッセイ「五色不動再訪」を寄稿しています。これはタイトル通り、中井さんが五色不動をもう一回訪れて来し方を思い出す話ですが、その結びに「笠井潔や竹本健治がSFスーパーアクションに走ってしまったいま、ウンベルト・エーコの『薔薇の名前』を継ぐのは、またもや関西の推理研出身の巽なにがしにまかせていいものだろうか」と書かれていたようです。そのエッセイは今は単行本で読めますが、そちらでは僕の名前は消えています。ともかく、『ブルータス』に載ったときにはそういう表現になっていると、宇山さんが電話で教えてくれました。「何か困りましたね。中井さん、何考えてるんですかね」と、宇山さん言ってましたね。中井さんは新本格の庇護者とも見られていますが、もしかしたら、宇山さんに、「新本格は関西のひとばかりで嫌だ」とか散々ぼやいてたんじゃないかとも想像するんです。

太田　ありそうです（笑）。そのへんのところも、もし宇山さんがご存命だったら聞いてみたかったところですね。

影のミステリ編集者

巽　先ほど、僕は98年の『メフィスト』の連載の話のときに初めて宇山さんと会ったみたいに言いましたが、やはり90年には宇山さんと接触があったはずです。綾辻さんたちがデビューするときの宇山さんとの関係・役割はよく見えていましたから。宇山さんの仕事として、彼らをデビューさせたことは大きな功績だと思います。新本格のキーワードの一つに「過剰」という言葉があって、私自身も、批評用語として「過剰」という単語を使ったりしましたが、最初に使い始めたかどうかはともかく、宇山さんがこの単語を多用されていた印象です。やっぱり「過剰」「やりすぎ」っていうか、バロックですよね。そういうものがお好きな人だったことがよくわかります。

太田　宇山さんは余白の美よりも、勢いが余ってはみ出した部分を愛する人だったように思います。

巽　新本格のとくに初期の作品は、「ここがまずい」とか「ここが下手だ」なんて山ほど言えるようなものでしたが、そういった作品群を「それでもこれに賭けよう」と宇山さんが強気に出していかれたのが大きいですよね。

太田　プロレスで言うとアントニオ猪木でした。昔の新日本プロレスみたいな、過激で過剰なものが好きだった人だと思います。一方で東京創元社のミステリは昔の全日本プロレス的でした。戸川さんがジャイアント馬場で。馬場さんはみんなから愛されて、馬場さんのことを悪く言う人はプロレス界では誰もいない。とすると、やっぱり講談社文三は喩えるならばアントニオ猪木なんです。宇山さんの前に文三部長を務めていらっしゃった中澤義彦さんの頃から、きっとそういうイズムがありました。言うこともやることもちょっと過激で、好きな人も嫌いな人も多い、そういう文三の性格のある部分は中澤さんがつくり、ある部分は宇山さんがつくったように思います。

佳多山　その喩えを講談社さんの新人賞レースに当てはめれば、江戸川乱歩賞が全日本、いや、日本プロレス的で、メフィスト賞は新日本プロレス的だ(笑)。

太田　その対比もあるかもしれません。中澤さんや宇山さんたちが、やがて王道になる縁辺、辺境をつくり上げたんだと思います。

佳多山　新本格ムーブメントの初期に講談社ノベルスから登場した綾辻さんも法月綸太郎さんも、他社(東京創元社)デビューの有栖川有栖さんもそうですけれど、みんなまずは乱歩賞にチャレンジしたものの、予選ではじかれてしまった。そこを宇山さんが、「ウチへおいでよ」と誘ったかっこうですからね。

太田　これは掟破りなんですけど、二階堂黎人さんは東京創元社から出す本がなかなか形にならないときに、宇山さんが声をかけて『地獄の奇術師』でデビューされたんですね。他社で賞をもらってデビューする予定の人に、自分のところから先に本を出せって、もうむちゃくちゃですよね。戸川さんは宇山さんに怒っていいと思いますが、しかし戸川さんから宇山さんに対する悪口を聞いたことは一度たりともありません。そういう戸川さんが率いてきたからこそ、きっと東京創元社はみんなから愛されるんでしょうね。

千街　宇山さんと戸川さんが示し合わせたわけではないのに、ほとんど同時期に国内の新人ミステリ作家を発掘していったあのタイミングは、今にして思うとすごかったですね。どちらかが欠けても、ここまでのムーブメントにはならなかったと思います。

太田　そうですね。そして批評家のみなさんがずっと活躍されているのも、当時の宇山さんの仕事の影響なのかなと思います。大衆文学としてのミステリを、批評と両輪になって進んでいくものとしてあの時代にきちんと位置付けられたのは、宇山日出臣という編集者があってこそだと思います。『メフィスト』でも批評のページがちゃんとあって、僕もそこで批評の重要性を叩き込まれました。東浩紀さんが『動物化するポストモダン』を書くに至る仕事の原型は、『メフィスト』でも培われていると思います。あのときは、後の文三部長の唐木(厚)さんが「今、東さんがおもしろいから文三に呼ぼう」と言い始めて、それに宇山さんや僕が乗っかったんです。それがなければ、批評のルートがひとつ絶えていたでしょう。創作だけではなく批評のほうでも、宇山さんと戸川さんがいたことの意味は大きいなと、今日あらためてみなさんのお顔を見て思いました。

佳多山　話題のおふたりは、外見の印象がちょっと似ているんですよね。僕は先に戸川さんと会っていましたが、宇山さんを見たときの第一印象は同じく「小柄な人だな」って(笑)。あ、戸川さんには悪いですが、ファッションセンスは宇山さんに軍配が上がります。でも、笑顔の印象は戸川さんのほうが強いですね。

太田　みなさん言いますけど、ちょっと子どもっぽいところがあるんですよね。ふたりとも。これは有栖川さんがおっしゃってましたけど、キャラクターとして宇山さんには影があって、戸川さんには影がない。

巽　宇山さんのほうが、ひとつのことに執着する分だけ影がありますね。一方で、戸川さんは全方位になんでも読んでなんでもおもしろがれる人です。宇山さんの一点突破型なところと、戸川さんの全方位型なところが影の有無に関係してくるんじゃないかと思います。

太田　好き嫌いは宇山さんのほうが良くも悪くもはっきりしているように見えましたね。

巽　本当のところはわからないし、外野が忖度しすぎるのはよくないかもしれないけれど、僕にはそう思えました。

太田　宇山さんは編集部のなかだと悪口も激しかったですからね。〇〇賞のことを「下々の賞」だなんて、隣に文二の人間がいるのに堂々と話したりとか。「そういうのは〇〇賞に任せておけばいいとボクは思うよ」なんてね。

千街　そういうことを言うから、森雅裕さんに『推理小説常習犯』で、ああいうことを書かれるんです(笑)。

新本格ムーブメントの起動

佳多山　宇山さんは、80年代前半は『ショートショートランド』の編集に携わっていました。「星新一ショートショート・コンテスト」の発案者としても知られていますね。ショートショートはやはりSF的なワンアイデアの作品が多いわけですが、もともとSF少年だった宇山さんはショートショート・コンテストからSF長編が書けそうな人を探して、独自にSFムーブメントを起こそうと考えていたような気もするんです。結局、それはうまくいかなかったようですが、このコンテスト出身の太田忠司さんや斎藤肇さんは講談社ノベルスが長編デビューの舞台となり新本格の一翼を担うことになる。

千街　『ショートショートランド』時代に宇山さんが知り合った作家さんたちが、後に講談社ノベルスから新本格以降の流れで本を出されていることは重要ですよね。昨年、井上雅彦さんが「好書好日」のインタビューで、94年に角川ホラー文庫から出した個人短編集『異形博覧会』のタイトルが決まったのは、宇山さんから「井上君の書くものは異形のモノの博覧会みたいだね」と言われたのがきっかけだと話していましたが、それは井上さんがショートショートを書きはじめたごく初期のことなんだそうです。井上さんがそれまでご自身でも把握していなかった「異形」というキーワードを自覚されて、97年から「異形コレクション」を始めたということです。ミステリ以外の潮流へも、宇山さんの間接的な影響があったんだなと思いました。

太田　二階堂黎人さんが、講談社ノベルスのラインナップは急に新本格になったわけではないということを追悼文で書かれています。87年の綾辻さんのデビューから順調に京大ミス研の方たちがデビューしていったので、後世からは講談社ノベルスがたちまち新本格の牙城になったように見えてしまっていますが、実は毎月出る本のほとんどが新本格で占められるのは93年の夏以降だと。いきなりではなくて、『ショートショートランド』の作家さんたちの合流などによって徐々に新本格の時代に変化してきたわけなので、『ショートショートランド』での宇山さんの仕事ぶりや、そこから引っ張られた井上さんや太田さんの功績はきちんと指摘しないといけないなと思っています。新本格はもちろん綾辻さんから始まったムーブメントではありますが、京ミスの人たちだけではラインナップが持たなかったはずです。とはいえみなさんやっぱり、めちゃくちゃだと思われていたみたいです。自分たちはショートショートが書きたいのに、いきなり「『ショートショートランド』はなくなります」と言われ、やっと連絡が来たと思ったら「長編ミステリを書いてください」と。長編なんて書いたことがない人ばかりなのに(苦笑)。

千街　87年に『十角館の殺人』が出たときは、私はまだ高校生で、95

年に創元推理評論賞をいただくまでは一読者として新本格を追いかけていました。『十角館の殺人』の印象は鮮烈でしたね。たしかにすごくおもしろくて、今こういう小説を書く人がいるんだと意外に思ったんですけど、当時の私はまさか『十角館の殺人』がこんなに、ほとんど古典のような位置づけになるほど残るとは思っていませんでした。ですがやはり、一冊の本としてすごく洗練されていた印象があります。当時のノベルスは表紙が抽象的だったり、あるいはセクシーな女の人が描かれていたりといったイメージだったので、今思い返すと『十角館』のスタイリッシュな装幀は手に取って読んでみたくなるひとつの魅力でした。辰巳四郎さんを装幀に抜擢されたことも宇山さんの大きな功績かなと思いますね。麻耶雄嵩さんの『翼ある闇』は単行本でいきなり刊行されて、これも辰巳四郎さんのデザインでした。それまでとはまたちょっと違う重々しい印象の装幀で、しかも帯に綾辻さん・法月さん・島田さんの推薦文が並んでて、そのときも今までとは違う編集者の気合いみたいなものが伝わってきましたね。

巽　「これは新しいぞ！」とか「これは特別だぞ！」というイメージが、パッケージから打ち出されてましたよね。ワンオブゼムにならない出し方。余談ですが、辰巳四郎さんがいたものだから、僕が締め切りに遅れたとき、文三に電話して「すみませんタツミです」って言ったら、編集部の人がパニックになったことがあります。むちゃくちゃ扱いが丁寧になりました（笑）。

太田　辰巳さんが編集部に電話をかけてくることなんかまずありませんから、誰でもびっくりしたと思います（笑）。宇山さんにとって、デザイナーのベストパートナーはやはり辰巳さん、辰巳さんが亡くなってからは祖父江慎さんだったという気がしますね。宇山さんには辰巳さんを乗せる才能がありました。祖父江さんに対してもそうだと思います。宇山さんが後年に手がけたミステリーランドのようなものは、20年近く経っても未だにほかの誰もつくっていませんから、パッケージングの才能は宇山さんの編集者として特筆すべき部分でした。それをデザイン面から大きく支えたのが辰巳さんと祖父江さんなんだと思います。

佳多山　80年代は、いわゆるノベルス戦争の時代でした。他社の後塵を拝していた講談社ノベルスが戦場に切り込んでいくとき、デザイン面において辰巳四郎さんは大事なパートナーだったんでしょう。僕は1972年の生まれで中学三年のときに『十角館の殺人』が出ていますが、実際に出会ったのは遅れて高校三年のとき。先に島田荘司さんの作品に取り憑かれ、その島田さんが〝激推し〟している新人の一群がいるということで新本格作品を読み始めました。当時、同世代の登場人物がメインを張るミステリは新鮮で刺激的だったなあ。作者の多くが自分と同じ関西の人だということにも親しみを覚えたものです。よく考えたら、80年代の京都は新本格勃興以前からミステリの中心地だったんですよね。西村京太郎さんや山村美紗さんが居をかまえていたので、編集者はこぞって京都に通っていた。あの〈トラベル・ミステリ〉ブームのさなか、宇山さんは同じ京都でも別の場所に足を向けて若い人たちと会っていた。そういう自分を楽しんでいたんじゃないかなと想像します。

千街　私は87年に『十角館の殺人』をリアルタイムで読んで、それからは新本格が出ればずっと読んできました。もちろん個々の作品によって評価は違います。満足できたものもあればイマイチのものもあって、しかも私はその当時10代から20代の、ミステリマニアの生意気盛りでしたから、結構傲慢な読み方をしていたかもしれません。ただ、なんだかんだいって毎月のように新刊がどんどん出てくるのは、すごくワクワクする状況でしたね。89年に上京して、立教大学のミステリクラブに入りました。そして同世代のミステリ読みと話をすると、新刊の話題で盛り上がるわけです。「『翼ある闇』をどう思った?」とか(笑)。世代の近い人たちと話が通じる読書体験は楽しかったです。思えば麻耶雄嵩さんを本当にすごいと感じたのは、二作目の『夏と冬の奏鳴曲《ソナタ》』からでしたね。

太田　当時は、京極さんですら賞賛だけで迎えられたわけではありませんでしたよね。

佳多山　『姑獲鳥《うぶめ》の夏』は、たいていの人が戸惑った一冊ですよ。94年の鮎川賞パーティーの会場は、当時無名の新人の話題で静かに沸騰していました。

太田　そうそう。麻耶さんについては『夏と冬の奏鳴曲』が出てもみんな戸惑ってましたよ。

千街　あんな話ですから、そりゃみんな戸惑いますよ。どう解釈すればいいんだって。

太田　京極さんの場合は二作目が出て、みんなが有無を言えず納得させられてしまった節があったでしょうか。でも規格外の才能ってそういうものですよね。最初はぜんぜんわからない。綾辻さん、ひいては新本格ムーブメントだってそうです。たぶん当時はみんなすぐにいなくなるとか言われていたと思いますよ。それがこんなに長くムーブメントが続くなんて、時代が変わってみるとおもしろいものですよね。

問題作目白押しの
メフィスト賞

太田　メフィスト賞についてはいかがですか?　みなさんここは語りがいがあると思います。

佳多山　振り返ってみて、メフィスト賞の功績として大きいのは、いわゆる問題作と呼ばれるものを続々と刊行したことだと思います。とくに90年代の半ば以降、世紀をまたいで舞城王太郎、佐藤友哉を輩出したあたり。先輩作家もわりとまだ新刊を読んでいる時代だったので、パーティーなんかで集まるとメフィスト賞受賞作の話題で甲論乙駁でした。新本格ムーブメントにおける遠心力として働きながら、まちがいなく盛り上げ役にもなっていましたね。すでに斯界で地歩を固めた新本格作家にも刺激とインスピレーションを与える作品を、どんどん送り出していた点を評価したい。

千街　最初に森博嗣さんや清涼院流水さんを輩出したのがまず衝撃的でしたが、最たる衝撃は、第四回〜第六回受賞作として、乾くるみさん、浦賀和宏さん、積木鏡介さんの三冊をいっぺんに出したことです。そんなことしていいんだと。あれは本当にメフィスト賞でなければできないでしょう。ふつうの新人賞は一年に一冊で、同時受賞があっても、せいぜい二冊が当たり前です。しかし当時のメフィスト賞は、受賞が決まればポンポン出してくれました。あのスピード感はすごかったです。また、今流行の特殊設定ミステリに括れそうなものが当時のメフィスト賞から何冊も出ていますね。新本格時代に山口雅也さんの『生ける屍の死』や「キッド・ピストルズ」シリーズ、綾辻さんの『霧越邸殺人事件』があり、ちょっと後に西澤保彦さんのSFミステリが出てきた流れのうえで、メフィスト賞からも特殊設定ミステリ系が輩出した。この流れは10年代や20年代デビュー、そしてこれからデビューする作家にかなり影響を与えていると思います。たとえば斜線堂有紀さんは、佐藤友哉さんにすごく影響されたそうです。

巽　新本格があったからこそヘンテコなものや現実離れしたものがバンバン出せるようになったので、メフィスト賞は新本格の後でなければできなかったものです。かと言って、いわゆる新本格路線を固定して、その路線上に新人を求めることをしなかったのは大きな分岐点だったと思います。要するに自分でつくった新本格を自分で壊すような面がメフィスト賞にはあって、あれはすごかったです。ちなみに、編集者座談会を行ったきっかけはありましたか？

太田　人伝に聞いた話ですが、まず乱歩賞に対する不信感が大きかったようです。作家が作家を選ぶのはおかしいと宇山さんがずっと思っていたこと、それと賞の下読みに対する不信感。みなさんも下読みをやられたことがあると思うので恐縮ですが、その二つを一挙に解決できるアイディアとしてメフィスト賞を考えたんだと思います。その直接のきっかけは、やはり京極さんが原稿を編集部に直接送ってきたことでしょう。

佳多山　新本格派の新人が軒並み乱歩賞落選組だった話は先に出ましたけど、どうして乱歩賞の当時の予選委員は自分の好きなタイプの作品を最終候補にも残してないんだ、という不満をずっと持っていたんでしょうね。新人の作品をイチから自分の目で選びたい宇山さんの編集者としての情熱が、〝賞金なし・随時原稿受付〟という特異な賞レース形態を生んだと思います。

太田　下読みへの不信感の原因は今回の追悼文集で改めてわかりました。最相葉月さんが星さんの評伝で丹念に書かれているんですけど、これも『ショートショートランド』絡みなんです。宇山さんがショートショートの公募を始めたとき、文庫の投げ込みとかその程度の情報発信しかしていなかったので高を括っていたところ、五千通以上も応募が来たので一回下読みに流したらしいんです。けれどお金も払ったのに一向にいいものが下読みから上がってこないって言って。それで痺れを切らした宇山さんが下読みから原稿全部を引き取って、ご自宅でずっと自分一人で下選考したそうです。そのときに、生の応募原稿を読むことは楽しいんだっていう手応えがあったんでしょうね。たぶんこれがメフィスト賞の原体験だろうと僕は考えます。

　しかし、メフィスト賞は変な賞でしたね。あのころは相当悪口を言われました。僕も言われたし、みなさんも口にされたと思います。仕方ない部分はあるんですけど、ただ現在振り返れば当時のメフィスト賞は日本最高の文学賞だったと思います。直木賞作家も三島賞作家も売れっ子もトリックスターも何人も出て、文学的な影響力もありました。平成最高の文学賞はなにかという問いにメフィスト賞と答えて、なかなか反論はできないでしょう。そういえば、先ほど巽さんのおっしゃった「自己破壊」はメフィスト賞のキーワードとしてたしかにありますね。今思い出したんですが、夜の編集部で唐木さんが、「宇山さんはやっぱり変わってる」ってしみじみ僕に言うんです。凡百の編集者だったら、新しく京極さんが出てきたら、京極さんを潰そうとすると。ところが宇山さんはその京極さんの側に立って、「京極さんの凄さがわからない人たちはいりません」と言い始めたそうです。唐木さんは「そんな人はなかなかいない」と言っていました。僕自身が宇山さんから伺った体験では、流水さんのときもそうだったんです。ある作家さんが、彼を出すならもう僕は文三では書きませんと言ったところ、宇山さんは即答で「じゃあけっこうです」と言ったそうです。すみません、話が逸れてしまいましたね。

巽　書評を連載させてもらっていた時期、僕もある意味『メフィスト』に出ていたわけですから、一定期間はいわば伴走をしていました。手に取って実際に読んでみるまで、どんなものかわからない作品が次々と出てくるのはやっぱりすごいですよね。

太田　「何が飛び出るか誰にもわからない講談社ノベルス」が宇山さんの考えた名キャッチコピーでしたけど、まさにその通りのレーベルでした。

児童書にこそトラウマ本を

太田　続いては宇山さんの最晩年の仕事となったミステリーランドに

ついて、みなさんのご印象をぜひ語っていただきたいと思います。

千街　よくまあ、麻耶雄嵩さんの『神様ゲーム』なんて出したなって（笑）。「講談社BOOK倶楽部」に掲載された麻耶さんのエッセイ「『神様ゲーム』のおはなし」によれば、麻耶さんは宇山さんからミステリーランドの依頼があったときに、自分に子ども向けの小説が書けるか懐疑的だったようなんです。けれど宇山さんから「いえ、邪悪なものでもいいです。むしろそういう毒を求めています」と説得されたそうで、そんなところが宇山さんらしいですね。作家の「だったら書こう」という意欲をかきたてるのがピンポイントでうまいと思います。しかしいざ麻耶さんが書き上げてみたら、邪悪なものでもいいと「力説されたはずなんですが、結果的に少数派となってしまったようです」ということに（笑）。

巽　有名作家を並べるところまでは誰でもできるんでしょう。けれど、それぞれの作家が本当に自分の持ち味で書いていたのはすごいことですよね。変にお行儀よくしないでみなさんが書いていた。子ども向けの本にショッキングなのはいかがなものかという意見もわかりますが、僕はもう断然、トラウマ本が入っている叢書こそ子ども向けにあるべきだと思っています。自分自身、小学生のときに本を読んでびっくりし、ぞっとした経験がいくつもあるわけです。子どものころに一生トラウマになるような本に出会うこと自体が貴重だと思います。

太田　はやみねかおるさんが、ミステリーランドでの宇山さんとのFAXやメールのやりとりをほとんどファイルに残されていたなかに、ミステリーランドの企画書があったので、今回の追悼文集には歴史的資料としてそのまま載せたいと思います。それを読むと、宇山さんがどういう言葉で作家をやる気にさせたのかが如実にわかります。企画書には想定読者が何歳の子どもかなんてことは書いていないんです。ただ、宇山を大喜びさせるような原稿をお願いしますとだけ書いてある（笑）。

佳多山　キャッチコピーは「かつて子どもだったあなたと少年少女のためのミステリーランド」でした。が、裏では「誰よりも宇山のための」と思っていた（笑）。

太田　そうです。最初期には「ミステリー図書館」という企画書でした。キャッチコピーは僕にも見せてくれた覚えがあります。「こういうキャッチコピーなんだけど太田くん、どう思う」と聞かれ、僕も「いいですね！」と答えて。宇山さんらしい企画でした。

千街　さっきからパッケージの話ばかりしていますけれど、やっぱりあの装幀は素晴らしかったですね。本として、手元に持っていたいと思わされます。

太田　本当に本が好きな人でしたね。本の世界が、その作家さんまで含めて非常に好きな人でした。

佳多山　時期的にも、これが講談社で定年を迎えるまでにする最後の仕事だとわかっていた。最後はワガママに、もう一度仕事がしたい作家さんに声をかけたんでしょう。それでも、まさかミステリーランドが〝生涯最後の仕事〟になるとは思っていなかったはずで――。

千街　講談社の新体制も感じさせましたね。

太田　社内では、宇山さんのご病気に対してたいへんに同情的な雰囲気で、宇山さんが最後にやりたいんだったら応援しようというムードでした。宇山さんが亡くなってからも作家さんが書いてくださって、講談社があの装幀のまま売り続けたのは本当に美しい話だなと思います。でも、宇山さんにはもう少し長生きしてほしかったですね。今ミステリシーンがあらためて盛り上がってきていて、先ほどお話に出た斜線堂有紀さんのように佐藤友哉さんなどのメフィスト賞作品を読んで小説を書き始めた方が続々とデビューしています。ほかにも今の若い書き手はほとんどはやみねかおるさんを経由して本を書いたりしていて、世代的には宇山さんの孫世代の人たちも新人として出始めている状況です。今のこの盛り上がりを見ていたら、宇山さんはまだまだ燃えて活躍されていたと思います。宇山さんが今生きていたら70代半ば過ぎですが、それはもう若いとは言えないけれど、まだまだ年寄りでもない年齢です。たとえば星海社の顧問になってもらって、年に数冊、宇山さんの体力がある限り好きな作家と好きな本をつくってくださいなんて依頼もできたのにと、ずっと考えてしまいます。

宇山が好きそうな新人は誰だ!?

太田　さて、最後はちょっとお遊びですが、宇山さんの没後に出てきた新人で、宇山さんが「この人、ボクは好きだな」なんて言いそうな方は誰になるか、挙げていただけますか。

佳多山　まちがいなくこの人の作品は好きだろうと思うのは、今村昌弘さんです。意外と宇山さんは、小説のなかで人の動きや物の動きが常識的に描かれていないと嫌がる人でした。かといって、ひたすら地べたを這いずり回っているような小説はもっと嫌いで、そういう意味で『屍人荘の殺人』なんかは大喜びされたはずです。クローズド・サークルをこしらえるアイディアは前代未聞の奇抜なものでいて、犯人を限定するロジックの詰め筋はしっかりしている。閉じ込められた人々の感情と行動にも不自然なところがなくて、宇山さん好みの作風だと思いました。

千街　『屍人荘の殺人』は、先ほども言いました新本格からメフィスト賞に受け継がれ、最近は特殊設定ミステリという用語まで生まれた路線にあるものですよね。そこで宇山さんの亡くなった2006年以降にデビューした方に絞りますと、今村昌弘さんのほかには、森川智喜さん、特殊設定ミステリだけを書いているわけじゃないですけど阿津川辰海さんや斜線堂有紀さんを、宇山さんに読んでほしかったです。あと、新本格の青春ミステリとしての側面で浅倉秋成さん。特殊設定ミステリと少し重なりますけれども、ホラーの方面では澤村伊智さん。とにかくアンモラルな方向に振り切っているのにきっちり謎解きをしているという意味で、光文社の日本ミステリー文学大賞新人賞から『暗黒残酷監獄』でデビューされた城戸喜由さん。あとは、ミステリとSFと純文学を行ったり来たりしながら執筆している宮内悠介さんですね。あの人の世界観を宇山さんが読んだらどう思ったかは聞いてみたかったです。

太田　宮内悠介さん、たしかにそうですね!　そして斜線堂有紀さんは星海社では今僕が担当していますが、宇山さんが斜線堂さんを好きっていうよりはむしろ彼女が宇山さんのことを大好きになる気がします。宇山さんがまだ生きていたら、斜線堂さんは「宇山さん、宇山さん」とずっと言っていたと思います。あのふたり、気が合いそうですよね(笑)。

千街　わかります(笑)。

巽　ごめんなさい。僕は最近の新人の方をあんまり読んでないのでなんとも言えないです。ちょっと話を逸らすようですけど、宇山さんが浅暮三文さんの『ダブ(エ)ストン街道』をすごく気に入って推しておられた記憶があります。そうすると、今挙げられた本格系、異世界本格系の人たちとはまた違うところで、宇山さんのお気に入りの新人はSFやファンタジーのジャンルに生まれているんじゃないかなっていう気もします。もう新人ではないですけど、たとえば西崎憲さんのような。

太田　SFですと、千街さんが挙げられた宮内さんのほかに、柴田勝家さんとか。

巽　たしかに柴田さんのことは好きそうです。

太田　柴田さんの佇まいも宇山さ

んは好きだと思いますね。うん、大好きだと思う。京極さんのことが大好きだったのは、初対面時の印象（グローブ！）で京極さんがもう宇山さんの心を捉えて離さなかったからなんじゃないかなと僕は思います。

巽　で、大森さんのお尻を叩いて推薦文を書かせると（笑）。その流れはありそうですね。

太田　柴田の殿はやっぱり出で立ちがいいですからね。宇山さんは本当に作家という存在が好きな人でした。生きていたら、斜線堂さんや柴田さんに編集者として会わせたかったし、そのときの宇山さんが一体どんな本を編集したのかは気になります。僕がそういった若い世代と去年星海社から出したコロナ禍におけるミステリアンソロジー『ステイホームの密室殺人』に対する宇山さんの感想も、酷評が飛んでくる可能性もありますが聞いてみたかったです。

佳多山　宇山さんがミステリ界隈でちやほやされるのは、本当にこれからだったと思います。今年、『新本格ミステリを識るための１００冊』というブックガイドを星海社新書から出しましたが、三ヶ所ばかり宇山さんのエピソードを書かせてもらっています。やっぱり、宇山さん本人に読んでもらいたかったなあ。恩返しがずいぶん遅くなってしまいました。

太田　あの１００冊のほとんどが、宇山さんと戸川さんが担当されたものですよね。宇山さんの仕事がきちんと評価される時代が令和になったらやってきたのにと思います。だから「宇山さんが生きていれば」と思うことは多々ありますね。講談社ミステリーランドを読んで作家になりましたという人も、もうそろそろ出てきそうじゃないですか。あのダークな作品群から出てくる人が必ずいそうなのに……そういうときに宇山さんがいないのはやっぱりとても残念です。しかし、みなさんによい批評を書いていただけるように、そしてミステリの歴史のバトンを脈々と繋いでいけるように、新人さんや、現役の作家さんとよい作品を世の中に送り出していくのが生きてしまっている僕の編集者としての仕事だと思っています。今日あらためてそう感じました。頑張ります。みなさん今日は本当にありがとうございました。

（2021年10月8日、Zoomにて収録）

巽昌章
１９５７年三重県生まれ。ミステリ評論家。京都大学推理小説研究会出身。１９９４年から２００３年まで創元推理評論賞の選考委員を務める。著作に『論理の蜘蛛の巣の中で』があるほか、小説も執筆している。

千街晶之
１９７０年北海道生まれ。ミステリ評論家。立教ミステリクラブ出身。１９９５年に「終わらない伝言ゲーム―ゴシック・ミステリの系譜」が創元推理評論賞を受賞しデビュー。著作に『怪奇幻想ミステリ１５０選』、『水面の星座 水底の宝石』など。

佳多山大地
１９７２年大阪府生まれ。ミステリ評論家。１９９４年に「明智小五郎の黄昏―誰が明智小五郎を殺したか？」が創元推理評論賞の佳作に入選しデビュー。著作に『謎解き名作ミステリ講座』、『新本格ミステリを識るための１００冊』など。

エッセイ

呪縛

宇山秀雄

――その人々に。アンチ・ミステリー。乙女座のM87星雲――反宇宙。反地球での反人間のための物語。……これらの献辞、前書き、あとがき中の言葉。さらにはヴァレリーの詩から誕生したタイトル、そして何よりも作品そのもの。――これほど過剰なまでの象徴・装飾にいろどられた本を手にしたことはかつてなかったし、その後も残念ながらまだお目にかかってはいない。

『虚無への供物』という呪縛力に満ちた作品に出会ってしまったのが、某商社からの採用通知を受けとり、〝健康で正常なこの惑星の住人〟として生きていくことを覚悟したその日であったことは、今にして思うと因縁めいたことであった。

おかげで、と云うべきか二年後には辞表を提出、折よく(?)目にふれた講談社の求人広告に応募し奇蹟的にも中途採用合格となり、まだ創刊準備中の文庫出版部に配属（同期のほとんどは雑誌の編集部へ）されたのも、これは幸運というか運命の悪戯というか……。

かくして「虚無」の作者に出会い、あろうことか遂には中井さんの告別式の司会役まで仰せつかるまでの道は約束されたのであった。

中井さんは、黒いスーツを着、「虚無」の作者以外の何者でもない姿形で、スキージャンプの踏切寸前、とでもいった心境の私の前にその姿を現した。「虚無」の文庫化をおずおずとお願いした一瞬、意外そうな表情を見せた中井さんだったが次の瞬間、にっこり笑うと「ところで宇山くんはお酒のむの？」

案内されたところがかの薔薇土《ばらーど》。中井さんの分身、中井さんの影であり光でもあった田中貞夫さんが経営されているお店である。

後に、「この文庫版のために三年ごし心を砕いていただいた」というありがたい文庫版あとがきを頂戴することになるのだが、私の心を砕いた犯人は中井さんその人である。

何とも形容のしようもないあの素敵な笑顔に、文庫化はご快諾いただいたつもりでいたのだが、お酒が進むともういけません。「おい宇山（すでに呼び捨て）きみはほんと——（ここで声が一度裏返る）に「虚無」を文庫にしたいと思っているのか。

あれは文庫の対極にあるものとは思わんのか!?」である。思いあたる節がないでもないだけにこれはこたえました。この繰り返しがその夜から三年ごし、ばらーどで続いた、というのが、あとがきの真実である。
ようやく「虚無」が文庫として刊行できた時、もうこれで私の講談社でなすべきことは終ったなどとの感慨を抱いたりもしたのだが……ここで場所柄もわきまえずクイズをひとつ。
虚無への供物→黒死館殺人事件→ドグラ・マグラ→占星術殺人事件→匣の中の失楽→十角館の殺人→翼ある闇……これらの作品すべてに関わったひとがいます、それは誰でしょうというのが唯我独尊的出題で、
答はこのわたくしが文庫或はノベルスの担当編集者であったのだよということになるのだけれど（それがどうした、という声が聞こえてきますが）、こうした作品に編集者として携わることができたのは、まぎれもなく「虚無」との出会い、そして何よりも中井さんのそれこそさまざまなかたちでのエールのおかげとしか云いようがない。しかし、中井さん不在の今、果して私に「翼ある闇」（「夏と冬の奏鳴曲《ソナタ》」とはあえて云いますまい）に続く矢印はまだ可能なのであろうか……。ところで、
中井さんは自らの後を継ぐミステリー作家として期待する二人の名前をしばしば

口にし活字にもされている（私としてはあと何人かの名前を挙げたいところではあるがそれはともかく）、笠井潔さんと竹本健治さんである。たまたまという訳でもないのだが、両氏には我が部署から出している雑誌に「デュパン第四の事件」「ウロボロスの基礎論」という連載長篇をそれぞれ執筆いただいている。完成の暁には両作品が「虚無」につづくものですよ、と中井さんに手向けることができたなら、編集者冥利につきるというものである。

わたくしごとばかり書きつらね忸怩《じくじ》たるものがあるが、最後に恥も外聞もなく私事の極地を。昨年秋、八ヶ岳の麓に建つマンションの一室（眺めが良いのです。窓外の右には八ヶ岳、左に富士山！　しかも周りは流薔園と同じく紅葉時に黄金色に輝くカラマツ林）を買ってしまいました（中井さん田中さん達と過した北軽井沢の〝流薔園〟での日々がなければ別荘購入などという発想は生まれる訳もなく、この分不相応な行動はあくまでも中井さんのせいです）。このささやかな場所が、「虚無」につながる作品を書こうと志している作家諸士の梁山泊《サロン》になってくれれば、「虚無」の呪縛に生きる一編集者としてもう思い残すことはないのであるが——、

そこを〝流薔園Ⅱ世《ジュニア》〟と名付けたら、中井さん、あなたはおこられますか？

（このエッセイは『創元推理４』（一九九四年春号）に初出掲載、『ＫＡＷＡＤＥ道の手帖　中井英夫　虚実の間に生きた作家』（二〇〇七年）に再掲載されたものです）

呪縛

宇山秀雄

『メフィスト』編集部OB編集者実名座談会

鈴木宣幸×野村吉克×唐木厚×太田克史

平成の文学史上に華麗なる金字塔を打ちたてた『メフィスト』と講談社文芸図書第三出版部。

その黄金期のOBが集結し、編集者、そして編集長としての宇山を語る！

在りし日の文三の風景

太田　今日は『メフィスト』を生み出した講談社文芸図書第三出版部、通称「文三」のOBが集結しました。今回の追悼文集では作家の方々は基本的には宇山さんのことをほめてくださるでしょうから、我々は宇山さんの悪口を力いっぱい言っておこうというのがこの座談会の趣旨です！　というわけで改めまして、太田克史です。『メフィスト』がスタートした文三には十番目に入ったのでイニシャルは「J」です。僕が講談社に入ったのが95年。最初の仕事が京極夏彦さんのインタビューで、それがきっかけで唐木さんや宇山さんとお話しするようになりました。入社から三年目まではいろいろな部署を転々としていて、いわば社内ニートでしたね。それで意を決して、文三に入れてくださいと唐木さんにお願いしたんです。宇山さんもそれを認めてくれて、98年に文三に異動しました。そこから唐木さんが部長になるまでの三年間、宇山部長の下で働きました。振り返ってみると、この頃が社会人人生でいちばん楽しかったし幸せでしたね。

鈴木　なにかと物議を醸す発言の「G」でメフィスト賞座談会に参加していました、鈴木宣幸です。僕は1989年の6月から文三に所属しました。唐木さんより二ヶ月くらい早くて、当然宇山さんはもういました。29歳で文三に異動しましたが、宇山さんのことは僕が『週刊現代』に所属していた頃から知ってましたよ。僕は当時西村寿行さんの担当で、『週刊現代』連載中の寿行さんの原稿を取りに行ったときに、同じ仕事部屋に先にいたのが文芸図書第二出版部(文二)にいた頃の宇山さんでした。『日刊ゲンダイ』という講談社系列の新聞の、そこで週五日間連載していた寿行さんの小説の担当でした。講談社で書籍にするためです。文三では99年まで、約九年間一緒に仕事をしました。

野村　野村吉克です。太田さんからお招きいただきましたが、実は僕はこの座談会に参加する資格はほぼありません。なぜかというと、メフィスト賞座談会に一度も出席したことがないんです。時期が早すぎて。だから座談会でのイニシャルも持っていません。僕と宇山さんとの関わりは、やっぱり入社以来部署を転々としていた僕が四年目、1987年6月の定期異動で文三に移ったことが始まりです。その年の2月に文二から文三が独立したので、まだできたてホヤホヤの部署でしたね。その年の9月に綾辻行人さんの『十角館の殺人』が刊行になりました。ですからちょうど宇山さんが新本格を立ち上げる時期の活躍ぶりを新米編集者として横目で眺めていたという関係です。実際に宇山さんがなにをしていたのかについては、あまりにも文芸編集者歴が違いすぎてほとんどわかっていなかったと思います。二年ほど経って、(鈴木)ノブさん、それから唐木さんとエンタメ小説に強そうな腕利きのふたりが入ってきました。僕は五年ほど文三にいた後『小説現代』へ異動になりまして、その翌年に宇山さんが文三の部長になっています。ですから、メフィスト賞座談会が始まったのは異動後だったんですよ。今回、太田さんがニコニコしてやってきて「宇山さんのこと、なにか話してくださいよ」というので乗ったのはいいんですけど、宇山さんとのエピソードをあまり持ってないことに愕然としながら、この場にいます。

太田　でも、現場時代の宇山さんと机を並べて仕事したのは、もう野村さんだけなんですよ。

野村　そうなりますか。当時の文三部長だった中澤義彦さんがワンマン部長だったことは多くの人が言いますけども、宇山さんにだけは一目置いてましたね。宇山さんのほうがひとつ歳上だったこともあるでしょうが、「うーやんがやるならいいだろう」と中澤さんにしては珍しく自由放任主義でした。

太田　中澤さんは１９８７年２月28日に、文三が文二から独立したときの初代部長ですね。

野村　中澤さんの特徴は、重版がかかったら、薔薇の造花を編集部の壁に貼ってある刊行一覧の作家さんの名前に飾ること。

太田　わはは。それ唐木さんから聞いたことあります。本当なんですね！

野村　本当です。当時のノベルス業界は、各社どのレーベルも赤川次郎さん、西村京太郎さん、山村美紗さんで全体の売上の八割に近いという時代でした。そこに菊地秀行さん、夢枕獏さん、田中芳樹さんなどの新勢力が入り始めた時期でしたね。中澤さんといえば、なんの文芸知識もなかった当時の僕にあきれて「お前は街に出て１００人に小説書きませんかって声かけてこい。それで原稿一本でも上がったら御の字だ」と言ってきたことを覚えています。そんな乱暴なことをしていましたので、宇山さんもやりやすかったんじゃないかなと思います。

唐木　いや、今の話「宇山さんもやりやすかった」になにひとつ繋がってないんじゃないですか（笑）。

野村　話が飛びましたね（笑）。宇山さんが三井物産から講談社に中途入社して、念願だった中井英夫さんの『虚無への供物』をつくった文庫出版部時代の後に、『ショートショートランド』時代が四、五年間ぐらいありますよね。その時期は宍戸編集長の下に、小島さん、宇山さんというメンバーだったと思うんですが、宇山さんはそれから文二に移ったんですね。たぶん西村寿行さんのところでノブさんが遭遇したのは、文二に一瞬所属したそのときだったんですね。それまで講談社でいろんなことをやって密かに好きな分野を開拓、熟成していた宇山さんが、新しいことならなにをやってもいい文三に移って一気にアクセルをふかした、と要約できるでしょうか。

太田　85年から87年まで、宇山さん、文二に一瞬いるんですね。

野村　そして文三の立ち上げメンバーは、中澤さん、宇山さん、小島さん、今井さんの四人でした。そこへ文二でバイトしていた鈴木真弓さんを文三のフリーエディターとして引っ張ったわけです。小島さんは、１９８７年の２月にＸ文庫ティーンズハートを創刊しています。すぐに女子小中学生を中心に大ブームになりました。鈴木真弓さんは、ずっと小野不由美さんの仕事をしていて、今も新潮社で『十二国記』の担当をしています。ノベルスに話を戻しますと、それまで講談社ノベルスは単行本が主戦場の文二のなかで、言い方が悪いですが二軍のような扱いをされていました。当時のノベルス界は光文社のカッパ・ノベルス、祥伝社のノン・ノベル、カドカワノベルズあたりが強かったんですね。それを追いかけるために、江戸川乱歩賞作家でやや地味めの方とか単行本での刊行が難しい方にノベルスで書いてもらうことが多かったです。レーベルとしてのオリジナリティが出たのは文三が独立してからですね。

太田　まったく知らない時代です。最初は四人で始めたんですね、文三って。そこにノブさんと唐木さんが入ったと。

唐木　ノブさんと僕との間に山之内（秀樹）さんも入っているね。山之内さんはその後コミックに異動して、CLAMPさんを担当しています。さて、イニシャルは「D」の唐木厚です。僕は講談社に入社後二年間営業をやって、三年目に文三へ異動になりました。当時部長だったのは中澤さん。「お前の仕事は非主流のそのまた非主流なんだからな」と言われたことをよく覚えています。そう言われて、僕はすごく嬉しかった。元々非主流なものが好きだったので、お前がやることは本流中の本流だと言われたらかえってやる気が失せていただろうなと思います。ただ中澤さんは当然、僕を喜ばせるつもりでそんなことを言ったわけではありません（笑）。まだ誰にも認められていないことをしている部署だから、思う存分好き勝手にやらないとすぐにつぶれてしまうぞ、と言いたかったんでしょう。もう新入社員ではなかったので、正式に「指導社員」がつくわけではなかったんですが、宇山さんは僕の指導社員のような立場だったはずでした。「お前の面倒見てくれるのはうーやんだから」と中澤さんには言われていたのですが、その宇山さんにはとにかく会えない！　僕は営業出身だから九時半には会社に来ていたんですが、宇山さんは午前中にはまったく会社にいないんです。じつは、宇山さんどころか編集部の誰も九時半にはいなかった。夕方五時半くらいになってそろそろ帰りたいなあと思っても宇山さんはまだ現れない。早ければ、定時を過ぎた六時ぐらいになると宇山さんがくる。そんな感じで、宇山さんとはずっとすれ違いでした。でも宇山さんから担当作家の引き継ぎはずいぶんしてもらいましたね。当時はまだ講談社にも昭和の気配が残っていました。仕事は勢いでやっていた感じで、大雑把だったし、荒々しかった。今だと考えられないようなことばっかりですね。

太田　重版したら壁の刊行リストに花を飾るとか（笑）。

唐木　そうそう、花の話で思い出したけど、僕が文三に来て最初の仕事はまさにそれでした。中澤さんに、「お前、今から東急ハンズに行って薔薇の造花を買ってこい」って言われたんですよ。どうしてですかと聞いたら、壁に貼ってある模造紙に謎の造花がついているのを見せられたんです。この造花はなんですかと言ったら、「重版がかかった印なんだ」、「最近調子がよくていっぱい重版がかかって造花が足りなくなったから、お前買ってこい」って。懐かしいね（笑）。壁の模造紙に貼られた造花は、とにかく文三の人たちに評判が悪かった。

太田　いや評判よくならないでしょう、ふつうに！

唐木　でしょ。中澤さんの次に小田島（雅和）さんが部長に就任して最初にやった仕事は、その造花制度をなくしたことだからね。新日本プロレスのエースになった棚橋弘至選手が、ついに道場からアントニオ猪木の写真を外したがごとく。

太田　誰か作家さんが文三に遊びに来たときに「あの花はなんですか？」と聞かれて誰も答えられなかったという話を聞きました。その作家さんの名前には花がついてなかったからという、ひどい話を（笑）。

唐木　さっきの野村さんの話に補足すると、その当時は内田康夫さんが大ベストセラー作家になり始めたぐらいの頃でしょうか。

太田　内田さんは最初から大ベストセラー作家だと思ってました。

唐木　そんなことはなかったよ。さらに補足すると、講談社ノベルスってなんで非主流のうちの非主流のそのまた非主流かと言われると、当時ノベルスのトップはもちろん光文社のカッパ・ノベルスで、それに続いて角川、徳間、祥伝社、中公あたりがあって、講談社はその下ぐらいの地位だったんです。

太田　六番手くらいだったんですね。

唐木　まったくトップではなかった。しかも吉川英治文学賞の選考委員をやるような人たちが主流なんだという世界観を、中澤さんは持っていましたね。

太田　聞いている限りだと、中澤さんと宇山さんは性格も考え方も合わないような印象もあるんですけど、なんで噛み合ったんでしょうか。

唐木　中澤さんも宇山さんも書き手を評価するスタイルは一致していたと思います。ふたりとも新しいことに前向きに取り組んでいる方を評価した。チャレンジングな姿勢が好きで、そこについては齟齬がなかったんじゃないかな。文三には「倒れるときは必ず前を向いて」というスローガンがありましたけど、あれは中澤イズムであり宇山イズムでもあったなと思います。なぜか、倒れることが好きだったね(笑)。上手に無難なことをやるんじゃなくて、チャレンジして玉砕しろというムードがあった。

太田　業界六番手だったら、そういう姿勢になるしかないですよね。

唐木　とはいえ、出版が本当に調子のいい時代でした。ノベルスが初版10万部とか珍しくなかった。

太田　二階堂(黎人)さんが追悼文で書かれていたのですが、デビュー作の『地獄の奇術師』はあまりにも作風がレトロだからとハードカバーでしか出してもらえなかったと。そんな二階堂さんの、ノベルスでの初版は3万5000部だったそうです。今だとその十分の一ぐらいですよ。ハードカバーの初版は。

唐木　今からするとびっくりだよね。出版界の売上のピークは1996年で、講談社のピークは1997年。

野村　96年というと、唐木さんの因縁浅からぬ山村美紗さんが亡くなられた年ですよね。

唐木　山村さんは文芸出版の低迷を見ずに亡くなったんだよね。さびしい思いをせずにあの世へ行かれたのが、実に彼女らしい。

太田　初版部数が下がるなんてことを経験しないまま亡くなられたと。

唐木　各社、山村さんに初版部数を下げる提案をしないで済んだ。ある意味では幸いでした。

野村　文三部長をやった唐木さんならではの実感ですね。

太田　唐木さんから、京太郎さんと美紗さんで各社二億三億の売上があったから打ち合わせでは異様な緊張感があったと言われたことがあります。ふたりともものすごく生産力があって業界六番手の講談社ノベルスでまで書いてくれるから、中澤さん以下みんな美紗さんたちへの対応にすごく気を遣っていたって。

唐木　なんだか中澤さんと山村美紗さんを語る会になってきちゃいましたね(笑)。山村さんから電話がかかってくると、あの中澤さんが直立不動になって電話に出ていたくらいだった。

野村　去年、花房観音さんが書かれた山村美紗さんのノンフィクションが出ましたね。彼女は原稿を頼まれれば本当にぜんぶ引き受けて、自分の体調が悪くても最後まで書き続けた人だったんだなあと、壮絶な生き方に触れることができました。

西村寿行邸の伝説

鈴木　宇山さんの話に戻ると、寿行さんの担当は文二のみんなが嫌がったんですよ。寿行さんは酒癖も悪いし手も足も出る、おまけに酔っ払うと無理な要求をしてくるというので。ただ宇山さんは自分から担当を希望したんだよね。好みの方向性は違えど、幻想とも言える虚構を突き詰めている寿行さんとはキャラクターが合っていたみたい。宇山さんは流行に合わせてなにかするのが大嫌いで、そういうのに対してはよく「しょうもない」と得意の言葉を口にしていましたね。

野村　僕もノブさんが文三にくる

直前に、一瞬だけど忙しくなった宇山さんに代わって担当になったことがある。すぐにノブさんが異動してきて、命拾いしました。大先輩の小田島雅和さんは、愛犬の紀州犬がいなくなったと半狂乱になった寿行さんに明け方電話で起こされて、各社編集者が集められて犬を見つけるために「山狩りせよ」と命じられた、など破天荒なエピソードをさんざん聞かされたなあ。ノブさんも『週刊現代』で「尿療法」の特集を組んでいた頃、寿行さんに自分のオシッコを「ノブ、飲め」と迫られたって言ってませんでしたっけ(笑)。

太田　寿行さんは宇山さんのことが大好きでしたよね。

鈴木　編集部に電話がかかってきて僕を呼ぶときは「西村だけど、ノブおるかぁ」って地獄の底から陰々と響いてくるような声が電話口から聞こえてくるんだけど、宇山さんを呼ぶときは「うーやんいる?」って感じでトーンが変わる。声がすごく優しかった。

太田　僕が文三最後の寿行さん担当だったんですが、引き継いだときの宇山さんがひどいんですよ。「寿行先生のところに行くの怖いです」と相談したら、「今の太田くんのレベルだったら、郵便受けに原稿が差してあるからそれを持って帰ればいいだけだよ」って言われて、でも行くとお宅に上がることに。

鈴木　大嘘つきだなあ。

太田　インターホンを鳴らすと、あの低い声で「おぉ、入れぇ」って言われます。入ると、テーブルに汗をかいたビールがダーっと並んでいるんですよ。なので、「これはもうとことんまで行くしかない!」と。とはいえ、寿行先生からすると僕は孫くらい歳が離れていたので、ものすごく気を遣ってもらって三時間ぐらいサシで話をしてくれました。あんなにピッチを上げて飲むことは人生で二度とあってほしくありません。本当にいい思い出ですね。ただ、宇山さんには騙しやがってと思っています(笑)。

唐木　寿行さんのところの犬と宇山さんの話は伝説だよね。

太田　ノブさんと宇山さんと僕の三人で、寿行さんの家に行ったんです。寿行さんはそのときオスの紀州犬を飼っていて、名前がボス。わざわざ寿行さんの奥さんが、今はボスの気が立っているから絶対に近寄らないでくださいって言ってくれたのに、打ち合わせが終わってお酒が入ると宇山さんがやたらボスに近づこうとするんです。「宇山さんやめてください」って僕が言うと、「太田くんはなにもわかってない」ってすごい不服そうな顔をする。「ボクは彼と仲良くなれそうな気がする」って。その後、トイレに行った宇山さんを油断してひとりにしちゃったら、廊下から大きな声がした。見に行くと、ボスに噛まれてるんですよ。手から血がぼたぼた流れていて。

唐木　よせばいいのに宇山さんが手を出して、ボスがすごく怯えちゃったんだね。

太田　噛まれた手のひらを牙が貫通しちゃって、覗くとちょっと向こうの景色が見えているんですよ!亡くなったときにもまだ残っていたくらい深い傷でした。そんな事件があってもノブさんは落ち着いていて、「ここは俺に任せて太田は宇山さんを病院に連れて行け」と指示をもらいました。それでタクシーに乗ったんですけど、病院に行こうとすると宇山さんがすごい嫌がるんですね。「寿行先生にご迷惑がかかるから、編集者としてそんなことはできない」って。

鈴木　病院へ行っても迷惑はかからなかったと思うけどね。むしろ放置して菌が入って化膿するほうがよっぽど迷惑(笑)。

太田　仕方ないので宇山さんの家で手当てすることにしたんですが、ふたりとも寿行先生に会うためにビシッとスーツ姿だったので、まず道中のタクシーの運転手さんがずっと押し黙っている。血がぼたぼたシートに染みをつくっているんですけど、出入りした後のヤクザの親分と子分にしか見えなかったんでしょうね（笑）。ともあれ、宇山さんに問いただすとご自宅には包帯や消毒液がないそうで、あわてて近くのドラッグストアに寄ったんです。宇山さんにはじっとしているよう言ったんですが、店内に入ってきちゃって、またぼたぼた血が床に派手に飛び散るんですよ。もう店内が騒然としちゃった。その後、宇山さんの家で僕が素人治療をしたんですけど、どう見ても危ない傷なので「頼むから病院に行ってください」ってお願いしたんです。そうしたら宇山さんが怒っちゃって、「太田くんは編集者のことがなにもわかってない。早く帰ってくれ！」って。ここまでやったのに「帰れ」かって（笑）。結局、宇山さんはその後二日間は病院に行かずに我慢したんだけど、さすがに三日目にはやばいと思ったようで、奥さまの説得もあって病院に行ったそうです。

会議なしの文三と宇山語録

唐木　今の話でも思ったけど、宇山さんには独特の言葉遣いがありましたね。名言とはまた違うんだけど、「目から鱗が何枚も落ちるような」とか、「二泊三日で休みます」も印象的だった。当時の文三では、週に二日三日はみんなでご飯を食べに行っていたんですよ。本当によく飲みに行っていた。そこで宇山さんは、いつも気がつくと完全に泥酔している。

太田　僕も文三に入った日に「お祝いしよう」って言ってくれて、僕、唐木さん、ノブさん、宇山さんの四人で飲みに行ったんですよ。そうしたら22時を越えたあたりで、宇山さんが「ボクは宇宙の果てまでロマンを探しに行きたい」とか言い始めて。

唐木　宇山さんは酔うと突然おかしなことを言い出すよね。

太田　わけもわからずそんな宇山さんの言葉を聞いていたら、突然唐木さんが「はい終わり！」って締めて。道路に出て、タクシーを止めて、「やめろ」とか「ボクはまだ飲みたい」とか言っている宇山さんを車内に押し込んで運転手さんに行き先を告げて見送った。唐木さんにこれから太田くんは何回もこれをやることになるから覚えておくんだよって言われて、実際にそうなりましたね。

唐木　宇山さんは酔っ払うと、とにかく家に帰りたがらなくなる。でもそのまま飲ませるわけにいかないから、無理矢理にでもタクシーに押し込むんだけど。あるとき、「宇山さん大丈夫ですか」って聞いたのね。ふつうそういうときは酔っていても一応は「大丈夫」って返すものじゃないですか。なのに「宇山は駄目です。二泊三日で休みます」って言って、本当にそれから三日間会社に来ないんですよ。

鈴木　あと「13時に出社」とか僕らが連絡を受けて編集部のボードに書くんだけど、15時になっても来なかったみたいなことはふつうだったよね。16時頃にきて「いやぁ、原稿を読み出しちゃって起点と終点を三往復して読み終えましたよ」って。そう言われると、読み終えるまで来ないのが逆に誠実なんだなと思えてしまう。宇山さんは電車のなかがいちばん原稿が読めるんだって言ってたね。「山手線を二、三周すると一本読めます」とか、「ロングシートの端の席がいいんです」とか言っていた。

唐木　原稿を読むということに関しては、本当に熱心だったよね。

太田　やっぱり宇山さんは原稿がいちばんの大好物でしたね。

唐木　宇山さんが本を読んでる姿は、そういえばあんまり記憶にないね。いつもゲラか原稿用紙で。

鈴木　いつもカバンにものすごい量の紙が入ってた。今ならタブレットでやるんだろうけどさ。

太田　デスク周りにもあんまり本がなかった気がする。ビールの缶は積んであったけど。

鈴木　本を読んでるとすれば、次に原稿を頼みに行く人の本だろうね。
唐木　そうだね、そういう人だったね。
太田　野村さんの頃からそうだったんですか。
野村　かなり不規則な出社ではありましたね。酔っ払った場面には何度か出くわしていて、新宿で狭い階段を上がった先にある店で飲んでいたら、帰りに宇山さんがそこの階段からゴロゴロと落ちちゃったことがあります。倒れ方が柔軟で不思議と怪我しなかった。華奢な感じだったけど、運動神経はすごくよかった。当時は文芸局で野球大会とかしていて、宇山さんはけっこう戦力になってましたよ。太田蘭三さんのスキーツアーでもいつも颯爽と滑っていましたが、一度、会津たかつえのスキー場で飛ばしすぎて肩を派手に脱臼して、帰りの列車でうんうんうなり続けている宇山さんと一緒に戻ったこともありました。愛車のユーノスロードスターに乗せてもらったとき、真夜中の江古田の商店街を百云十キロで駆け抜けたのには驚いたなあ(笑)。
太田　宇山さんの運転は上手というか、独特でしたね。ふつうの道なのにラリーみたいな激しい運転。ノブさんの頃も会社に来るのは不定期でした?
鈴木　うん。でも部長になる前は部会にはちゃんと来てたな。そこは最初は三井物産だから、サラリーマンなんだよね。
太田　部会で思い出しましたが、部長としての宇山さんは会議を一切やらなかったですよね。あれはいつ頃からなんですか。
鈴木　そういえば、宇山部長体制では部会はなかったね。メフィスト賞の原稿が割り振られるのが唯一の部会みたいなものでした。
太田　異動したときはびっくりしましたよ。三年間で会議は一回だけじゃなかったかな。その後唐木さんが部長になっても最初の二ヶ月は会議をしなかったんだけど、やがて唐木さんが「あれは宇山さんだからできたんです」と言って月一回やるようになった。思えば、あんなに会社に来なかった人が部長で、しかもまったく会議をしなくて、よく回っていましたね。宇山さんは「上長がいなくても動くようになるのが理想の組織だからね」なんて言っていましたけど、自己正当化にしか聞こえなかった(笑)。
鈴木　「悪いけど、それは俺たちが優秀だからですよ」って言ったことある(笑)。宇山さんは経理とか事務作業が大嫌いだったし。
野村　宇山さんはとにかく自分の好きなことをやるのが大好きなタイプでしたね。権威とか威張ることが嫌いで。
唐木　原稿を読んでニヤニヤしながら「こういう話は○○賞ですね。クックックッ」って言い捨てること多かったよね。
鈴木　「こういう地上的な話は私はいりません」ってね。
唐木　「地上的な話」はよく言ってたなぁ。なんの賞へのあてつけか伏せ字にせず言ってしまいたい!
鈴木　そのくせ、作品の世界観にちゃんと重力とか法則がないと嫌がるんだよね。荒唐無稽は嫌。
唐木　ミステリでいう「狂人の論理」で、作品世界に整合性がないとだめなんだと。
鈴木　「なんでここで警察が来ないんですか」とか、「みんなで退避するときにひとり残る理由がわかりません」とか細かくツッコミを入れる。うーやんはとにかく世界が成り立っていてほしいわけ。たとえば孤島で惨劇が起こったのに誰も警察に電話をかけないなんてありえないので、そうできない理由をつくってくださいと。誰かが携帯を持っていたらとか、船で行っていたらとか、いろいろ助けを呼ぶ方法がありそうななかで、ちゃんと納得させてくれと。
太田　宇山さんの赤ペンは一貫していましたね。原稿を読んでもらったときにいちばん多かったのは常識的なツッコミ。いわゆるつまらない、でも大事な指摘でした。

あの装幀が生まれたのは

唐木　宇山さんと作家さんとの関係なら、なんと言っても島田荘司さんの名前が挙がると思います。「盟友」という言葉が間違いなく当てはまるふたりだったと思うんですけど、宇山さんが生きていたら、島田さんを本当はどういうふうに評価していたか聞いてみたかったですね。やっぱり島田さんは得体が知れなさすぎる方ですから。

鈴木　ふたりは年齢も近かったしね。島田さんの本は、文二から文三が独立後もしばらくは文二からハードカバーで刊行されていたじゃない?『アトポス』に『水晶のピラミッド』、『眩暈』、それからノンフィクションの『秋好事件』。いわゆる新本格ミステリとして『斜め屋敷の犯罪』や『占星術殺人事件』を講談社ノベルス版としてリメイクするときに、宇山さんは辰巳四郎さんに装幀をお願いしていましたね。『火刑都市』のカバーは木の模型を火で燃やしているだけなんだけど、これがすごくよかった。

野村　辰巳四郎さんによる『十角館の殺人』のノベルスらしくない装幀。あれが通ったのは中澤－宇山体制だったからだろうというのが、僕のささやかな推理です。

太田　今となってはですが、宇山さんと辰巳さんとの初対面のエピソードは聞いてみたかったですね。

鈴木　どういうふうにサジェスチョンしていたのかとかもね。辰巳さんの装幀でいちばんすごかったのは、乃南アサさんのノベルス版の『鍵』のカバー。どこかで見たことあるなと思っていたら、辰巳さんのマンションのドアノブを写しているだけだった(笑)。ものすごく汚いドアノブの鍵穴なんだよ。それがカバーアートとして作品になっていた。「これこの鍵ですよね!?」って辰巳さんに聞くと、すごいニヤニヤしながら「聞いてくれるな」って顔してたさ。

唐木　辰巳さんについては話せないことも含めてすごいエピソードが多いけど、なんといっても僕が覚えているのは阿井渉介さんの『風神雷神の殺人』の装幀。俵屋宗達の風神雷神図を使おうとしたんだけど、「殺人に結び付けられるのは嫌だ」と建仁寺から使用許可が下りなかった。まあそれはそうだよね。宇山さんがそれを伝えたら、辰巳さんが自分で風神と雷神の絵を描いてきた。一見したところ僕らには風神雷神図にしか見えないんだけど、本物と見比べるとまったく違う絵なの。なのにやっぱり風神雷神図にしか見えない。「すげーな辰巳四郎!」と、あのときは背筋が伸びましたね。

野村　高橋克彦さん『歌麿殺贋事件』のカバー、歌麿の浮世絵っぽい絵も自分でさらさらと描いてましたね。

鈴木　あと、辰巳さんの仕事場が一度火事になったじゃない。そのときに熱で曲がったプラスチックなんかを、オブジェとして写真に撮ってカバーに使ったことがあったよね。「なにが起こっても必ず仕事にしますよ」と辰巳さんは言っていて、僕は大笑いしました。

唐木　あのとき辰巳さんの作品の多くが燃えちゃったんだよね。辰巳さん大丈夫かなと思ったんだけど、自分の代表作はみんなほかのところにあるからって、めげない人だった。

太田　『メフィスト』も辰巳デザインですよね。『メフィスト』ができ上がったときはどんな感じだったんですか。

野村　その頃には僕はもう異動していたんですけど、『メフィスト』と誌名がつく前の『小説現代 臨時増刊号』1990年10月号増刊から、辰巳四郎さんの品のいいカバーになっている。中澤さんから小田島さんに文三の部長が変わるこの時期くらいに、宇山さんがカバーを任されたんだと思います。そして最初に「メフィスト」の文字が誌名に入ったのは1994年の4月増刊号で、次の1994年の8月増刊号から編集人が宇山さんになっています。この

4月増刊の号から宇山さんが実質的に『小説現代 臨時増刊号』の編集長をやっていたんでしょう。

唐木　その翌年に初座談会だよね。

野村　ええ、1995年8月増刊号でA、B、C、D、Eとアルファベットで編集者が出てきた。最初はメフィスト賞でなくて、講談社ノベルスのただの原稿募集でした。宇山さん(A)が「一時期ボクは、島田荘司さん、笠井潔さん、綾辻行人さんの3人を選考委員にした本格ミステリーの賞が作れればいいなと考えたこともありました。しかし彼らも多忙だし、ボクらでやってしまったほうが早いと考え、『メフィスト』誌上で原稿を募集することにしました」と言って座談会が始まります。

鈴木　最初の座談会自体には、僕はリアルで参加できなかった。後から差し込みで台詞を入れて参加している形になっているけれど、その頃僕は入院していて、実際に参加したのは二回目か三回目なんだよ。だからキャリアは長いのにアルファベットが若くない。Bが金田で、Cが秋元、Dが唐木、Fが佐々木。

太田　そして装幀が辰巳さん、と。デザイナーで宇山さんといちばん合っていたのは辰巳さんだと思いますね。晩年には祖父江慎さんとも仲良くなりましたけど。

唐木　あとは司修さん。画家としても、エッセイストとしてもすごく尊敬していたね。

鈴木　あと宇山さんは函入りの本にすごくこだわりがある人だった。文二から文三に移った頃、宇山さんがよく「ボクは『日本歴史文学館』をやったんです。函入りをつくったんだぞボクは」って自慢してた。ミステリーランドでも函入り本をつくったから「宇山さんまたやりましたね」と言ったら、「そうなんだよ、函入りだよ」ってすごく喜んでた。

唐木　かわいい(笑)。

鈴木　編集者の目標のひとつにハードカバーや変形本をつくるっていうのがあるんだけど、函入りもそこに入るよね。編集者としては、宇山さんの自慢したい気持ちはよくわかる。

太田　装幀でいうと、この本はミステリーランド同様、祖父江さんにデザインをお願いしているのですが、祖父江さんから伺った当時のエピソードがおもしろいんです。最初に宇山さんがミステリーランドを函入りにしたいって言ったら、業務部からNGが出たんです。それでも祖父江さんがどうしてもやりたがっているからって、宇山さんが祖父江さんを講談社まで呼んだんですよね。大会議室にスーツ姿の偉い人もずらっと並んでいるなかで、やってきた祖父江さんがTシャツに短パンだったらしいんですよ。それで、祖父江さんがいつものあの調子でプレゼンを始めたらみんな呆気に取られちゃって、もうこの人の言う通りにやらせようということになった。

唐木　それは完璧に宇山さんの作戦でしょ。祖父江さん本人に語らせちゃったら、ふつうの人は太刀打ちできないですよ。祖父江さんは戦略的に考えている人だし、プレゼン能力が高いから。

太田　祖父江さんの視点からすると「宇山さんはすごい不安そうにしていたけど、僕が言ったらみなさんふつうに通してくれましたよ」とおっしゃっていて、しかしそれはある意味宇山さんの手のひらの上だったんだと思います。

唐木　講談社は今でもそうだけど、いわゆる表現者、アーティストの言うことを尊重する雰囲気があるじゃない。業務部の人たちも、祖父江さんが出てきたから、なんらかの形で実現してやろうって頭が切り替わったんだろうね。

辛辣な「しょうもない」

鈴木　宇山さんといえば、装幀についても、たとえば「○○さんのはなんの味も色もない」って辛辣だったよね。

唐木　とんでもなく辛辣な台詞がポンポン出てくるんですよ。冷たい評価をしたときの言葉は本当に厳しかった。

鈴木　「しょうもない」、「これは○○賞クラスですよ」、「ボクはいりませんね、こういう原稿は」とかが口癖（笑）。

太田　宇山さんは相手をえぐる言葉が本当に鋭かった。京都人の嫌みなところをそのまま人間の形にしたような感じがありましたね。逆に、そういう人だからこそほめるときもやっぱりうまかったんだとも思います。

唐木　僕だって何度か頭にきたもん。

野村　辛辣なんだけど、小柄でソフトな口調で威圧感がそこまでないから、相手を本当に傷つけちゃうっていうか、相手が心底めげてしまうまでのことはなかったように思いますけどね。

太田　中澤さんとはそこが真逆でしたよね。中澤さんは態度や空気感が怖いんだけど、言われること自体はそこまでではなかった。一方で宇山さんはニコニコしながら相手を刺しにくる。宇山さんは基本的に他人には興味がなかったんだと思う。奥さんと、あとは自分にいい原稿をくれる人にちょっとあるくらい。

鈴木　あと女性が嫌いだった。若い頃からめちゃくちゃモテたらしいんだよね。「女の子がボクのほうを見るのはもういいです」とか言ってて「チクショー!」と思った。

太田　身内に対しても辛辣でしたね。50代なのに、酔っ払うと「家族なんていなければもっと生きやすいのに」とか「木みたいに自分ひとりだけで生まれてきたかった」とか、中学生みたいなことを大真面目に言っていた。

唐木　家族の話はしない人だったね。でも奥さんの三代さんのことは大好きだったね。元々は三代さんが宇山さんのことを大好きで、「そうですか……」みたいな反応だったらしいんだけど。

野村　たいていの人がとるような年のとり方をしない人でした。結婚して子どもができたりすると考え方が次第に変わってくるものなんだけど、宇山さんには永遠の読書少年みたいなところがあって、おじさんを経ないで年をとったみたいなところがあった。

太田　これは島田さんもよくおっしゃっていたけど、宇山さんは人に偉そうにしませんでした。ただ辛辣なだけで。

唐木　島田さんは、威張る人が嫌いだってよく言うじゃない。だからふたりは合ってたのかな。それにしても宇山さんは、基本的にメフィスト賞以外の賞を評価していなかったよなあ。芥川賞も直木賞もぜんぜん評価していなかったでしょ。

太田　宇山さんは自分のところにやってきた原稿しかほめたことないと思いますよ。とにかく他社で書き始めると悪口を言い始める。

鈴木　それ直に聞いてたな、「○○さんはもう駄目ですね」って。「なんでですか」って聞いたら「だってボクに書かないじゃない」と。

唐木　編集者としては、ある意味で正しい姿勢だと僕は思うよ。自分に書いてくれない作家には興味がないって。

鈴木　篠田真由美さんが宇山さんと出会って最初の一言が「あなたは僕の方の人だと思って」だったそうで、むちゃくちゃだよね。篠田さんは東京創元社から『琥珀の城の殺人』でデビューしたんだけど、宇山さんは「最初からこんな西洋の謎なんて書いたら売れませんよ」って言い放ったらしい。要は「ボクのところで書けば売れるのに」ってことだよね（笑）。そして『建築探偵桜井京介』シリーズが生まれた。実は、中澤さんが同じことを田中芳樹さんにも言っている。『銀英伝』とか『アップフェルラント物語』とか異世界の話を書くんじゃなくて、日本人に近しいところで主人公たちをつくってくれと。そしてできたのが『創竜伝』だった。唐木もわかると思うけど、外国を舞台にした作品っていうのは難しいよね。

唐木　僕もまさにそれで苦しみましたね。メフィスト賞のなかで悔しかったことがいくつかあるんですけど、そのうちのひとつが古泉迦十さんの『火蛾』です。イスラム神秘思想を背景にした殺人事件を描く作品で、本当によくできているんですよ。いろんな人がすごくいい作品だといまだに言ってくれるんだけど、でも売れなかったね……。

太田　『火蛾』は凄すぎた作品。あと売れちゃうと、文三にアサシンが飛んでくる可能性があった(笑)。

唐木　それは大丈夫。なにしろ僕自身がこの作品の影響で中東の歴史にはまっちゃったくらいだから。

太田　宇山さん本人はむしろ海外のこと好きだったんですけどね。

野村　赤川次郎さんとのヨーロッパ旅行を楽しんでましたよね。

太田　内田さんが世界一周クルーズでイスタンブールに寄ったら、現地で宇山さんと三代さんが待っていた話も伝説ですよね。内田さんが船を降りたら宇山さんが「ヤッホー」って。内田さんが感激して、すごくよかったって方々で言ったら、他社の編集者が寄港地ごとに待ち構えているようになって、内田さんが「違う、そうじゃない」ってがっかりなさったという(笑)。ともあれ、宇山さんは作品の大枠を決める優れた能力があった方だと思います。

唐木　編集者は枠をつくらないとね。作家に好きなように書かせるだけじゃ駄目なのよ。

鈴木　「国内を舞台に」というのも文三で考えたひとつの制約だよね。編集者は作家に真っ白いキャンバスを渡すわけではない。こういう条件のなかで書いてくださいっていう問いを投げかける。それに応えられる作家でないと。他の作家が創作者目線で大絶賛する作品を書くことになる。

太田　作家は売れてきたり評価されたりすると、エゴが大きくなって、枷を拒否し始めがちになるんですよ。そしてそれまでうまくいっていた編集者とダメになったりする。宇山さんもそういうことが何度もあった。

鈴木　いっぱいあったね。

唐木　宇山さんは、ある時期になると作家と宇山さんでお互いに関心をなくしちゃうっていうか、別れどきだよねという感じだったね。それは編集者なら誰でも経験することではあるけれど。

鈴木　作家は最新作を宇山さんに読んでもらいたいって送ってくれるのに、「つまらないですね」とか「ダメですね」、「またこんなしょうもないものを」ってよく言っていた。ひどいときは「こういうの書いてくれって言ったらこんなのがきたんだよ。返しに行ってくる!」って言ってた。

太田　本当にひどい!

鈴木　その頃の宇山さんは顔が広いから、売れなくて時間のある作家もたくさんきて原稿を渡すんだよ。宇山さんはそれを無理して読んで、つまらないからビールを飲んで荒れて、翌日会社に来るんだよね。読んですぐ返しに行くのはすごいよ。僕なら行きたくなくて返事を躊躇《ためら》っちゃう。だけど宇山さんはいっぱい原稿を持っていて時間がないから、今すぐ返しても結果は同じだっていうので、とにかく早く次に行きたいわけ。そういう意味では誠実なんだけど、恨まれる。編集者と作家は二人三脚で、いい話のなかでは彼のおかげとかこの人がこんなに売れて嬉しいって言ってるけど、それは氷山の一角で、あの宇山の野郎とか原稿突っ返しやがってという話がいっぱい。僕にも唐木にも、どんな編集者にも当然あるわけですよ。宇山さんが言うには、とにかく新人作家には、人生踏み誤まっても知りませんよって一度言っておかないといけない。引っ張り込んだ僕さえもあなたを地獄に落とす可能性があるって。

太田　「これで人生が狂っても知りませんよ」は宇山さんの殺し文句でしたね。

鈴木　殺し文句っていうか、保険でもあったと思う。当時、一方にあった江戸川乱歩賞は、清張以後の世界観を是とする推理作家協会の当時の重鎮たちも含め、社会派ミステリ、つまり社会に対する問題意識のなかに殺人が起こり、その社会性と殺人の謎が絡められた作品だと認識されていた。僕らが文芸にきた80年代から90年代半ばまではそういう作品が多かった。そのなかで中澤―宇山体制が、アナクロだけれども社会派に対するアンチとして、ホームズとは言わないまでもエラリー・クイーンやクリスティーの世界観のトリックでいこうって始めた流れが新本格だったよね。これで俺たちも飯を食ったし、太田なんてそれで会社を興しちゃった。

太田 宇山さんの起こした新本格ムーブメントは、ゲーム方面でも竜騎士07さんや奈須きのこさん、amphibianさんを生んだ、戦後最大最強の文学ムーブメントだと思いますよ。

鈴木 そこまで言うか(笑)。

太田 僕はそう思っています。京極さんや辻村(深月)さんは直木賞といういわゆる本流の部分でも天下を取っちゃった。スタート以来、こんなにずっと長く途切れずに続いている文学運動は本当に稀有だと思いますよ。

原稿を求む!

鈴木 そう、この座談会が始まる前に太田に提案したんだよ。宇山さんって密室で死んでいたじゃない。

太田 訃報が届いたあの日、僕が宇山さん宅に駆けつけたらすでに菊地(秀行)さんがいらしていて、その後来てくれた(山口)雅也さんが「密室だ」って呟いていたのを覚えています。

唐木 宇山さんが亡くなったその日に駆けつけてくれたのが、雅也さんと菊地さんでしたね。

鈴木 うーやんが頭をCDの山に突っ込んでいて、唇と鼻のところに血痕が残っていたという怪しい死体なんだから、今回の本ではその謎解きをぜひ誰かに書いてもらいたいと思ったのに、「そんな企画やれるわけないでしょ!」っていちばん傍若無人な太田に叱られちゃった。

太田 わはは。

鈴木 もうひとつ提案。誰か、『犯人は宇山日出臣』っていう小説を書いてくれないかな。ミステリーランドの頃に、宇山さんが断酒道場の病院に入ったじゃない。宇山さん、「ノブさん、ベルトも取り上げられるんだよ」ってニヤニヤしてた。「悲観して首を絞めたりしないように長いものはぜんぶ取られるんです」とかすごく楽しそうに話すんだけど、「よかったですね」とか言うしかなかった。どうも、サナトリウムとか隔離された場所とかというシチユエーションに自分が置かれたことが嬉しくてしょうがないみたいだった。だから、宇山さんが断酒道場でベルトを取られたうえで絞殺事件が起こる『犯人は宇山日出臣』を読みたい。

唐木 たしかに不可能状況としておもしろいですよ(笑)。

鈴木 宇山さんはたぶんこうやって僕が話すと「いいですね、誰が書いてくれますかね」とか言ってさ、「ボクが死んだ状況は密室だぞ、クックック」って笑いそうじゃない。

唐木 すごい、宇山さんが乗り移ってるみたいな口ぶりだった! 誰が書くといいかな。

鈴木 ○○さんなら書ける。

唐木 それは僕も思うけど! 人を唸らせるような本格ミステリでいうと誰なんだろうな。なるほどって思えるトリックを考えてくれるのは有栖川さんかな。

鈴木 絞殺事件が起きて、宇山さんは「ボクがやった」って言うんだよ。「ボクですボクです」ってベロベロになりながら。

太田 信頼できない語り手だ。なぜなら酔っ払いだから!

鈴木 酔っ払いの宇山さんの一人称で「ベルトを持っていないボクがベルトで首を絞めました」って供述する。いいでしょ。

太田「絞めたような気がする。絞めてないような気もする。どっちなんだ!?」って。

鈴木　というわけで、宇山さんが密室で死んだのは、この密室の謎を解いてくれないかっていうダイイングメッセージだと思うんですよ。さあ、原稿を求む！　というところでどうですか。そういえば太田は宇山さんの書棚の写真を撮りに行くんだろう？　つまりこれから密室殺人の現場を撮るわけだ。太田が遺体役で再現しろよ。

太田　わかりました。自分が僭越ながら……って、三代さんもさすがに怒りますよ！

鈴木　三代さんの入院生活中に宇山さんは亡くなったんだよね。宇山さんはひとりで川崎の自宅にいたけれど、三代さんが何回家に電話しても出ないので、よもやと思って外泊願を出して戻ったら、CDをかけようと思って蹴躓《けつまず》いたのか、CDの山に頭を突っ込んで亡くなっていた。

唐木　だから、本当は事故か病死だね。密室殺人ではない（笑）。

鈴木　家には鍵がかかっていたわけだから密室だろ！　あと突っ込んだCDのところに血痕があった。ご遺体も顔に内出血の痕があったよね、だから後ろから鈍器で殴られたことにしよう……なんとかして密室から逃げおおせた犯人がいるんだよ。僕はね、島田荘司さんが犯人だと思う。

太田　めっちゃおもしろいじゃないですか。だってそのとき、島田さんはアメリカにいるんですよ！

唐木　島田さんならアメリカでもやれるよ！　遠隔殺人だね。島田さんを舐めちゃいかん。

鈴木　たぶんね、三代さんを遠隔操作してる。電話が繋がらないっていうのもぜんぶ狂言なんだよ。

太田　今宇山さんがいたらすごく喜んでいる気がする。でも「三代さんを犯人にするのだけはボクはやめてほしいな」って言いそう。

鈴木　でも三代さんが乗ってくるかもしれない。

太田　こないよ！

鈴木　なら飼い猫のオペラが犯人だな。

唐木　オペラはもうあの頃にはいなかったですね。

鈴木　じゃあ剥製かなにかにして、爪を研がせてさ。

唐木　飼ってた猫を剥製にする人いないでしょ！　怖いよ！

野村　まあでも、宇山さんは遊びが好きだったし、自分自身が遊ばれることもすごく好きだった。ノブさん流の言い方だったけれども、今みたいな小説が実現すると楽しいんじゃないかなってなんとなく思わせてくれるのは、宇山さんの人柄ですかね。

太田　ですね。島田さんも三代さんも、そういった稚気に満ちた宇山さんが大好きな人なので、僕たちのこの暴走もきっと許してくださるでしょう。そもそも、宇山さんは「綾辻さんの『迷路館の殺人』の序盤で死んでいるのはボクなんだ」っていろんな人に自慢していましたよね。僕も、そんな宇山さんを心から愛していました。しかし今回の座談会は終わってみると、当初の思惑を遥かに超えて、外には出せないような話がぽんぽん出てきましたね。実際に本にしてみたら削りに削ってしまってこの座談会のパートだけがめちゃめちゃ薄いかもしれない（笑）。とはいえ、編集者だからこそわかる、編集者・宇山日出臣のすごさとおもしろさについては十分に語ることができたと思います。願わくは、この座談会を読んでくれた読者からも新しい編集者が生まれんことを！

（2021年9月11日、Zoomにて収録）

鈴木宣幸
1960年生まれ。1983年～2021年、講談社に勤務。1989年～1999年、講談社文芸図書第三出版部に所属。

野村吉克
1960年生まれ。1984年～2

021年、講談社に勤務。1987年〜1992年、講談社文芸図書第三出版部に所属。

唐木厚
1964年生まれ。1988年〜2020年、講談社に勤務。1990年〜2005年、講談社文芸図書第三出版部に所属。

太田克史
1972年生まれ。1995年から講談社に勤務。1998年〜2006年、講談社文芸図書第三出版部に所属。

再収録『メフィスト』編集者座談会1〜3

〝何が飛び出すか誰にもわからない〟『メフィスト』の目玉企画、メフィスト賞編集者座談会。

編集者が自ら応募の生原稿を読み、賞に推す。何もかもが型破りの賞のスタートを再収録。

講談社ノベルス原稿募集　編集部のホンネ座談会

「究極のエンターテインメントを求む」

A　一時期ボクは、島田荘司さん、笠井潔さん、綾辻行人さんの3人を選考委員にした本格ミステリーの賞が作れればいいなと考えたこともありました。しかし彼らも多忙だし、ボクらでやってしまったほうが早いと考え、『メフィスト』誌上で原稿を募集することにしました。この原稿募集は、下読みの人間がいない、直接、編集者が読んで、いい作品を決めるというのが一番の特徴だと思います。原稿の募集はしますが、いかなる見返りもない。賞金は出ないし、本になるかどうかもわからないけれども、ボクらが読むということが特色でしょう。

B　でも、ボクらがいいと思った作品は確実に本になりますよね。それが最大の見返りじゃないですか。確かに賞金は出ないけれど、本になれば印税は入るわけだし。

C　また本になるまでも早いんじゃないですか。

A　最短で3ヵ月ですね。京極夏彦さんの『姑獲鳥《うぶめ》の夏』がそうでした。完璧な原稿、ボクたちがすごいなと思った原稿がくれば早速本作りに入ります。また基本的にはノベルスの原稿を募集することになりますが、内容によっては単行本にすることも可能です。つまり本の内容に即したあらゆる対応ができる。こんな原稿募集はいままでなかったんじゃないでしょうか。

D　もうひとつの特色として、枚数の上限を設けない、狭い意味でも広い意味でもミステリーに限定しないということにしましょう。

E　えっ、ミステリーに限定するんでしょ。

D　いや、しないでしょ。ミステリーに限定するんだったら通常の賞と変わらない。それなら他の賞に応募してくださいということでボクはいいと思う。

E　いや。それをしてしまってはどんな原稿が来るかわからないよ。

D　でもしょうがないですよ。なんで『パラサイト・イヴ』が当たったかというと、あれは「ホラー大賞」という名称で募集したから。従来にない才能を拾おうと思うと、既存のジャンルにはこだわらないようにしないといけません。ただ大量に来すぎるのも困るので、分量的に何枚以下のものは受け付けないという制限をつけてはどうですか。こっちは全部読むとはいっていないわけですから、最初の50ページを読めば、ダメなものはダメだとわかるわけでしょ。それでなんとか対応できるんじゃないでしょうか。一時期に集中するわけでもないし。

A　最近の講談社ノベルスの傾向を見ればわかることですが、編集部の反応は本格ミステリーに敏感になるでしょう。したがって応募してくるほうも、新本格と言われているような作品が多くなるとは思います。しかし、そうじゃないものを省くのはもったいないし、難しいところです。そうすると、せめて講談社ノベルスからデビューした作家の名前くらいは入れておきましょうか。綾辻さんからの流れというものをもう一度、振り返る意味もこめて。

D　『メフィスト』を読んでいない人間が今回の原稿募集の告知を目にすることは原則的にありえないわけでしょう。この雑誌を読んで応募しようとしている人間ならわかっていることなので必要ないと思いますが。

E　でも、こちらの思い込みだけでそういうことを言ってもダメでしょう。書いてくるほうは必ずしも『メフィスト』の読者だけじゃない。ボク自身は乱歩賞しかやったことがないから何ともいえないけれど、このなかで応募原稿を読んだ人はどのくらいいますか。募集すると、いくら制限をつけても山ほど原稿が来ますよ。だから制限なしにやったらなにが来るかわかりません。昔、あるテレビ局で2000万円の懸賞金をつけて原稿を募集したときの担当者に話をきいたことがあるんです。そうすると、自分の一日の出来事をとうとうと書いたものが山ほど送られてきたんですって。

A　しかし『メフィスト』という雑誌は残念ながら、そう広く世に出ている物でもないでしょう。

E　そうはいっても懸賞募集している雑誌の一覧をのせているような雑誌もあるじゃないですか。それに載ってしまったら、『メフィスト』関係なしに原稿が集まってきます。

F　そういえばウチの嫁さんも、そういう本を読んでます。確かに、そんな本を見て応募してくる人もいると思うんですよ。だからなにを募集しているのか『メフィスト』の読者以外にもわかるようにしたほうがいい。何でもいいということにすると、逆になにも来なくなってしまうような気がします。

C　それなら「エンターテインメントに限定する」ということでどうでしょうか。そのくらいのワクは最低としてあったほうがいいと思うけれど。

G　そう。一番大切なのは、人に読んでもらうこと。それを考えてほしいですね。ひとりよがりなモノローグではなく、他人を楽しませるものを書いてほしい。

B　これは、要するに才能の拾い方の問題だと思うんです。しかし、広く投網をかけてすくうやり方は難しいと思うんですよ。『パラサイト・イヴ』だとか、いっていることはわかるんだけれど、それはしんどいと思う。だから限定したほうがいい。ミステリーとハードボイルドとファンタジーにするとか、三つくらいジャンルを決める。だってウチで出しているノベルスがそうだから。そうしたやり方のほうがいいでしょう。

D　エンターテインメントなんだから、「純文学は除く」とか入れましようか。

B　でもなにが純文学かとかあるからなあ。

E　それなら、さっきの三つのジャンルに加えてSFと伝奇も入れましょう。

A　そうしたらはっきり「講談社ノベルスの原稿募集」ということにしよう。そしてエンターテインメントということにする。ただ自分一人のためのエンターテインメントではなく、他人をエンターテインする作品でなければいけないということを声を大にして言う。

G　基本は他人に読ませること。そこがわかっていないと困っちゃうんですね。

D　しかし個人的には除きたいジャンルもあるんですよ。戦争シミュレーションものとか。あとファンタジーでもドラクエ的なものはお断りとかね。これだけ大量に出ているなかで、なおかつそれを越える作品だと自信があるなら送ってこいと言いたいけれど、逆風のなかを突き進むくらいのパワーがないと難しいだろうということです。

G　ボクはもう従来のジャンルを突き破るものとしかいえないなあ。強いて言えば、これこれのジャンルとする、ただそのジャンルを踏まえ、そのジャンルを突き抜けているような作品は歓迎ということでしょうか。

B　やっぱりどこか、「俺は流行作家になってやるんだ」と気張っているのがいいですよね。「せっかくの人生なんだから一冊くらい書きたかった」というのはやめてほしい。

D　ボクはコンセプトのはっきりし

た原稿が好きですね。本につける帯に書くネームがはっきりわかるような原稿がいい。作者の意図がよく伝わってくるような原稿です。

A　帯を書くときに20文字くらいで読者を挑発できる、あるいはメッセージがとどけられるものは本にしやすいのは事実ですね。

G　まあ、どう条件をつけてもヘンなものは来るでしょう。しかし腕試しであるとか習作のようなものを見てもらいたいという気持ちで出してきてほしくないですね。編集部としては、人の目に触れて本になる自信がある作品を待っている、ということです。そのようにボクは書き手を挑発したい(笑)。それでもヘンなものは来ますけれども。

E　書く人は自信家だからねえ。自分はこんな作品を書いてやっているんだくらいに思っているよ。

G　よくある海外旅行記ではダメ。異郷で誰かと知り合ったくらいのお話ではダメなんだくらいのことは言っておかないと。

A　見慣れた風景は見たくないねえ。ボクが求めるのは、過剰なもの、とんがっているもの。山が高ければ、多少傷があろうと構わない。手当てはできるしね。これは全く個人的な意見だけれど、人間の愛憎なんて現実で充分、そうではなくて読んでいる間だけでもエンターテインメントの世界に連れていってくれるものがいいなあ。

E　でも、ボクは反対でね。そういうものがあってもいいが、愛憎がきちんと書けないと困る。登場人物の生き方や行為のなかに他人を感動させるものがないと、小説としてしようがないと思う。愛憎でなくてもいいけれどね。

A　さっきいった愛憎というのは、日常的な、お茶の間的な愛憎はもういいということなんだけど。

F　ボクが個人的に思うのは、二塁打、三塁打もいいけれど、編集者としてはホームランを打ちたいということ。そうすると20万部、30万部というところを狙うには、技巧に走りすぎてはダメで、やはりプロットをたてて、構成して、愛憎も書けたほうがいいと思います。技巧に走るというのは、かえって表現の幅を狭めることになる。

A　凄い作品でも本格は10数万部くらいしかいかないという現実はありますね。これは突破したい。一方、高村薫さんは、『照柿』のように厚いものでも23万部出ますし。

C　出来のいいものはいいけれど、新本格にはあまりにも簡単に人間が殺されちゃったりするような傾向もあるでしょう。動機が弱いというか。高村さんがなぜ売れるのかというと、謎解きの楽しみというよりも、人間のもやもやした怒りなど動機をきちんと書くからだろうという気がするし、個人的にもそういった本が好きだというのはあります。

A　確かに狂気の人間ではなく、正気の人間がここまで狂ってしまえるというその高み、深みが作品を判断するときの基準になるなあ。

D　それと最近気になるのはワープロ悪筆。印字が斜めになっていたりとか、切れていたりとか、ワープロを使っているにもかかわらずかえって読みにくいというケースがある。

E　でも、原稿はワープロに限定しようよ。

D　もちろんそれはいいんだけれど、ワープロの打ち方もちゃんとしたほうがいい。

G　いい原稿は見た目もいいということでしょう。

D　あと感熱記録紙は使用しないでほしい。というのも、インクを吸ってしまうから、入稿の指定ができないんですよ。だいたい感熱記録紙は、他人に見せるものじゃないし。

C　評価の仕方はどうしましょうか。これはダメだと思ったら、ひとりが読んではねてしまうのか、それとも最低何人かが読むのか。そのへんはどうしましょうか。

B　これがいいかどうか、というのはわからなくても、これがダメだというのは誰にでもわかるでしょ。だからこれはダメだと思ったものはひとりで落とす。でも「俺には良さがわからないけれど」、というのは他人にまわせばいいんじゃないですか。

A　それにしても、どれだけ来るのかわからないという気がします。

E　ただ、ほかで落ちた奴なんか大勢来るわけですよ。応募した人の一覧表もあるだろうけれど、他社のものはわからない。

D　でもタイトルを変えてくるよ。

B　一応明記しておきますか。他賞に応募したものはご遠慮くださいとね。効果がないとしても。無条件で選考から外しますとね。

E　でも本人は書き直したといってくるからなあ。乱歩賞の話を聞くとかなりあるんじゃないかなあ。かなり重複してくると思うね。

A　ただ乱歩賞に応募して落ちたもののなかから10人くらいデビューしているんだよね。

B　でも一次で落ちた人間はいないでしょう。

A　いやいや、そうでもないみたい。えッというような話も聞いてる。

E　だいたい落ちるのは一次のほうが多いんだよね。特定の人がひとり読むと落ちてしまう。逆にふたり読めば残る可能性はある。

D　しかし他のノベルスで書いている人間も出してくるんじゃないですか。

E　そのへんが読んでて一番苦しいでしょ。そんなに下手なわけじゃないだろうし。

D　文章もちゃんとしているし、構成もきちんとしているんだけれど、新しくないという。

A　じゃあ、申し訳ないけど他社でデビューされた方はご遠慮いただくことにしますか。ところで、みんなはどんな作品が読みたいですか。ボクは綾辻さんに始まって京極さんにいたったこの道をもっと遠くまで歩きたいと思います。そこでどんな地平が見えてくるのか。楽しみです。

D　どう考えたらいいんだろうと、対応に困っちゃうような原稿が読みたい。最近では『パラサイト・イヴ』のような既成のワクに止まらないようなもの。

B　翻訳されていないジャック・ヒギンズみたいなものを読みたい。日本人でヒギンズを標榜するような人がほしいですね。泣きたいね。

C　自分は個人的にはサイコスリラーが好きなもんで。日本でもそんな小説が読みたい。好きな作家はジェイムズ・エルロイ。ギラギラ、ドロドロしたものが読みたいなあ。

B　あとから冠がつくような才能を期待したいですね。

A　一著者一ジャンルみたいな作家を探したい。

E　尖った部分があってもいいけれど、個人的には小説の王道が読みたい。いま周辺にこだわっていて、その真ん中が抜けているような気がします。高村さんなんかは真ん中へ堂々と入ってきたんだと思うんだけれど。

B　小説のもつダイナミズムは大切にしないと。それがないのは全部ダメだと思うから。

A　活字からオーラというのは出ているみたいだよね。これはわからない人にはわからないかもしれないけど。

D　それにタイトルには気をつかってほしい。編集者が読みたくなるようなタイトルをつけろ、といいたい。タイトルの下手な人で小説のうまい人もいるけれど、もっと気をつかってほしい。

C　締切りはどうしますか。再投稿は遠慮してもらうとしても、常時受け付けでいいんでしょうか。

F　締切りはつくっておいたほうがいいんじゃないですか。

D　それなら『メフィスト』の次の号でよかった作品を論評することにしましょう。

A　いっそのこと届いた原稿の著者名と作品名はすべて活字にしてしまうというのはどうでしょう。編集部に届きましたということで。

F　それなら一次選考に残った人だけにしましょう。そうしないと、みんな送ってきちゃいますよ。

A　何人か引っ掛かった人は『メフ

ィスト』誌上で触れるということにしましょうか。音沙汰なければ、落ちたと考えてもらおう。

C　2、3ヵ月音沙汰がなければ、ダメだったと思ってもらえればいいんじゃないですか。

A　なんだかなあ、とりとめのない座談会になってしまったけど、これが編集部の現状ということでお許しいただこうか。傾向と対策は講談社ノベルスを、出来れば買ってお考え下さい、と。

（『メフィスト』1995年8月増刊号初出掲載）

「究極のエンターテインメントを求む」
原稿募集座談会 第2回 「イチオシ作品がさっそく到着!」

いきなり900枚の大作が

A みなさん、どのように予想されていたかわかりませんけれども、『メフィスト』の前号で、ノベルスの原稿募集を呼びかけたところ、早速3本届きました。多いのか、少ないのか、この数字はどのように考えますか。

C 原稿募集を呼びかけた雑誌が発売されたのが7月末ですから、その時点から書き出したとすれば、なかなかの数字ではないでしょうか。

D いや、立派な数字ですよ。

B 前回の座談会で、あれだけああしろこうしろとうるさくいって、それでも来たんですから、かなりいい数字でしょう。

A 本当のことをいって、ボクはもし原稿が殺到したらどうしようかと思っていたんです。編集部で下読みから本作りまで全部やりますなんていい出してしまったものですから、収拾がつかなくなったらどうしようかとね。まあ、それは幸か不幸か回避されました。さてと、一番最初に届いたのが『仮面のお告げ』という作品です。作者は29歳。でも性別がわからないなあ。名前からでは判断がつきません。これからは性別も書くように募集要項にいれましょうか。

E タイトルをみると女性のような印象をもつけれども、そういわれてみると、あれっと思うね。

A 職業もわかりませんね。作品とは関係ないことですけど……。

C 無職ということなんじゃないですか。

D 前回、職業を書くようにいっていましたっけ。

A 略歴を書くようにしているけれど、特に職業には触れていない。

D じゃあ、これからは職業も書いてもらうことにしよう。こうして座談会を重ねていくうちに、徐々に募集要項が整っていくのもいいじゃない。そのうち写真をつけろとかいい出したりして(笑)。

A それと400字に換算して何枚分書いたか入れてもらうようにしましょう。一応の目安ということで。さて、では肝心の作品のほうにいきましょうか。ボクは梗概だけ読んで、Fさんに渡してしまったんですが、どうだったのでしょうか。早速きいてみましょう。この作品が、プラスチックのケースに入れて送られてきたときは感動したなあ。「ついに来た」って感じでしたが。

F うーん、はっきりいって何が書きたいのか、わかりにくかった。

A ちょっと待って。この人は自分の作品について20字のキャッチフレーズを書いてきているので、ちょっときいてください。どれどれ、「本格探偵小説の復権は伝奇世界も駆り出した」。

F 確かに『八つ墓村』みたいな世界を描こうとしているんだけれど、ちょっとリアリティや説得力に欠けるんじゃないかな。

E 少し読めばわかるけれど、確かに横溝さん流だね。

F 舞台は、閉塞された社会。まあそれはいなかの村なんですけれど、その村のお告げによってある家の跡取りに選ばれたといわれた男が婿にいくところから話は始まる。でも、ちょっと無理なんじゃないかなあ。これはちょっと無理ですよという世

A(宇山)×B×C×D×E×F×G

界を900枚以上書いている。

B　え、900枚？　本当に読んだの？

F　もちろんじっくり読みましたよ。でも、作者の狙いがわかりにくい。人間関係を描きたいのでもなさそうだし、どんデン返しがあるトリッキーな話でもないし。頭で一生懸命作っているのはわかるんだけれど、だから何なのということになっちゃう。

A　頭で作っちゃ悪いか？　ボクは、そういう小説も大好きだぞ。

F　それはいいんですが、やるなら面白く作ってくださいということです。

D　この人は小道具の作り方があまりうまくいかなかったんですよ。もっと丹念に作れば雰囲気作りはできたのに。

F　物語を作るというのは、舞台設定から行く場合と、キャラクター設定から行く場合との二つの方法があると思うんです。この作品の場合、舞台設定はわりあいよくあるパターンだし、キャラクターはできていないと思う。

C　そのなかで、あえていいところを挙げるとするとどうなんですか。

F　ない。

C　身もふたもない。

F　これで900枚は無理ですよ。さっきの話に戻りますけれど、頭で作ってもいいんだけれど、だったら200枚でも300枚でもいいから、きちんとしたものを作ってほしい。

A　一応ウチの規定をいうと、最低400枚ですがね。

C　（原稿から目をあげて）本当に横溝さんの世界なんですね。舞台は中国山地だし、舞台になる神雫村というのは犬神家の「神」でしょ。また男が婿にいくことになる笛町家というのは『悪魔が来りて笛を吹く』の「笛」からきているんだろうし。ああ横溝ファンだなあ、というのがよくわかる。

A　ただ、ボクもこのままではちょっとアカンなあという感じがしますね。

書き手が陥りやすい欠点は

さて、では2番目の作品にいきましょう。こちらは、何かあるんじゃないかという気がしましたが。タイトルは『藤村祥子を追え！』。

B　何ですか、「おえ」って。

C　チェイスですよ、チェイス。

D　これは男性ですね。26歳。分量は440枚かな。

A　さて肝心の内容のほうは、どうだったのか。現在席をはずしていますが、この作品に関してはGさんからの伝言があります。これから読むのできいてください。

「いいのは梗概だけですね。文章が下手なのはしょうがないけれど、ヘンに気取った文体にしようとして、まるっきりカッコがついていません。自分で文章に酔っているだけで読ませることを考えていないですね。もちろん内容がその欠点をカバーするだけの迫力があれば評価もしますが、ナンボ読んでも面白くなりません。シーンをつなげていくと、前と後ろでまったくの矛盾が生じていても意にも介していない。視点は揺れ、主人公の気持ちも、相手の心のうちもすべて地の文で出てくる。といって神の視点だけというわけでもない。ヘタな書き手が陥るすべてを持っている気がします。ギブ・アップ！」

C　酷評ですね。何様なんだという反発も招きかねない（笑）。

A　でも、ボクはそれなりに期待していたんですが。Fさん、どうですか。

F　可能性はあるんじゃないですか。ただ、物語が途中からぐちゃぐちゃになってしまったのは残念。

E　すると一番初めに来た作品とはちょっと違うわけですね。最初のは全体がしょうがないわけでしょう。こちらの場合、途中から当初の狙いとは違う方向に行ってしまった。ガタガタときてしまったんでしょう。

F　そうなんです。自分だったらこうするのにと、読んでいて、かなりはがゆい思いもしました。

冒頭はそそられたけれど…

A　ちなみに作者自身が書いたキャッチフレーズは、「大切なのは初期設定（イニシアル・コンディション）だ！　逃げる者は誰だ?」」。最初が大事だというのは本人もよくわかっているわけですね。

D　初期設定が大事だというのは本当だと思うけれど、それは心構えであって、キャッチフレーズではないでしょう。

A　では初期設定の対の言葉はなあに。というのも、初期設定も大事だけれども、最後のまとめ方も大切ですから。

一同　うーん。

B　コンピュータに詳しい人間がまったくいない（笑）。それはともかく、この作品はこれから手を加えたら、本になるというレベルなの?

F　まだダメじゃないかな。きちんと水が流れるように話が流れないと。

B　でも、こちらがその才能を認めて、この部分はこう作りましょうと声をかけられる人なの?

F　やってみる価値はあるかも知れない。

A　確かに冒頭の1〜2ページはなかなかそそられましたね。なんかあるなと感じた人にはこちらから連絡するということはいっておいていいんじゃないでしょうか。

人生が狂っても知りません

C　ところで、この作品、ジャンル的には何なんですか。

F　これはSFアニメでしょう。作品の世界がそうだということではないんですけれど、発想法がSFアニメなんです。今後はそのなかに小説の作法をどう取り入れるのか、また物語作りの方法論をどこまで勉強するのかという問題でしょう。

A　じゃあ、天気がよくて散歩でもしたいという日には、いって声をかけてみてはどうでしょうか。お住まいはご近所ですしね。

E　しかし、その前に小説誌の新人賞がどれだけの人間を不幸にしたかを考えないといけないと思う。つまり声をかけるにしても、こちらも責任をある程度持たなくてはいけないんじゃないかな。本当にプロの作家としてやっていける可能性があるのならいいけれど、そうじゃないのに声をかけると、勘違いをさせて結果的にその人を不幸にしてしまう可能性だって出てくる。

F　でも、我々は途中で諦めちゃってもいいんじゃないですか。きちんとした競争原理が働いていればいいわけだから。

E　いやあ。それはやっぱりまずいよ。ノンフィクションの場合だったら、その仕事をやることが今後世間を見る勉強にもなると思うんだけれど、小説の湯合、必ずしもそうじゃない。一般社会に戻れなくなってしまうこともある。ボクらも、そういうことを覚悟しながらやらないといけないんじゃないかな。また作家になりたいという人間のなかには甘い人もいるから、講談社が声をかけたんだから、自分を作家にしてくれるんだろう、なんて思う人もいる。責任とれなんていう人間が出てこないとも限らない。だから慎重にならなくちゃ。

A　ここではっきり、あなたの人生が狂っても編集部では責任持ちませんといっておこう。よく狂えばいいけれど、悪く狂ったら困るものねえ。

B　だったら原稿を手直しすればどうにかなると思う人にしか声をかけませんということにしましょうか。

A　やっぱり作品が原則ですからね。

E　だから、それ以外の人には、これではムリですが、またお願いしますということを手紙で出すようにしたほうがいいだろうね。

A　ここまで議論を呼び起こすというのは、読んでみたくなってきたなあ。でも、内容的にはこのままではしょうがないというんだからなあ。では、気持ちを切り換えて3作目に行きましょうか。

『冷たい密室と博士たち』梗概

M大工学部の低温度実験室で起こった密室殺人事件。入ることも、出ることも不可能と思われた、その部屋の中で、2名の男女が他殺死体で発見された。事件の捜査中に、また別の密室で白骨死体が、さらに、1カ月後にも同じ密室で事件が起こる。「3つの完全密室に4つの死体」。不可思議なこの謎に、知性と論理で挑む、犀川助教授と女子学生西之園萌絵の理科系師弟コンビ。しかし、彼らにも魔の手は迫る。

これには、お手紙もついていて、こう書いてあります。「『メフィスト』の最終頁の編集部座談会を読んで、奮起して、初めての小説を書きました。これまでに、論文や学術書以外、一度も書いた経験がないので、2週間ほどですが、大変苦しみました」うんぬんと。この方は37歳。男性ですね。N大学工学部助教授。ちょっとそそられる肩書きではあります。

C　いいじゃないですか。

A　ボクは内容のほうもいいのではないかと思いました。タイトルは『冷たい密室と博士たち』。ええと、分量のほうはと、「字数を数えたら、約17万文字ありました」と書いてあった。もう400字という単位は機能しなくなっているんですかねえ。では皆の意見をきいてみましょうか。

探偵はバカでないとダメ!?

D　個人的な好みでいうと、必ずしもボクの好きなタイプとはいえない。ただ、作者のセンスの良さは非常に感じました。世界観が明確で、作品全体もとても端正に仕上っているんです。作者の数学的な感性が作品に反映しているのが非常にいいと思います。また清潔感のある作品だと思います。あとキャラクターを買いますね。Aさんは好きでないといっていましたが、女の子のキャラクターがいい。

A　好きじゃないなんていった?

D　バカに見えるって。でもいいんです。この子はバカでないといけない。殺人事件に首をつっこむのはバカ、よくいえば異常に好奇心旺盛だということにでもしないと、あえて関与する理由がみつからない。警察官以外にすると、リアリティがないといわれる。しかし気になったのは人物が多く出すぎていること。しかも全員が固有名詞をもって出てくるので非常にわかりにくい。

E　人数は別に多すぎないと思うけれど。ただ最初にどっと見せられるから混乱するだけで。整理してみるとそんなに多くない。

D　でも別に名前を与えなくてもいい人間にまで、つまり「ある大学生」とすればいい人にまで名前があるのは困りますよ。

A　それがこの人の特色といってもいいんじゃない?　これだけの人間が実験室にいたほうがリアリティが出てくる。また現場にいた人間は同等に扱うことは必要です。名前を与えないと、その人が犯人ではないとわかってしまうし、予見につながってしまう。だから召し使いとか郵便配達は犯人ではないという本格ミステリーのルールもあるわけで、それを逆手にとったトリックも生まれるんでしょう。

D　それと問題点はまだありますよ。他の作品にもいえるんですが、視点が不安定だという問題がある。

A　これは声を大にしていいたいな。

D　視点とは何なのかがわかっていない人が多いように思うんですよ。カメラワークなんですけれどねえ。

A　視点の語り手がしゃべっているときに、相手が何考えているのかわかりっこないのに、それが平気で出てくる。

D　神の視点というものもありますが、本格ミステリーを神の視点では書きにくいですよ。SF的な作品だと神の視点をやってもいいんだけれどおもしろくするのは難しい。あえていえば、最初は一人称一視点がいい。制約が多い視点ですけれど、それが話を面白くするともいえるんです。多くの人は自分が書きやすい形式で書いてしまう、楽をしているわけです。楽すると中身のテンションも低くなるのに。

　それとこの人の場合、専門的な要素が説明もなしに出てくる。読み手は皆わかっているものとして出てくるんで、読者とのレベルに差が出来ているように思います。ただこの人は、最初から商品になることを前提に書けば、もっとよくなる。出す価値があるんじゃないかと思います。世間を驚かせるかどうかはわかりませんが、多作できる人のようですし、いいですよ。

A　2~3週間で書いたとありましたね。立派なものです。

もう一冊書いてもらおう！

E　ボクも割合よく書けてるなと思った。あとはもう少し、読ませる要素がほしい。舞台が低温の実験室というが、何をやっているのか、ボクらにもわかるようにしてほしい。そのへんをクリアすれば、ある程度の水準までいけるのかなあと感じます。

D　説明がまったくないのは確か。工学部の実験といっても、実用的にはたいしたことをやっていないのが本当のところなのかもしれません。でも、こちらにも了解可能なようにブリッジを渡してほしいと思います。

A　ただ、低温実験室という設定自体、謎解きのために作られた気配があるじゃないですか。

E　たとえそうであっても、低温実験室の内容を知るだけでも面白かったりするでしょう。その説明がないというのも、これは理科系の人だからなあという感じがします。

D　だから逆にそこが新鮮だし、買いだなと思いますが。

A　そうそう。その辺がニュートラルで好感を持って読み終えました。またラストを読んで主人公の世界観もよくわかって書いているなと感じたので、変にわざとらしい文章を書くことはありませんよ。

D　文章を文学的といわれるようなものにする必要はないと思います。

E　いや文学的うんぬんの問題ではないんですよ。たとえば『パラサイト・イヴ』は先端医学の世界を興味深く見せてくれたでしょ。そういう部分がこの人にはまったくないのは気になります。

D　なるほど。読者が、この作品の登場人物のような人達なら問題はないんでしょうが、実際は違うわけだから、それは作者にいってあげた方がいいと思います。きっと気がついていないだけでしょうから。

C　ちなみに、この理科系師弟コンビの推理方法は他の探偵とどこか違うの？

D　いや違わない。ただ、古典的な推理って数学、あるいは論理学的なものが多かったでしょ。新しい流れとして笠井潔さんの現象学的推理とか、京極夏彦さんの憑き物落としとか、違うロジックが盛んになってきた。それに対して、この人は純粋に論理的な推理に戻しているわけ。個人的にはとんでもない推理のロジックが出てくる方が好きなんですけれどもね。禅ミステリーとか、頓智ミステリーとか。

B　まあ二人が読んでそう思うんだったら、本にしていいんじゃないですか。

A　でも2~3週間で書けるんなら、もう一冊書いてもらおうよ。インパクトの強いほうがいいもん。やっぱり「究極のエンターテインメントを求む」といった以上、それを目指さないとね。

D　そうなんですよ。問題はいかんせん、謎が弱いんですよ。

E　それに読ませるところがもうちょっとあってもいいかなあと感じます。

A　もう少し読者を意識してくれた方がいいですね。論理的な帰結にたどり着く過程が、本人にはわかっているんだろうけれど、読んでいるほうはわかりづらい。どうせ結論は出るんだろうと思って読みとばしてしまう人も出てくるでしょう。でも、ラストはきいてますよ。

D　あそこは、確かに感銘をうけました。

A　ということでこの作品は全員に読んでもらいます。

原石の輝きが感じられる!

（日を改めて、座談会は再開された）

F　うーん、皆誉めていたけれど、これは前半は直さないといけないでしょうねえ。

C　確かにいいけれど、これだけのトリックで作品を持たせるのはきついんじゃないかなあ。

F　後半はいいと思うけれど。

A　前半が良くないというのは具体的にいうとどういうこと?

F　読者をどう意識するかでしょうね。自分だけはわかっていても、一般の読者が知らない、というよりは興味をもてないことを書いてもダメです。知らないことでも教えてあげるというホスピタリティがあればぐんとよくなりますよ。

D　三人称多視点というのも、読んでいて気になったりするのかな。

C　三人称多視点でもいいんですよ。ただ、理科系コンビというけれど、実際はそんなにコンビとして活動していないんだよね。もっとコンビとして活躍するようにした方がいいんじゃないかな。女の子だけが探偵役をやることが多く、あまりいっしょに行動しない。ふたりのやりとりが面白いんだから、もっと一緒に動いた方がいい。

D　でもそうすると問題点も出てくるよ。なんで殺人事件に好きこんで首を突っ込むバカがいるんだろうという問題は大きくなる。この女の子ひとりだからいいんですよ。他の人が自分から事件に首を突っ込まない方がいい。二人もバカになる必要はないでしょう。

F　この作品に関して商品化するとしたら、もっと根本的な問題もあると思うんですよ。エンターテインメントとしてね。

C　トリックがちょっと弱いということかな。

D　驚きは確かにありません。犯人にも意外性はない。だけど事件の解決方法がエレガントだったんだよなあ。

G　この作品をそのまま商品にしたら40点の出来でしょう。でも、この人はスタイルが出来ていると思うんですよ。文章のスタイル、人物造形のスタイル。あとは小説に慣れていないだけなんじゃないかな。これは読んだときに原石の輝きを感じるんで、ぜひこのまま素直に伸びてほしいと思います。こう書いた方がいいとか、こういう言い回しはしないとか、時制の入れ代わりを映画的に使うとしてもこれでは、回想シーンなんだか現在なのかわからないとか問題はあります。謎の作り方もヘタだけれど、文章スタイルが出来ているのは大きい。初めて書いた小説、それも2週間だとすれば、恐ろしい。ただ話そのものは、読み終わった後に、「おいおい」という印象が強い。要するにご褒美がないのね。読者は、おおって驚きたいわけだから、それがないのはちょっとイカンですよ。それと書いてあることがよくわからん。特に前半。どのように殺されたのか、ビジュアル的にわからない。またこの研究室が何をやっているのかわからない。

A　以前も話がでたんですが、この実験が何の実験かわからない。そういうところが一つ一つ書き込まれていない。セリフだけで書かれているから、映画のシナリオっぽい。ただこれはテクニックの問題だからこれは何とでもなるでしょう。本誌の座談会で発憤して書いたという動機もいいじゃないですか。

C　『メフィスト』を買って読んでいるわけですからね。それだけでもありがたい。

A　この人が、まだどんな人かわかりませんが、読んでくれているというのは感動しました。個人的には前半も含めて、大変気持ちよく読んでしまいました。確かに時間があんなに入れ代わると、引き込まれない。距離感を持たされてしまう。あとミステリーがいかにもオーソドックスで驚きがない。ただそれも含めてボクはファンになってしまいました。応援したい。

ボクらが会いにいきます!

C　最初に書いた作品なんでオーソドックスなものにしたかったんだろうという気もしますが。

D　やっぱり密室を解きたかったんだよ。最近の傾向に触発されて書きたくなるのはわかるもん。

A　こういう論理的でフェアなものもあっていいと思うし、彼は真正面から事件を解決する作品を書いていい。それは圧倒的な驚きが欲しいとは思うけれど、彼はこのままでもいい。脇道みたいなものも含めて楽しく読みました。

F　ちょっと待って。ミステリーのファンだからミステリーを読むのかもしれないけれど、普通の人にも読める作りにしないといけないんじゃないかなあ。ボクはエンターテインメントとして読みたい。

G　そういう意味でいえば、これは引っ掛かることが多い。でもヴァン・ダインだって、クイーンだって、相当引っ掛かるよ。1作目でこれだけ書ければ充分。筋は大変よろしいよ。何作書いてもここまでこない作家だってゴマンといるんだもん。うまいかヘタかといわれれば、うまいと思う。ただタイトルがちょっと情けなくありませんか。

A　そう?　「冷たい密室と博士たち」。よくないかなあ。

D　間が悪いのかなあ。逆にしたらどうかな。「博士たちと冷たい密室」。

C　「博士の異常な愛情」みたい。タイトルはこのままでいいんじゃない。なんかロアルド・ダールみたいで。

G　もっと収まりのいいものがあるような気がするけれど。

A　ボクもこれはいいと思いますけれど。タイトルだけでもこれだけ意見が分かれる。読む人によって評価は本当に変わるんだねえ。でも、これだけ意見がわかれるというのはかえって頼もしい。貴重なキャラクターですよ。結論としては、編集部からお電話がいきますということははっきりさせましょう。そして会いにいきます、その結果はまた次号で報告しますと。

(『メフィスト』1995年11月増刊号初出掲載)

「究極のエンターテインメントを求む！」

原稿募集座談会　第3回　「密室ものの大怪作に議論沸騰す！」

〈メフィスト賞〉誕生！

A　前回の座談会の最後で予告したとおり、『冷たい密室と博士たち』の作者に会ってきました。4月にデビュー作が刊行されますので、もう名前を明かしてもいいでしょう。森博嗣さん。では実際に会ってきた担当者のDさんに報告していただきましょう。

D　大変にお忙しい方です。国立大学の工学部だから文学部なんかと違って講義がびっしり詰まっているんです。実験、実験、実験で。にもかかわらず次回作にすでにとりかかっている。その能力には驚きましたね。

G　でも逆にいうと、これからデビューする人間はそれくらいでないといけないでしょう。

C　現金な編集部ですね。いい作品がくると急にハードルが高くなる。

D　デビュー作も決まりました。森さんの出現で急遽生まれたといっても過言ではない〈メフィスト賞〉第一回受賞作は『すべてがFになる』に決定しました。この作品は応募作『冷たい密室と博士たち』ではなくて、編集部の依頼で書いていただいたものです。大いに期待していていいのではないでしょうか。作品を読んでいただければわかるんですが、ご本人も大変知的な方でした。

G　確かに応募作品にも頭のよさは出ていたね。

D　単純な頭のよさだけではなくて、物の見方に独自性がある。非常に突き詰めて物事を考える人だなという印象を持ちました。

G　お前の話だけ聞いていると、どんな人物なのか見当もつかないんだけれどな。

D　説明が悪くてすみません。とにかく作品どおりの人。一つの道を突き詰めていった禅の僧侶という感じ。一つ一つの答えが深い。まあこっちが勝手に深く感じているだけかもしれないけれど……みんなよくわかってくれないようなんで話を先に進めましょう。

A　デビュー作『すべてがFになる』に関してひとつ付け加えると、綾辻行人、法月綸太郎、我孫子武丸、有栖川有栖さんといった錚々たる方々の推薦もいただけました。

一同　期待できるじゃないですか。

A　さて問題はこれにつづく作品です。今回はどういうものが集まったか。まずはFさんが大喜びした『硝子細工のマトリョーシカ』から。

一同　出ました！

A　キャッチコピーもつけていただいています。「現実か虚構か？　今夜の殺人劇《ミステリドラマ》には罠がある」。ではまず喜んだFさんから。

F　異議があるのは重々承知していますけれど、この作者はほかにもいろいろ書けそうだという可能性を感じたので、ぼくは推しました。プロットなどを練りこめばいい作品を仕上げることができそうなので、これは買いですよ。

A　では読んだ人、一言ずつお願いできますか。

B　子供っぽい。それと話が都合がよすぎるんですね。ディテールをかなり無視しているから、全体的な印象としては大人の読み物ではなかったということです。

D　書きっぷりを中心にしていいますと、本人は読みやすさを意識して書いているのかもしれませんが、こちらが読むとそれが必ずしも効果をあげていない。なぜかというと読みやすさを意識して書きながら、同時に自分の書きやすいやりかたで書いてしまっているんですよ。それをぼくはイージーライティングと呼んでいるんですが。

C　さすが理論派。名付けるのが好きだね。

B　あと全体の文量を減らしたほうがいいかもしれない。冒頭がまどろっこしすぎる。

G　ちょっといいですか。トリックは新しいことをやろうとしているような気がするんですけれども、いかにも書きっぷりがへたくそですな。時制の混乱も目につくし。その混乱を意図的にやっていればいいんだけれども、意図していない混乱ぶりがある。それと生放送のミステリードラマにでる登場人物が全員学生時代の仲間だというのはひどい。これならいくらでも自分に都合いい話が書ける。舞台設定に難があります。

A　確かにみんな仲間うちだったよなあ。Cさんはどうでしたか。

C　劇中劇中劇、ということで入れ子細工になっていくというアイディアはいいと思います。ただそれが作品の中でうまく整理されていないような印象を持ちました。それと主人公が結構イヤな奴。何の魅力も特徴もない。

G　そうそう。待っているだけで女が勝手にほれてくる。おかしいよ。いままでマメにやってきた俺はどうなる、といいたい。

A　どこまでが現実なのか非現実なのか境界がわからなくなっていくという狙いはよくある話にせよ確かに面白いと思いました。

G　それは確かに買いますよ。うまく着地できればね。

F　でも逆にそういう欠点がはっきりしているというところも買いなんですよ。指摘できるじゃないですか。だからこれから一緒に作品を作っていけるんじゃないか、という期待が持てる。

G　つまりFにはこう編集していけば完成形が見えるというわけだな。それは見識だよ。

D　まとめると、この作品はFさんが組んでやってみてデビューできるかどうかやってみようということでいいでしょう。一つの出会いでがらっと変わることもありますから。

F　本人はとてもプロ志向が強い。そこもいいと思います。26歳とまだ若いですし。

A　でも、もう一度いっておきますが、人生が狂っても知りませんよ。これは座談会のたびに毎回いいましようか。

C　京極堂が「不思議なことなど何もないのだよ」というのと同じですね。

A　じゃあ次にいきます。『法廷の伝書鳩』。キャッチコピーは2種類あって、「新聞社の大陰謀が連続殺人事件に発展した！」と「遂に登場！　ジャーナリスティック推理！　９００枚」。まあ最初から９００枚にこだわってもしょうがないなという感じはしますが。作者はマスコミ関係の方です。読んだ人間が二人いますので聞いてみましょう。

C　大人の文章なんで安心して読めるんですが、平均点だなあという感想が正直なところですね。びっくりするようなところはなかった。また最後まで読めたのですが、暗号で書かれた秘密の日記が出てきたり都合のいいところも気になりました。後半ばたばたしてきっちり解決されない問題もあるし。

現実の知識がブレーキに！

A　手紙の文面を読むと大変しっかりした方のようで期待していたのですが残念ですね。

C　いや文章は本当にしっかりしていますよ。

A　真面目すぎるのかなあ。

F　それもさっきと同じディレクションの問題だと思うんですよねえ。この方の場合、もっとほかに面白いテーマがあると思う。ぼくはこの作品に丸をつけたんですが、可能性はありますよ。

A　確かにまだ現役でマスコミの最前線におられる方ですから。

F　だからぼくは会ってもいいんじゃないかと思います。文章の能力はあるんですから、テーマやプロットから一緒に作っていけばいいんじゃないですか。

A　しかしもうひとつ気になるのは、ジャーナリストとして現実をよく知っているだけに、それにとらわれてフィクションとして面白さを追求できなくなっているのではないかという点です。現実を知っているということがブレーキ、あるいは重力になっているのではないか。

C　その点でいうと作品にまったくハリがないんですよね。

F　この作品については問題があるのは事実ですよ。東京地方検察庁の事務官が知人がまきこまれた事件を追っていくうちに過去の事件に突き当たる。そのなかに政治家の不正なんかが絡んでくるんだけど、すべてが総花的に見えてビビッドでない。でもぼくは今回寄せられた作品の中ではベスト3に入ると思います。誠実なお仕事でしたし。

A　じゃあFさん、よろしくお願いいたします。化けるお手伝いをしてください。今回はたくさんあって時間がないので申し訳ありませんが次行きます。『独立惑星──メルート戦記──』。

D　だいぶ前に読んだな。何がよくないのかメモをとった記憶もある。要するにどこかで見たような風景でどこかで見たキャラクターがどこかで見た物語に則って動いているんです。

A　コピーは「いま船出する革命への方舟！　壮大ＳＦロマン」。どうでしょうか。

D　自分の中にこういう妄想があったのかもしれないけれど、それならほかの人間のほうがずっと上手に書いている。新しさがない。

G　「既成の作家はなんでこういう内容を書いてくれないのか」と怒りに燃えて、やむに止まれず書いたという感じが全くない。

D　そう。なんらかの欠落感があって書かれたのならわかるけれど。この世界だったらアニメとかのほうがおもしろい。

A　本人も読者層は「ちょい低めかも」といっていますが。

D　むしろ若い人間のほうがどんな世界でも受け入れる可能性があるのに。

F　でも一定数そういうものを求める人はいるんじゃないですか。

D　この編集部は求めません。

A　厳しい結論が出ましたね。でもせっかくファンタジーを作るならとんでもない世界を見せて欲しい。既視感ばっかりじゃしょうがないでしょう。次に行きましょう。『紅の宝珠』。「炎羅、シルヴァスタン異界へ渡る」。人名なんですが、これから読む人間には何の意味もないキャッチコピーです。

G　50枚くらい読んだんだけれど、いくら原稿をめくっても情景が全然浮かんでこない。とにかくここまでなにも浮かばないファンタジーがあるかというくらい。書きっぷりが異様な人です。

D　異様。それならいいじゃないですか。

G　そういう問題じゃない。本当になにもわからないんだから。読めない。

F　修行とか座禅のような気持ちで読めばいいんじゃないですか。でも本当に10ページ読むのもつらかった。

G　俺もファンタジーが嫌いじゃないんで、気合を入れたんです。でもいくら読んでも「なんだ」「なんだ」。普通ページがすすむにつれて何かシーンが頭のなかに出てくるじゃない。こういう話なのかという。でもまったくわからない。ずっと「ここはどこ」「わたしは誰」なんだ。カオスだよ。うまいとかヘタとかいえる問題ではない。

F　ぼくも読んだけど原子がうごめいているような感じ。ブラウン運動状態。とにかく先に進めなかった。まったく同感ですね。

A　ファンタジーならDさん読んでみたら。

D　いや。この出だしを見たらダメだとわかります。

C　お前は居合ぬきの達人か。なんでそんなにすぐわかるんだ。

A　結局、最後まで読んだ人は誰もいないんですね。応募してくるからにはそれなりのレベルというものが求められるのではないでしょうか。もしかしたら大変な怪物かもしれませんが、そうしたらぼくたちの容量が狭かったということであやまるしかない。ゴメンナサイと。

C　不明を恥じるしかありません。いくら手厳しいことをいっていても、こういう謙虚さは失いたくないものです。

A　では次に進みます。空想長編小説。『太陽島夢物語り』。

D　ぼくはこの作品については一言いっておきたいんです。本になりっこないけれど、本当に評価したい。少なくとも借り物の世界ではないし、冒頭に意外性がある。

C　俺も読んだ。冒頭はすごい。毎日、ある人の家に突然5億円が届けられる。それが10日間も続くんだ。

G　すごいねえ。面白そうじゃない。他社の有名な編集者の名言じゃないけれど、とにかく「冒頭に大きな謎！」。これはポイントですよ。

D　謎さえない作品が多いんですから、それだけでも評価できます。永年、こういう妄想を大事に抱いていたんだろうなあ、ということに感服します。ただ、そのあとの問題点が大きすぎる。冒頭で届けられた大金を元手に、ある事業を興すよう頼まれるんだけれど、あとはずっとその実現について筆が進むだけ。

C　冒頭はいいんだけれど、どんどん現実的になっていく。でもこのくらいのオリジナリティは貴重です。

D　これは皆見習って欲しい。この人の姿勢には敬意を表したいということです。

A　結論がでましたね。では次、『異形の翼』。コピーは「死者に生えた《翼》の謎。名探偵五代瞬登場」。

G　おお。

C　いや、おおと声をあげるほどではないかもしれません。ただキャラクターがいいんです。本人は綾辻さんとか島田さんとかが好きで、異形の館で見立て殺人が起こる。

A　本格の王道じゃないか。

C　そういう意味ではコード多用型のミステリーなんだろうけれど、一つ一つの謎、その世界がちょっと小さいように思うんです。見立てもいまひとつ。おどろおどろしくないし、幻想的でもない。ただ主人公とそのワトソン役がいい。読者として彼らに寄り添って読むんだけれど、それがなんとも心地好い。

F　そういった意味ではこの作品はこれで一応完成しているんだよ。ただそれは小さい完成なんだろうな。

D　ただ冒頭は読みにくいし、とっつきにくかった。そこを越えればいいのかなあ。

F　でもぼくは一応完結した世界を提示してくれたので、可能性は感じますが。

A　どうやらコンタクトをとった人がいるようなのであとのケアはよろしくお願いします。

C　もう次の作品の用意もあるというので話をしてみます。

G　次があるというのはいいよ。一つの作品をいつまでも後生大事にしていてはダメ。一つのアイディアに固執する人間に限ってたいした物を書いていない。これからデビューしようという人はそれくらいじゃなくちゃ。

賛否両論の大怪作が登場！

A　じゃあよろしく。次の作品に行きます。編集部員のほとんどが読んだという『１２００年密室伝説』。

一同　出ました！

A（宇山）×B×C×D×E×F×G

『1200年密室伝説』梗概

『今年、一二〇〇個の密室で、一二〇〇人が殺される。誰にも止めることはできない』——一九九四年が始まったまさにその瞬間、前代未聞の犯罪予告状が、「密室卿」を名のる正体不明の人物によって送りつけられる。

一年間——三六五日で一二〇〇人を殺そうと思えば、一日に最低三人は殺さねばならない。だが、一二〇〇年もの間、誰にも解かれることのなかった密室の秘密を知ると豪語する「密室卿」は、それをいともたやすく敢行し、全国で不可解な密室殺人が続発する。現場はきまって密室。被害者はそこで首を斬られて殺され、その背中には、被害者自身の血で『密室』の文字が記されている……。

狙っているのは誰か? そして、狙われている者は? 日本国民一億二千万余の全員が、被害者にも容疑者にもなりうるという未曽有のスケールを備えた密室連続殺人には、警察、そして名探偵集団・JDC(日本探偵倶楽部)の必死の捜査も通用しない。日本全土は、恐怖のどん底に叩き落とされた。

……同じ頃。海を隔てたイギリスでは、前世紀の悪夢が蘇っていた。かの切り裂きジャック《ジャック・ザ・リッパー》の後継者を自称する者によって引き起こされた連続切り裂き殺人——それは、その猟奇性と不可解性において、日本の密室連続殺人に勝るとも劣らぬものだった。

JDCきっての天才・九十九《つくも》十九《じゅうく》は、日英両国の怪事件を詳細に検討した結果、一二〇〇年間解かれることのなかった密室の秘密と、一〇六年間謎のままだった切り裂き殺人の秘密は、同一の根を有すると看破する。

同一の根——それは、世界の秘密。自らの人生観をも根底から覆しかねない大いなる神秘に、名探偵をも超越したメタ探偵・九十九十九が挑む!

A　××××さん(あえて名は秘す)というとんでもないペンネーム。大変筆力がある人のようですが。コピーは「輪廻する不可能犯罪。究極の流水小説《エンターテインメント》!」。

G　もう自分でジャンルを作ってしまっているわけですね。

A　水が流れるようにエンターテインメントは書かなきゃいけないということでしょうか。

一同　おお。

A　この作品は皆梗概を見て是非読もうと思ったようなので、本になるならないは別にして、参考までに長いですが梗概も載せておきます。では感想を聞いていきましょう。

G　まあ話としては次々と密室殺人が起きる。トリックはなかなかの力わざ。結構いいの。あと、この作品の異常な点はアナグラムに偏執的までにこだわり続けるところ。

B　でも要はそれを面白がれるかどうかでしょう。ぼくも梗概を読んで期待したので気合を入れて読み始めたんですよ。でも面白がれなかった。投げ出したくなった。

G　実は俺も投げ出そうと思った。でもこの作品はすべてが伏線になってるの。だから、なんだこんなパロディにもなってないものを読ませやがってと思うけど、最後まで読むとちょっと違う。作者は壮大な歴史偽書を作ろうとしてるわけ。

B　でもそれは最初からちゃんとやってくれないと投げちゃうよ。

G　そんなこといっても、本人の中ではこんな妄想がうずまいているんだから、こっちがどういってもしかたない。

D　本人の歴史的な知識はどうなんですか。

G　まだ奥の深さというところまではないんじゃないかなあ。だからなんでそうなるんだという論拠が割合希薄なのね。でも俺には受けた。面白かった。でも大抵の人は怒るだろうな。バカヤローって。

C　怒るというより一番驚いたの

は、ある歴史上の人物が現代に生きていて、３００歳以上なんだけど、さいご燃えるんだよ。燃えつきちゃう。「あしたのジョー」と違うよ。本当にぼうぼう燃えちゃうんだから。

D　すごい。だけど本格推理ではないようですね。

C　そう全然ちがう。論理なんて求めても意味がないという流水ワールド。大いに結構だと思うんです。ただ問題もあるように思うんです（という会話を皮切りに20分以上の議論が続くが内容にふれているので残念ながら割愛させていただきます――文責者）。……ということなんでしょう。だいたい事件を阻止したとはいえその推理も全然論理的じゃない。ううむ。やっぱり論理が気になってしまう（笑）。

G　探偵が神通力という直感で当てちゃうからね。

C　だからかもしれないけれど、個々の事件の推理はまったく何もない。事件がどう起こったのかわからない、凶器もよくわからない。せっかく魅力的な事件なのに欲求不満が残るよ。つまり一つ一つの事件が大事にされていないんだ。だいたい事件の詳細はそのうち一枚のファイルにまとめられるだけになっちゃう。でそのファイルを書いていたのはだれなのかもわからない。

G　あれは探偵倶楽部じゃないですよね。警察だと思ったんだけれど。

D　それは犯人が記録していたファイルなんじゃないですか。

F　細かいことは置いておいて、商売としてこのまま本に出来るんでしようか。

A　むつかしいですね。異形のものであることは確かですが。

G　でもこれにはやられましたよ。本当なら幻の書だと思うんだ。でも文芸第三ならやるべきだね。世間の価値判断ではバカヤロー本といわれてもいいんじゃないですか。

D　確かにウチは火中に栗を拾う部署ですから（笑）。

A　まぎれもなく才能があるのは確実だよ。やるんだったら作者に対しても、読者に対しても責任をとれるような形でトンデモ本にしなくちゃいけない。それこそ編集者の力量が問われます。あれ、急に本にする方向にかわってきましたね。

C　必ずしもこのままでいいとは思わないんだけれどなあ。読み終わったあと他人にしゃべりたくなるのは確かだけど。

D　でもうまくやったとしても読者のほとんどは怒るわけでしょう。

A　そういえばボクもなんであんな作品を本にしたのっていわれたのがいくつもある。これもそうなるのかな。

G　もう今からそういわれてますからねえ。

A　でもこのままだとちょっと問題が多すぎる。帯に「読んでも怒らないでください」って書こうか。

G　やっぱり「読んでおおいに怒ってください」でしょう。

C　だいたい密室のトリックって読んだあと怒るじゃないですか。怒らないことは絶対といっていいほどない。しかもこの作品には密室がやまほどでてくるんだから。まあうまくやったほうじゃないの。あれ、いつの間にか俺もほめてる。

A　面白いところはあるんだよ。ただ本人がすごい本格ミステリーを書いたと思っていたらちょっと困る。

G　しいていえば、これぞミステリーの極北でしょうね。

D　これだけテンションの高い人ってどんな作品が好きなんでしょうねえ。

A　麻耶雄嵩さんだね。

G　麻耶さんと中西智明さんを足して１００倍にした感じ。

C　足して2で割るんじゃなくて１００を掛けるわけですね！　でも「メフィスト」誌上で原稿募集したらこういう作品がくると皆どこかでおもっていたでしょう。

D　うん。思ってた。なら誰も文句ないわけでしょう。

C　いやそれが文句はたくさんある（笑）。

A　さてそろそろ時間です。今回もまとまりが全然なかったような気もしますが、さいごは盛り上がったねえ。森博嗣さんのときよりも。この作品がどんな運命を辿るかわかりませんが、Gさんたくさん発言したようですし、担当になっていただけますか。

G　ええ。でも大丈夫かなあ。だってこの作品のなかにはさあ……(といって、またまた『1200年密室伝説』の話題は延々続くのだが、このへんでFADE OUT)。

(『メフィスト』1996年4月増刊号初出掲載)

講談社 ミステリーランド企画書

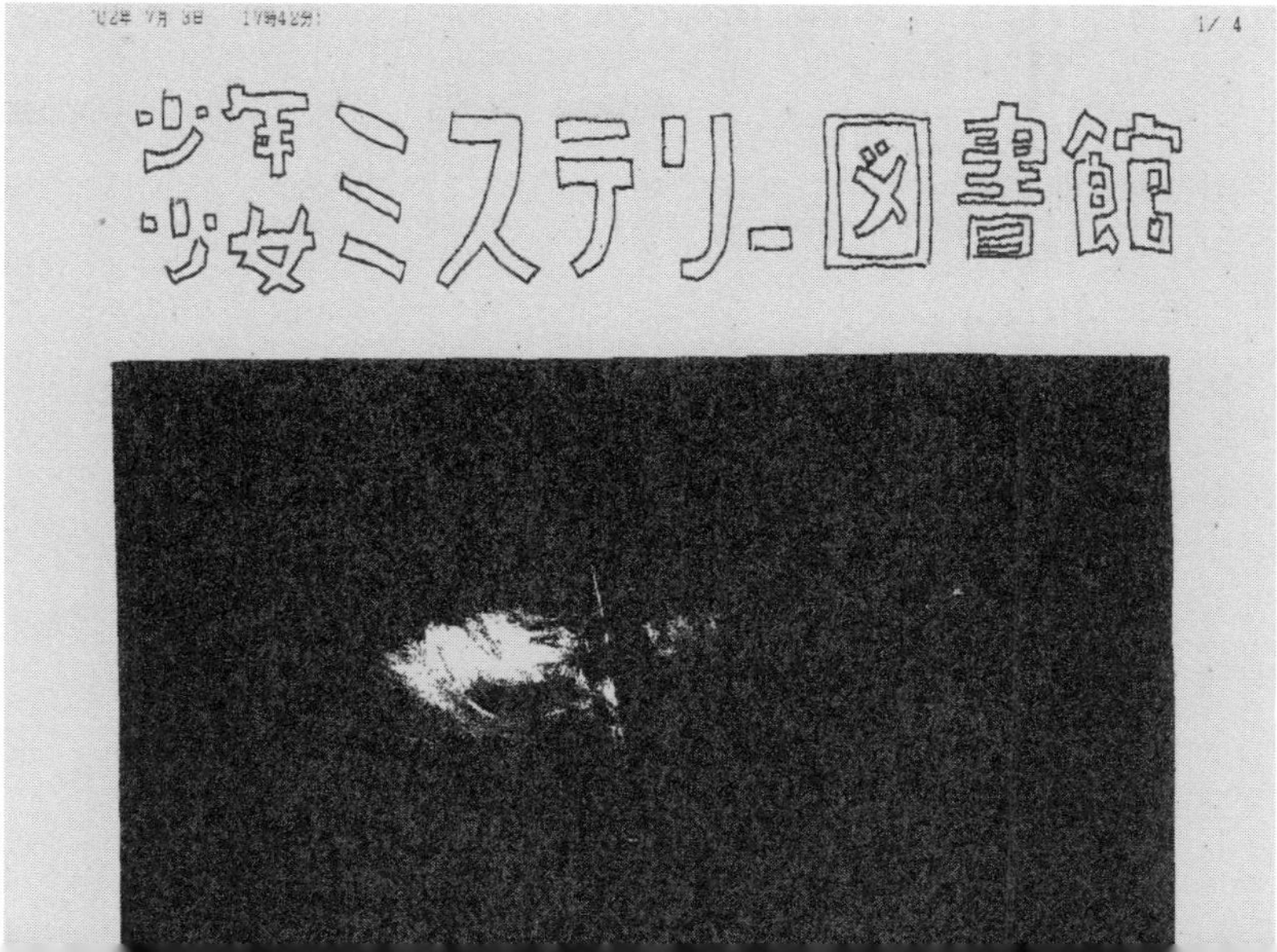

宇山日出臣が編集者人生の集大成として企画した児童書レーベル〈講談社ミステリーランド〉。

そのレーベル名が決定する以前――〈少年少女ミステリー図書館〉のタイトルで企画されていた――最初期の企画書を初公開。

＊星海社編集部註

この企画書は、はやみねかおるさんからご提供いただいたFAX資料を底本に、記載情報を文字起こしして作成したものです。編集部判断で誤字、脱字は修正しています。

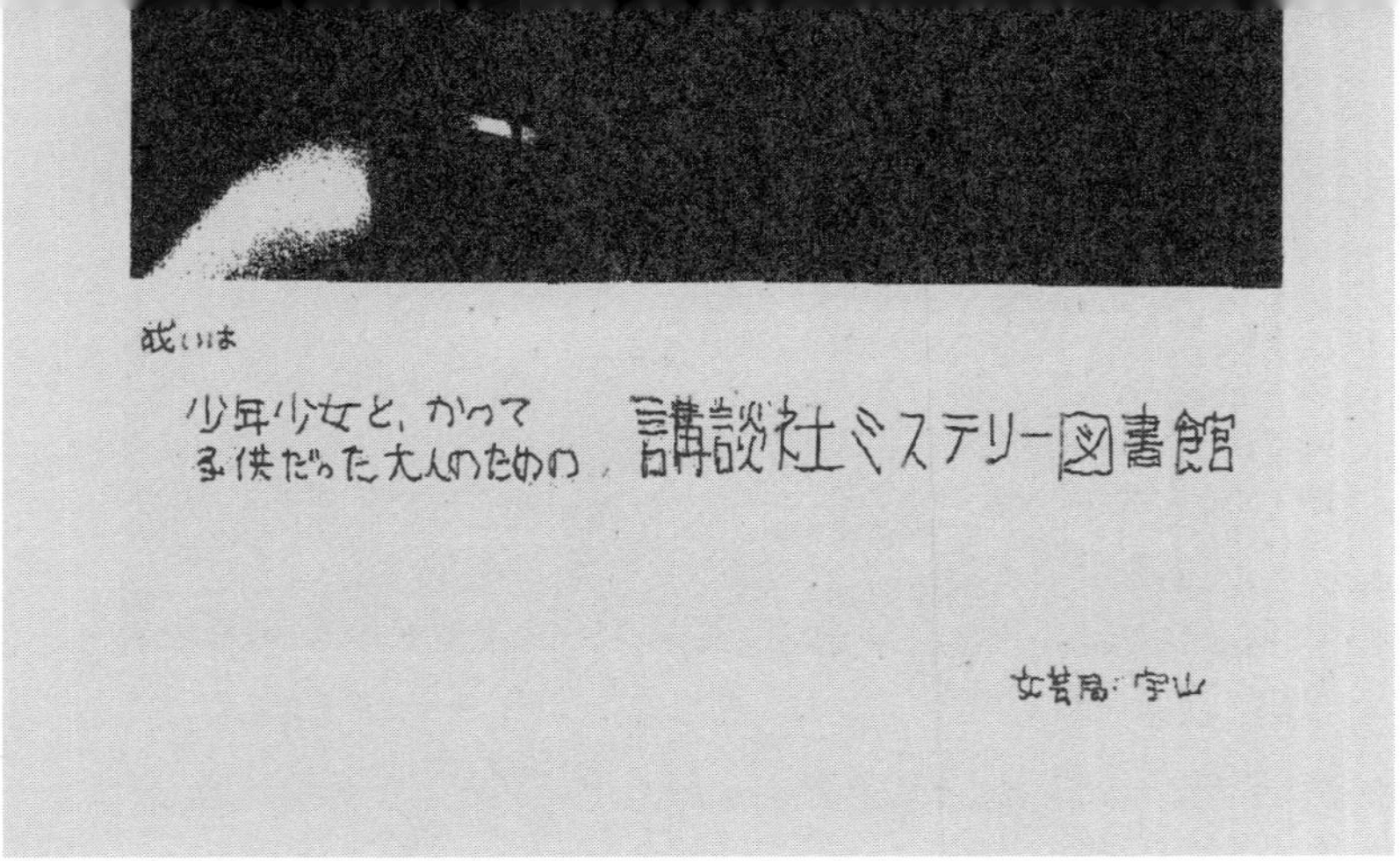

■講談社〈少年少女ミステリー図書館〉企画案■

本来は〈少年少女と、かつて子供だった大人のための「講談社ミステリー図書館」〉と謳うべき企画案というべきかもしれません。

下記の要領にて御原稿を依頼します。
●ミステリーの定義は各自の判断にお任せします。

〈判型〉
四六判ハードカバー。

〈本文〉
10ポ一段組　総ルビでゆったり組みます。
本文を例えば濃いセピア色で印刷してみたいです。

〈装訂〉
装訂者には祖父江慎氏を考えています。
反動的、保守的かつドラスティックな本。
一見古くさい本に見えるのですが、よく見ると実は斬新な本。
本の「もの」としての存在感と手触りの感触を大切にしたいです。

（デジタルは手で触れることは出来ません。）

〈象徴〉

シンボルマークは、ヴェネツィアのカーニバルや仮面舞踏会でおなじみの仮面にするつもりです、どこか妖しげなのです。

〈枚数〉

400字詰めで250枚前後。

〈後書〉

10枚前後の「あとがき」を、是非お願いします。

タイトルは《わたしが子供だったころ》。

エーリヒ・ケストナーに同名の名作があるのです。

〈挿絵〉

10点程度入れる予定（著者の希望によっては挿絵なしも可）。

〈刊行時期〉

2003年の夏休み前（7月）、或いは読書の秋（10月）に、第一回3、4点発売。以降は3ヶ月ごとに2〜3点同時刊行出来れば、と考えています。

〈読者〉

【ものごころ】が付き始めた、ルビがあれば漢字が読めるようになった「あなた＝著者」が読者対象です。小学校・中高学年時にタイムスリップするわけですね。そのころの「あなた」の心を揺さぶったミステリーは誰のどんな作品だったのでしょうか。

ミステリーで新しい世界を知った「あなた」にクリスマスイブ或いは誕生日にそっと、かつ自信をもって、差し出せるようなあなたの原稿を切望しております。

〈惹句或いは希望〉

●子供の皮をかぶった狼。

●その「子」の人生をかえるかもしれない一冊の本。

●人の眼には鱗が付着していることを思い知らせる本。

●眼から鱗が何枚か落ちます。

●読む前と読んだ後では世界が変わって見えます。

●ポジだと思っていた世界が実はネガだったと最後に判明するような作品。

●こんな本に子供のころ出会いたかったと「あなた」に思わせる作品。

〈目標〉

新本格が誕生してから（綾辻行人「十角館の殺人」の刊行から）早くも15年が経ちました。新本格の愛読者の子供がこの企画にジャストフィットと思われます。親子ともども読んでもらおうという敢えて二兎を追う厚かましい企画です。

上述のごとき作品はそうそう書けるものではありません。従って一人一冊、というお願いになります（あくまで原則としては、です）。

日本推理作家協会賞、本格ミステリ大賞、あるいは泉鏡花文学賞受賞！なんて帯がつけられると、とてもうれしいです。でも５年10年と読み継がれる作品の方がもっと嬉しいです。

●執筆者候補（敬称略・順序はまったくランダム。抜けている方があるはずです。その方には、ごめんなさい、です）

綾辻行人、有栖川有栖、島田荘司、小野不由美、東野圭吾、我孫子武丸、歌野晶午、竹本健治、京極夏彦、西澤保彦、二階堂黎人、高田崇史、田中芳樹、殊能将之、恩田陸、菊地秀行、皆川博子、喜国雅彦、連城三紀彦、笠井潔、山口雅也、はやみねかおる、森博嗣、赤川次郎、西村京太郎、内田康夫、篠田真由美、荒俣宏、森村誠一、泡坂妻夫、高橋克彦、栗本薫、槇野道流、山田正紀、法月綸太郎、貫井徳郎、新井素子、加納朋子、倉知淳、若竹七海、菅浩江、井上夢人、宮部みゆき、北村薫、中沢新一、大沢在昌、服部まゆみ、折原一、吉村達也、奥泉光、真保裕一、村上龍、鈴木光司、酒見賢一、島田雅彦、夢枕獏、高橋源一郎、麻耶雄嵩、村上春樹、・・・・・・

上記の方々全員に原稿をお願いするわけでは勿論ありません。雰囲気づくりです。

さて、この企画に賛成、参加していただける場合、いつごろ原稿がいただけるか宇山までご連絡ください。ウンでもスンでもない場合は、宇山の方からお電話いたします。

〈近況報告〉

有栖川さん、小野さんは2003年4月9日（宇山の誕生日なのです）に原稿くださるそうです、うれしいです。綾辻さんからは「暗黒館の殺人」が終わり次第着手！という心強いご返事をいただいております。殊能さんからは2003年2月では如何？との頼もしいリプライあり。森先生は'03年12月初旬とのご返事でした。

この大雑把な企画の担当は宇山一人です。早くに原稿をいただいておきながら随分お待ちいただくことになったり、さまざまな不始末をしでかすことと思われます。ご寛恕を乞うしだいです。

講談社　文芸局　宇山日出臣

〈蛇足〉

何人もの方に宇山の定年は2004年4月30日で、あまりもう時間がない、と焦った姿をお見せしたような気がしないでもないのですが、これは誤解で、実際は2005年4月30日でした。満61歳になった月の最終日が講談社の定年だそうです。後2年半、を切ったところですね。

この図書館は、講談社ノベルスの読者養成所でもありますので、文芸第三と共同戦線をはってまいります。宇山がいなくなっても、また、このシリーズが不首尾に終わり、たとえこの図書館が閉館を余儀なくされても、ノベルスあるいは文庫がうしろに控えております。こころおきなく健筆を奮ってくださいませ。

宇山日出臣の本棚

写真＝飯本貴子　2021年12月12日　宇山氏自宅にて撮影

ナルニア国ものがたり
空中都市008
星の牧場
死の国からのバトン
ふしぎな目をした男の子
楽園の鳥
西欧中世の民衆信仰
パン屋再襲撃
村上春樹
アフターダーク
百合祭
桃谷方子
冥都七事件
異端の笑国
グレン・グールド
THE DECCA SOUND
GLORIANA
ROBERT DIABLE
WOZZECK
ARIADNE AUF NAXOS
RAPE OF LUCRETIA
Elektra
LES TROYENS
LA BOHEME
Rigoletto

おわりに

人は一生の仕事を通じて、自分だけの宇宙を紡いでいくものだと思っています。そして編集者にとっては、その生涯で出会い、そして世に送り出した一人一人、一つ一つの書き手や作品が、人生をかけて構築する宇宙の銀河であり星々なのだと思います。その意味では、宇山日出臣ほど絢爛たる宇宙をこの世に残した編集者はいないのでは、と感じています。

しかし本当は、宇山さんにはもっと長生きをしていただき、星海社の顧問でも気楽に務めてもらいながら、もっとたくさんの銀河や星々を世に問うていただきたかった。それが叶わなかった現実は、僕にとってはただただ喪失感に満ちた世界です。そしてその喪失感は、今を生きている書き手と読者の皆さんとともに、あの世にいらっしゃる宇山さんを羨ましがらせながら埋めていくしかありません。

『新本格ミステリはどのようにして生まれてきたのか？　編集者宇山日出臣追悼文集』

この一冊は、宇山さんを愛する人だけが一堂に会した一冊です。物故した編集者に対する追悼文集という商業出版としては過去にほとんど類例がないであろう一冊に、「宇山日出臣」に対する愛情と情熱のみを以て集っていただいた一人一人の皆さんに心から感謝しています。また、数多ある本の中からこの一冊を手に取り読んで下さった読者の方々にも深く感謝いたします。

宇山日出臣が愛した文芸の宇宙が、さらに大きく拡がっていくことを僕は祈るとともに、確信しています。願わくは、あなたもそうであらんことを——。

編集者・星海社代表取締役社長　太田克史

宇山秀雄　略歴

1944年4月9日　京都府京都市で誕生。
1967年3月　同志社大学を卒業。
1967年4月　三井物産へ入社。
1969年11月　講談社へ中途入社。
1970年1月　文芸局文庫出版部に配属。
1974年3月　中井英夫『虚無への供物』（講談社文庫）刊行。
1979年7月　文芸図書第一出版部へ異動。
1980年7月　文芸図書第三出版部へ異動。

1981年4月　『ショートショートランド』創刊（1985年終刊）。
1985年2月　文芸図書第二出版部へ異動。
1987年2月　文芸図書第三出版部へ異動。
1987年9月　綾辻行人『十角館の殺人』（講談社ノベルス）刊行。
1988年3月　文芸図書第三出版部副部長に就任。
1993年6月　文芸図書第三出版部次長に就任。
1994年6月　文芸図書第三出版部長に就任。
1994年8月　『メフィスト』編集人を担当。
2001年6月　文芸局担当部長に就任。
2003年7月　文芸図書第三出版部担当部長に就任。
〈講談社ミステリーランド〉配本開始。
2005年4月　定年退職。
2006年8月3日　逝去。

追悼文執筆者一覧

赤川次郎 あかがわ・じろう
１９４８年福岡県生まれ。小説家。１９７６年に『幽霊列車』でオール讀物推理小説新人賞を受賞しデビュー。ほか著作に〈三姉妹探偵団〉シリーズ、〈三毛猫ホームズ〉シリーズなど。

浅暮三文 あさぐれ・みつふみ
１９５９年兵庫県生まれ。小説家。１９９８年に『ダブ(エ)ストン街道』でメフィスト賞を受賞しデビュー。ほか著作に『石の中の蜘蛛』、『似非エルサレム記』など。

我孫子武丸 あびこ・たけまる
１９６２年兵庫県生まれ。小説家。１９８９年に『８の殺人』でデビュー。ノベルゲーム『かまいたちの夜』のシナリオを手がけるほか、著作に『殺戮にいたる病』、『眠り姫とバンパイア』など。

綾辻行人 あやつじ・ゆきと
１９６０年京都府生まれ。小説家。１９８７年に『十角館の殺人』でデビュー。同作から始まる〈館〉シリーズのほか、著作に『Another』、『緋色の囁き』など。

新井素子 あらい・もとこ
１９６０年東京都生まれ。小説家。１９７７年に『あたしの中の……』が奇想天外ＳＦ新人賞佳作に入選しデビュー。ほか著作に『ひとめあなたに…』、『チグリスとユーフラテス』など。

有栖川有栖 ありすがわ・ありす
１９５９年大阪府生まれ。小説家。１９８９年に『月光ゲーム』でデビュー。同作から始まる〈江神二郎〉シリーズのほか、著作に〈火村英生〉シリーズ、『虹果て村の秘密』など。

井上雅彦 いのうえ・まさひこ
１９６０年東京都生まれ。小説家、アンソロジスト。１９８３年に「よけいなものが」が星新一ショートショートコンテストの優秀作に入選。１９９１年、『異人館の妖魔』で単著デビュー。アンソロジー〈異形コレクション〉シリーズを企画監修するほか、著作に『竹馬男の犯罪』、『夜の欧羅巴《ヨーロッパ》』など。

井上夢人 いのうえ・ゆめひと
１９５０年福岡県生まれ。小説家。徳山諄一との共作筆名・岡嶋二人として、１９８２年に『焦茶色のパステル』で江戸川乱歩賞を受賞しデビュー。コンビ解散後、１９９２年に井上夢人として『ダレカガナカニイル…』でソロ再デビュー。ほか著作に『オルファクトグラム』、『ラバー・ソウル』など。

宇神幸男 うがみ・ゆきお
１９５２年愛媛県生まれ。小説家、音楽評論家。１９９０年に『神宿る手』でデビュー。ほか著作に『ヴァルハラ城の悪魔』、『三島由紀夫VS音楽』など。

歌野晶午 うたの・しょうご
1961年千葉県生まれ。小説家。1988年に『長い家の殺人』でデビュー。ほか著作に『葉桜の季節に君を想うということ』、『魔王城殺人事件』など。

江坂遊 えさか・ゆう
1953年大阪府生まれ。小説家。1980年に「花火」が星新一ショートショートコンテストの最優秀作に入選。1992年、『仕掛け花火』で単著デビュー。ほか著作に『あやしい遊園地』、『小さな物語のつくり方』など。

太田忠司 おおた・ただし
1959年愛知県生まれ。小説家。1981年に「帰郷」が星新一ショートショート・コンテストで優秀作に入選。1990年、『僕の殺人』で単著デビュー。ほか著作に〈新宿少年探偵団〉シリーズ、『奇談蒐集家』など。

大塚英志 おおつか・えいじ
1958年東京都生まれ。まんが原作者。『黒鷺死体宅配便』、『アンラッキー・ヤングメン』など。自作のノベライズに『木島日記』シリーズがある。

大森望 おおもり・のぞみ
1961年高知県生まれ。翻訳家、書評家、SFアンソロジスト。SFアンソロジーシリーズ『NOVA』の責任編集を担当するほか、訳書にコニー・ウィリス『航路』、著書に『21世紀SF1000』など。

乙一 おついち
1978年福岡県生まれ。小説家。1996年に『夏と花火と私の死体』で集英社ジャンプ小説・ノンフィクション大賞を受賞しデビュー。ほか著作に『GOTH』、『銃とチョコレート』など。

小野不由美 おの・ふゆみ
1960年大分県生まれ。小説家。1988年に『バースデイ・イブは眠れない』でデビュー。ほか著作に〈ゴーストハント〉シリーズ、〈十二国記〉シリーズなど。

恩田陸 おんだ・りく
1964年宮城県生まれ。小説家。1992年に日本ファンタジーノベル大賞最終候補作『六番目の小夜子』でデビュー。ほか著作に『三月は深き紅の淵を』、『黒と茶の幻想』など。

笠井潔 かさい・きよし
1948年東京都生まれ。小説家、批評家。1979年に『バイバイ、エンジェル』でデビュー。同作から始まる〈矢吹駆〉シリーズのほか、著作に〈ヴァンパイヤー戦争〉シリーズ、『ミネルヴァの梟は黄昏に飛びたつか?』など。

上遠野浩平 かどの・こうへい
1968年千葉県生まれ。小説家。1998年に『ブギーポップは笑わない』で第4回電撃ゲーム小説大賞を受賞しデビュー。同作から始まる〈ブギーポップ〉シリーズのほか、著作に『酸素は鏡に映らない』、『殺竜事件』など。

加納朋子 かのう・ともこ
1966年福岡県生まれ。小説家。1992年に『ななつのこ』で鮎川哲也賞を受賞しデビュー。ほか著作に『掌の中の小鳥』、『ぐるぐる猿と歌う鳥』など。

菊地秀行 きくち・ひでゆき
1949年千葉県生まれ。小説家。1982年に『魔界都市〈新宿〉』でデビュー。ほか著作に〈妖戦地帯〉シリーズ、『トレジャー・キャッスル』など。

北村薫 きたむら・かおる
1949年埼玉県生まれ。小説家。1989年に『空飛ぶ馬』でデビュー。同作から始まる〈円紫さんと私〉シリーズのほか、著作に『鷺と雪』、『野球の国のアリス』など。

京極夏彦 きょうごく・なつひこ
1963年北海道生まれ。小説家。1994年に『姑獲鳥の夏』でデビュー。同作から始まる〈百鬼夜行〉シリーズのほか、著作に〈巷説百物語〉シリーズ、『嗤う伊右衛門』など。

国樹由香 くにき・ゆか
漫画家、エッセイスト。1994年に『気絶するほど悩ましい』でデビュー。ほか著作に『こたくんとおひるね』、『本格力本棚探偵のミステリ・ブックガイド』（喜国雅彦との共著）など。

最相葉月　さいしょう・はづき
1963年東京都生まれ。ノンフィクションライター。1997年に小学館ノンフィクション大賞を受賞した『絶対音感』でライター専業に。ほか著作に『星新一』、『セラピスト』など。

斎藤肇　さいとう・はじめ
1960年群馬県生まれ。小説家。1983年に「奇数」が星新一ショートショート・コンテストの優秀作に入選。1988年、『思い通りにエンドマーク』で単著デビュー。ほか著作に『夏の死』、〈魔法物語〉シリーズなど。

佐藤友哉　さとう・ゆうや
1980年北海道生まれ。2001年に『フリッカー式』でメフィスト賞を受賞しデビュー。同作から始まる〈鏡家サーガ〉のほか、著作に『1000の小説とバックベアード』、『灰色のダイエットコカコーラ』など。

篠田真由美　しのだ・まゆみ
1953年東京都生まれ。小説家。1992年に鮎川哲也賞の最終候補作『琥珀の城の殺人』でデビュー。ほか著作に〈建築探偵桜井京介〉シリーズ、『魔女の死んだ家』など。

島田荘司　しまだ・そうじ
1948年広島県生まれ。小説家。1981年に『占星術殺人事件』でデビュー。同作から始まる〈御手洗潔〉シリーズのほか、著作に『本格ミステリー宣言』、『透明人間の納屋』など。

白倉由美　しらくら・ゆみ
1965年千葉県生まれ。漫画家、小説家。1997年に『夢から、さめない』で小説家デビュー。ほか著作に『おおきくなりません』、『きみを守るためにぼくは夢をみる』など。

鈴木真弓　すずき・まゆみ
編集者。講談社文芸第三出版部、文芸第四出版部を経て、2021年現在は新潮社に所属。担当した著作に小野不由美〈十二国記〉シリーズなど。

祖父江慎　そぶえ・しん
1959年愛知県生まれ。ブックデザイナー。宇山日出臣が企画したレーベル〈講談社ミステリーランド〉のデザインを担当。ほか装幀を担当した書籍に吉田戦車『伝染るんです。』、恩田陸『ユージニア』など。

高田崇史　たかだ・たかふみ
1958年東京都生まれ。小説家。1998年に『QED百人一首の呪』でメフィスト賞を受賞しデビュー。同作から始まる〈QED〉シリーズのほか、著作に〈鬼神伝〉シリーズ、〈神の時空〉シリーズなど。

竹本健治　たけもと・けんじ
1954年兵庫県生まれ。小説家。1978年に『匣の中の失楽』でデビュー。ほか著作に『闇のなかの赤い馬』、『ウロボロスの偽書』など。

巽昌章　たつみ・まさあき
1957年三重県生まれ。ミステリ評論家。著作に『論理の蜘蛛の巣の中で』があるほか、小説も手がけている。

田中芳樹　たなか・よしき
1952年熊本県生まれ。小説家。1978年に『緑の草原に……』で幻影城新人賞を受賞しデビュー。ほか著作に〈アルスラーン戦記〉シリーズ、〈創竜伝〉シリーズなど。

辻真先　つじ・まさき
1932年愛知県生まれ。小説家、アニメ脚本家。1972年に『仮題・中学殺人事件』で小説家デビュー。ほか著作に『サハリン脱走列車』、『たかが殺人じゃないか』など。

津原泰水　つはら・やすみ
1964年広島県生まれ。小説家。1989年に『星からきたボーイフレンド』（津原やすみ名義）でデビュー。ほか著作に『妖都』、『ピカルディの薔薇』など。

戸川安宣　とがわ・やすのぶ
1947年長野県生まれ。東京創元社で編集長、編集部長、社長、会長、特別顧問、相談

役を歴任。2004年に宇山日出臣とともに本格ミステリ大賞特別賞を受賞。著作に『ぼくのミステリ・コンパス』、『ぼくのミステリ・クロニクル』（編＝空犬太郎）など。

奈須きのこ　なす・きのこ
1973年千葉県生まれ。ゲームシナリオライター・小説家。シナリオを手がけたゲームに『月姫』、『Fate/stay night』、『Fate/Grand Order』などがあるほか、著作に『空の境界』、『DDD』など。

二階堂黎人　にかいどう・れいと
1959年東京都生まれ。1990年に『吸血の家』が鮎川哲也賞の佳作に入選。1992年、『地獄の奇術師』で単著デビュー。同作から始まる〈二階堂蘭子〉シリーズのほか、著作に〈水乃サトル〉シリーズ、『カーの復讐』など。

西澤保彦　にしざわ・やすひこ
1960年高知県生まれ。小説家。1995年に『解体諸因』でデビュー。ほか著作に『七回死んだ男』、『いつか、ふたりは二匹』など。

貫井徳郎　ぬくい・とくろう
1968年東京都生まれ。小説家。1993年に鮎川哲也賞の最終候補作『慟哭』でデビュー。ほか著作に〈明詞〉シリーズ、『愚行録』など。

野阿梓　のあ・あずさ
1954年福岡県生まれ。小説家。1979年に『花狩人』がハヤカワ・SFコンテストで入選しデビュー。ほか著作に『少年サロメ』、『伯林星列』など。

野崎六助　のざき・ろくすけ
1947年東京都生まれ。文芸評論家、小説家。1984年に『幻視するバリケード』で単著デビュー。1994年、『夕焼け探偵帖』で小説家デビュー。ほか著作に『北米探偵小説論』、『ミステリで読む現代日本』など。

法月綸太郎　のりづき・りんたろう
1964年島根県生まれ。小説家。1988年に『密閉教室』でデビュー。ほか著作に〈法月綸太郎〉シリーズ、『怪盗グリフィン、絶体絶命』など。

はやみねかおる
1964年三重県生まれ。小説家。『怪盗道化師』が講談社児童文学新人賞に入選しデビュー。著作に〈名探偵夢水清志郎事件ノート〉シリーズ、『ぼくと未来屋の夏』など。

椹野道流　ふしの・みちる
兵庫県出身。小説家。1996年に『人買奇談』がホワイトハート大賞エンタテインメント小説部門の佳作に入選しデビュー。同作から始まる〈奇談〉シリーズのほか、著作に〈鬼籍通覧〉シリーズ、〈最後の晩ごはん〉シリーズなど。

麻耶雄嵩　まや・ゆたか
1969年三重県生まれ。小説家。1991年に『翼ある闇』でデビュー。同作から始まる〈メルカトル鮎〉シリーズのほか、著作に『隻眼の少女』、『神様ゲーム』など。

皆川博子　みながわ・ひろこ
1930年旧朝鮮京城市生まれ。小説家。1972年に『海と十字架』でデビュー。ほか著作に『薔薇密室』、『聖女の島』など。

矢崎存美　やざき・ありみ
1964年埼玉県生まれ。小説家。1985年に星新一ショートショートコンテストの優秀作に入選。1989年、『ありのままなら純情ボーイ』で単著デビュー。ほか著作に〈ぶたぶた〉シリーズ、〈繕い屋〉シリーズなど。

山口雅也　やまぐち・まさや
1954年神奈川県生まれ。小説家。1989年に『生ける屍の死』（2021年に英訳出版）でデビュー。ほか著作に〈キッド・ピストルズ〉シリーズ、〈M〉シリーズなど。

寮美千子　りょう・みちこ
1955年東京都生まれ。作家、詩人。1986年、毎日童話新人賞を受賞してデビュー。小説『楽園の島　カルカッタ幻想曲』で泉鏡花文学賞を受賞。絵本『父は空　母は大地　インディアンからの伝言』、『空が青いから白を選んだのです　奈良少年刑務所詩集』など、多岐にわたる作家活動を行う。

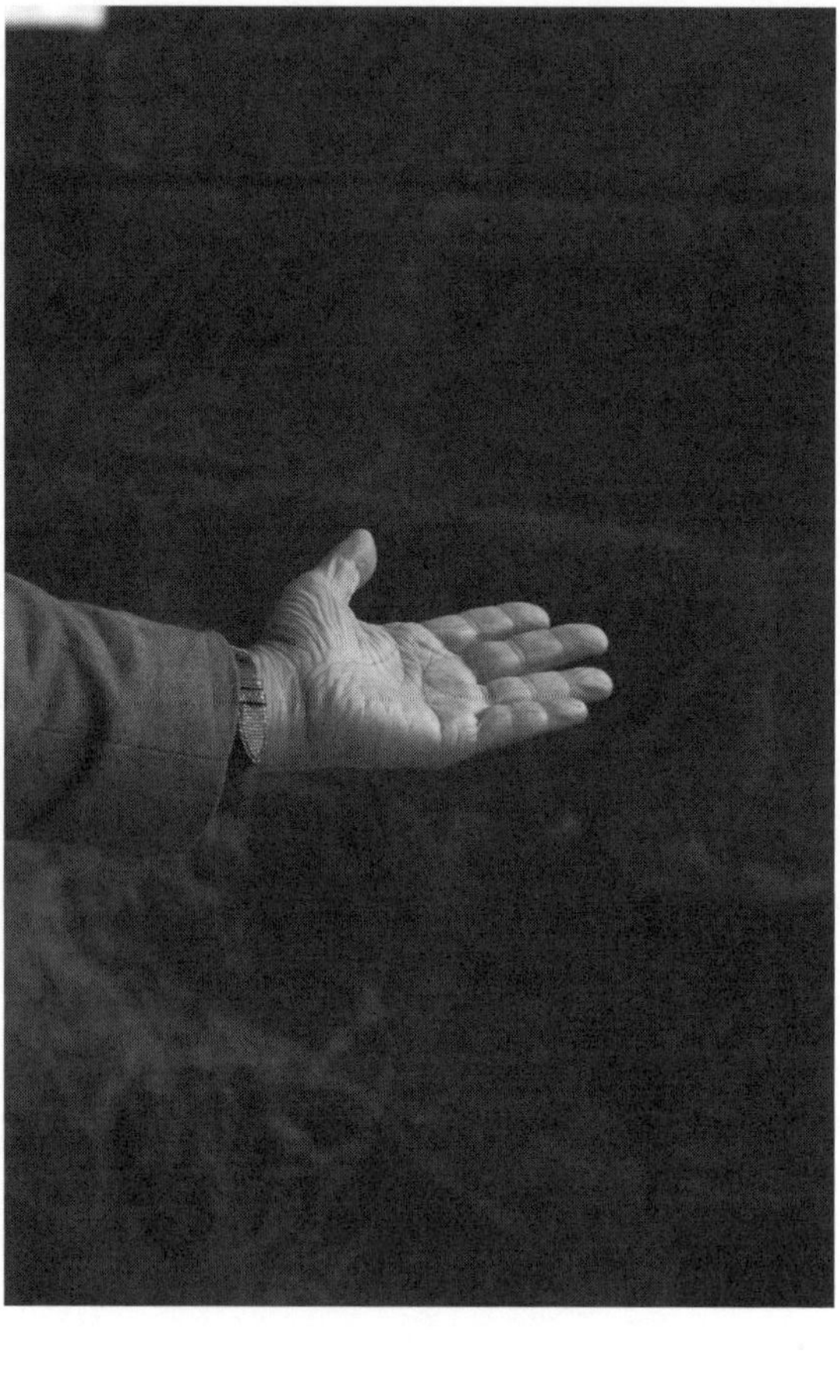

写真＝小林紀晴　『ファウスト Vol.3 2004.Summer』収録のインタビュー企画「Editor×Editor 宇山日出臣」のために撮影。

宇山日出臣（うやま・ひでお）

編集者。本名は宇山秀雄。「宇山日出臣」は、島田荘司が命名したエディターネーム。講談社に勤務し、文芸図書第三出版部に所属していた１９８０年代後半から、綾辻行人、法月綸太郎、我孫子武丸、麻耶雄嵩らを新人として世に問い、新本格ミステリ・ムーブメントを立ちあげた。後には、京極夏彦を筆頭に数々の人気作家を輩出することになるメフィスト賞を１９９６年に設立、かつて子どもだったあなたと少年少女のためのレーベル〈講談社ミステリーランド〉を企画し２００３年から刊行するなど、令和の現在に至るミステリ・文芸シーンを語る上で欠かせない仕事を成し遂げた。

スペシャルサンクス　宇山慶子

＊星海社編集部註　エディターネーム「日出臣」につきまして、宇山氏本人は「ひでおみ」と「ひでお」、両方の読み方を許容しておりましたが、本名と同音の「ひでお」と呼ばれることが生前多数であったという宇山慶子氏の見解に基づき、本書のタイトル「日出臣」の読み方は「ひでお」といたしました。